Kévork K. Baghdjian
Docteur en sociologie juridique

La confiscation,
par le gouvernement turc,
des biens arméniens...
... dits « *abandonnés* »

Préface de
Yves Ternon

Montréal, Québec
CANADA
1987

A M. Herbert Max

Ministre de la justice

respectueusement

En hommage
À tous les héros, qui sont
tombés pour défendre les droits
imprescriptibles du peuple
arménien.

Montréal, le 24/9/87

PREMIÈRE ÉDITION

© 1987, Kévork K. Baghdjian

Tous droits de traduction, d'adaptation et
de reproduction, sous quelque forme que ce
soit, réservés pour tous pays.

ISBN 2-9800423-1-5
Imprimé au Canada — Printed in Canada

Dépot légal, 3e trimestre 1987
Bibliothèque Nationale du Canada
Bibliothèque Nationale du Québec

La gravure de la couverture, *Les caravanes de la mort* ainsi que le
portrait de l'auteur sont des reproductions des tableaux de
l'artiste-peintre Krikor Norikian.

Préface

En 1914, deux millions de citoyens ottomans d'origine arménienne vivaient dans l'Empire. Les 2/3 disparurent corps et biens, victimes d'un génocide. 600.000 environ survécurent, réfugiés ou exilés, définitivement coupés de leur passé et de leurs racines, définitivement privés de leurs biens. Ils accusèrent le gouvernement de leur pays d'avoir, sous le prétexte de mesures de sécurité, prémédité et exécuté l'anéantissement de leur communauté, ce qui, à l'époque semblait évident. Profitant d'une conjoncture politique favorable, les gouvernements de la Turquie s'obstinèrent depuis 1923 à rejeter en bloc cette affirmation et à refuser tout dialogue sur la question arménienne. Cette tactique s'est révélée jusqu'à présent payante, car cette négation globale paraissait tellement incohérente qu'on n'y voyait que la réaction à une susceptibilité blessée, alors qu'elle masquait le souci de préserver des intérêts politiques et économiques.

La ruse a fait long feu mais son effet s'épuise. Si la seule conséquence de la reconnaissance du génocide arménien était morale, la Turquie pourrait l'assumer, d'autant plus que la condamnation affecterait un régime qui a, en 1918, fui le pouvoir et qu'un gouvernement de transition a, les années suivantes, condamné par ses tribunaux. Mais l'État turc a hérité des terres et des biens et s'il reconnaît que ses ancêtres ont tué et volé, il ne pourra se soustraire à une demande de réparation des légitimes héritiers des victimes de 1915. Cette vérité demeure incontournable et les parties le savent, qui se parent de la morale avant de s'affronter sur le terrain du droit.

Le crime avait, en fait, été grossièrement maquillé. Les témoignages étaient accablants. Dès le début de son exécution tous, -alliés, ennemis et neutres- avaient constaté, impuissants, que le gouvernement jeune-turc, en proie à un délire nationaliste confinant à la paranoïa, entreprenait l'extermination des Arméniens de l'Empire. La déraison totalitaire engendrait l'illusion malsaine d'un corps ethnique pur. Le touranisme était le prétexte à la démesure du rêve. Une longue tradition de diplomatie fondée sur la ruse et le mensonge fournissait aux meurtriers les moyens de la falsification. Derrière le camouflage, l'objectif réel devait demeurer dissimulé. L'honnêteté et la bonne foi cachaient l'intention perverse. La destruction était programmée de telle façon que chaque séquence pût être ultérieurement regrettée comme excès, débordement de la colère populaire, à la rigueur, bavure de fonctionnaires trop zélés. La justification a posteriori fut, dès la conception, fondue dans le programme. Indissociable des composantes du crime, elle était destinée à permettre de rejeter toute accusation de préméditation.

La preuve de cette préméditation est bien la mise en évidence des éléments du camouflage qui exclue la spontanéité de la violence passionnelle. Les meurtriers tenaient à préserver les apparences et parvinrent à mener à son terme un programme d'anéantissement tout en maintenant une couverture juridique dans la mise à mort comme dans la spoliation. Tandis que des instructions secrètes donnaient à des militants unionistes et à des dirigeants de l'Organisation Spéciale l'ordre de liquider les Arméniens sur place ou de les décimer dans les convois de déportés, des documents officiels établissaient parallèlement la préservation de leurs droits. Les premières devaient être détruites après leur exécution, les seconds négligés et conservés dans les archives. Ces matériaux seraient ainsi disponibles pour des lendemains qui promettaient d'être agités. Des documents d'archives démontreraient la nécessité de transférer des populations suspectes loin de la zone des combats afin d'éviter leur collaboration avec l'ennemi. Ils prouveraient que toutes dispositions avaient été prises pour protéger les personnes et les biens. Si ces mesures légales, justifiées par les circonstances exceptionnelles de la guerre, n'avaient pas été appliquées avec la modération requise par le texte, la faute ne pouvait en incomber au gouvernement mais à l'hostilité que, par leur turbulence et leurs trahisons, les Arméniens avaient engendrée parmi la population turque. Telle est depuis soixante dix ans la thèse farouchement opposée par le gouvernement turc à toute allégation de massacre et, depuis 1948, de génocide. À ceux qui démontrent l'intention, les officiels -ministres, diplomates et historiens « à l'ordre »- se défendent en tirant de leur manche comme autant de preuves de leur bonne foi ces pièces officielles fabriquées en leur temps à cet effet. Plus, à l'accusation, l'accusé réplique par des libelles rageurs, rejetant toutes les responsabilités sur les victimes, n'hésitant pas à s'empêtrer dans des contradictions. Une formule, adaptée par Pierre Vidal-Naquet du discours révisionniste des négateurs du génocide des Juifs, résume la teneur du propos: « *Il n'y a pas eu de génocide des Arméniens, mais ce génocide était entièrement justifié; les Arméniens se sont massacrés eux mêmes, ce sont eux qui ont massacré les Turcs.* »

Ces méthodes de dissuasion n'ont jamais ébranlé les convictions de ceux qui savaient ou avaient souci de s'informer. Les récits des témoins et des survivants, les rapports des diplomates, les enquêtes des journalistes, les minutes des procès, tout un ensemble documentaire apportait l'évidence de la volonté de détruire un peuple par le sabre et le couteau, par la faim, la soif, l'épuisement et la maladie. Entre la fiction d'une réinstallation des «*émigrants*» et la réalité des charniers, il n'y a de place ni pour le doute ni pour le dialogue. L'obstination dans la négation dessert le menteur et renforce la victime dans son exigence de définir avec précision les éléments de la preuve. Les pièces initialement déposées suffisent à l'établir. Le Tribunal des Peuples, la sous-commission du Conseil économique et social de l'ONU et, le 18 juin de cette année, dans une décision qui fait honneur à ses membres, le Parlement européen, ont établi le fait de génocide. Pour faire pièce à la dérisoire tentative de désinformation du gouvernement turc, les historiens se sont mis à la tâche. Ils se sont rendus dans les centres d'archives des ministères des Affaires Etrangères allemand, autrichien, anglais, français, américain, ont dépouillé la presse de Constantinople de décembre 1918 à Avril 1920 et ont traduit les publications en vieil ottoman du Journal officiel et les débats de la Chambre des Députés turcs. Ils ont épluché les ouvrages publiés en Turquie depuis les événements et confronté l'évidence par des documents inattaquables. Le bluff imposait la relance. À ce jeu, celui qui dispose des meilleures cartes gagne lorsqu'il les étale. Le jeu turc est faible et son indigence révélée par les moyens de sa défense. «*La politique ne peut ignorer ni l'Histoire -surtout lorsque certains ne veulent l'écrire qu'avec une gomme- ni l'éthique démocratique*» écrivait récemment le parlementaire européen Ernest Glinne. Cet usage de la gomme par les laboratoires de désinformation de l'université d'Ankara consiste à blanchir toute pièce compromettante. Aux termes de cette opération, d'autres pièces sont exhibées, tirées d'archives jusqu'alors interdites aux chercheurs sous prétexte d'interminables classements, mais à propos accessibles aux bonimenteurs. Un tel trafic de documents discrédite celui qui y recourt car il n'est de bonne histoire qu'écrite au moyen de sources utilisables à l'exposé d'une thèse comme à sa controverse. À se revêtir d'aussi piètres oripeaux, le charlatan découvre sa nudité et révèle son infirmité. Le gouvernement jeune turc était accusé de meurtre au premier degré, le voici convaincu de vol. L'indignation des héritiers donnait jusqu'alors l'illusion de préserver leur passé de la honte. Il s'avère avec ce livre qu'il tenait surtout à conserver un héritage indûment approprié.

Le Docteur BAGHDJIAN est de ces hommes qui ne se lassent pas de dire le droit. Il déroule le fil de la logique juridique et le conduit jusqu'à son terme. Puisqu'il y a eu génocide, que ce crime est défini par une convention et qu'une autre convention en a établi l'imprescriptibilité, tous les composants du délit méritent d'être analysés comme éléments d'un recours. Ce génocide reste imprescriptible tant qu'il n'a pas été réparé. Qui doit réparer? Que signifie l'obligation de réparer?

La reconnaissance du génocide arménien par les nations définit le préjudice. Il est moral et matériel, c'est-à-dire qu'il concerne aussi les biens mobiliers et immobiliers, individuels et communautaires. La simple reconnaissance du génocide par la sous-commission de l'ONU et le Parlement européen ne devait pas en principe être suivie d'effet juridique. À ce propos, les paragraphes 38 à 40 du rapport Vandemeulebroucke sont précis: l'action juridique est interrompue par la mort des intéressés; la reconnaissance par la Turquie du génocide des Arméniens n'aura aucun autre effet. Les instances internationales semblent ainsi se satisfaire d'une sanction morale. Consciente ou non, cette position n'est pas claire. La réaction de défense du gouvernement turc au vote du Parlement européen révèle une vision plus objective des conséquences juridiques de ce vote. La Turquie ne veut pas être happée par un engrenage infernal.

Le Docteur BAGHDJIAN se réserve, à son tour, de critiquer les éléments du rapport Vandemeulebroucke et entend démontrer que l'action en réparation matérielle des ayants-droit n'est pas éteinte par la reconnaissance du préjudice moral. Ce point de vue est jugé extrême par une partie de la communauté arménienne qui avait déclaré qu'elle se satisferait d'une réparation morale. Mais le juriste -comme le politicien- fait valoir d'autres droits et l'historien se doit de constater que cette requête n'est pas sans fondements et qu'elle s'inscrit dans un cadre judiciaire qui connaît en la matière nombre de jurisprudences, comme celle concernant les citoyens canadiens d'origine japonaise enfermés et spoliés pendant la IIe Guerre Mondiale par le gouvernement canadien qui accéda ultérieurement à leur demande de réparation. En outre, cette question n'avait jamais été approfondie auparavant et le document demeure, même sous la forme d'une revendication.

Ce livre révèle l'ampleur d'une escroquerie qui aboutit à la spoliation totale des biens arméniens. Avant le génocide près de 2 millions d'Arméniens étaient des citoyens protégés par la loi, ils possédaient des terres, des commerces, des entreprises. Ils avaient déposé des liquidités dans des banques et détenaient des actions. La gestion de ces biens contribuait à la prospérité économique de l'Empire ottoman. Cette propriété leur fut ravie par des moyens prétendûment légaux. Les mêmes procédés utilisés pour camoufler le meurtre collectif servirent à organiser le détournement de fonds. Le gouvernement procéda en deux temps: une réglementation « *angélique* » organisa la gérance des biens des déportés, ou des ventes aux enchères publiques à des prix dérisoires. L'administration fit montre d'une remarquable ingéniosité pour dépouiller ses victimes tout en se protégeant contre toute allégation d'illégalité par une profusion de précautions juridiques: inventaire des propriétés et des biens mobiliers, enregistrement des dettes et des dépôts en banque au nom des propriétaires. Des reçus furent remis aux déportés, plus tard dénoncés comme chiffons de papier, sans que fussent tenus en contre-partie des registres de dépôts. Dans les villes comme dans les campagnes, les civils comme les communautés religieuses furent sommés de déguerpir et contraints de remettre tout ce qu'ils possédaient à des fonctionnaires qui poussèrent le cynisme jusqu'à les assurer qu'ils veilleraient sur leur fortune, la géreraient scrupuleusement et la leur restitueraient intégralement, intérêts compris.

La plupart des familles disparurent totalement et il n'y eut plus de corps pour venir réclamer les biens. Lorsque les survivants brandirent leurs reçus pour reprendre leurs dûs, le gouvernement devenu alors kémaliste, n'entendit pas honorer les engagements de ses prédécesseurs. Les Jeunes Turcs avaient avec le meurtre organisé le pillage en transformant des appropriations arbitraires en délégations de gestion. Les Kémalistes mirent à profit le pouvoir de légiférer pour donner forme à l'appropriation et interdire tout recours devant leurs tribunaux. La Turquie recueillait les bénéfices du crime. Elle se garda bien de mettre en péril son économie en rendant ce qu'elle s'était déjà approprié. Le gérant s'institua de facto propriétaire légal. Le gouvernement rédigea des lois qui établissaient en bonne et due forme juridique main-mise sur des biens déclarés abandonnés par leurs propriétaires légitimes, absents ou en fuite. Il s'opposa à tout mandat ou à toute procuration et par des pratiques frauduleuses entachées de vices de forme et de fond, avalisa l'escroquerie. Par une série de métaphores et d'euphémismes, avec une arrogance soutenue par l'impunité, le législateur paracheva l'oeuvre du criminel. Les «personnes en question», contraintes par les nécessités de la guerre à un transfert et à une réinstallation, n'étaient pas revenues réclamer leurs biens. Puisqu'ils avaient été abandonnés, ils devenaient propriété de l'État. Ces méthodes révèlent la continuité et la nature de l'intention: au-delà de ses motivations idéologiques, le génocide avait pour but d'effacer toute trace matérielle de présence arménienne sur le territoire de la Turquie. La cause première de ce crime fut le besoin -ressenti comme nécessité vitale- d'homogénéiser la nation en faisant disparaître les minorités ou en les rendant impuissantes. L'idéologie engendra la volonté d'élimination. La crainte de voir ces minorités -et en particulier la minorité arménienne- exploiter une éventuelle défaite de la Turquie pour arracher une indépendance nationale qui se solderait par une amputation territoriale, précipita le processus éliminateur. La guerre rendit la menace plus précise et offrit en même temps l'opportunité d'agir. Programmée, l'opération devait assurer un double bénéfice: politique et économique. Le danger d'une indépendance arménienne serait levé et la fortune arménienne -des personnes privées et des communautés- serait détournée par l'État et les particuliers. Le partage du butin garantirait la collaboration et le silence des pillards. Les précautions juridiques tisseraient la couverture légale. L'affaire était bien montée, mais elle était conçue d'une seule pièce, de telle sorte que si l'on découvrait une faille, l'ensemble risquerait de s'effondrer.

Les Alliés étaient persuadés à la fin de la Guerre mondiale qu'il suffirait d'établir les faits -ce qui ne présentait aucune difficulté- pour réparer le dommage causé. Les événements en disposèrent autrement. L'Arménie fut abandonnée et oubliée. Les Arméniens furent unanimes, un demi siècle plus tard, pour réclamer réparation du préjudice moral. La Turquie se défendit de l'accorder car elle mesurait le risque. Ce préjudice est aujourd'hui largement reconnu par les nations mais il n'est et ne demeure qu'un des éléments du préjudice global créé par le génocide. La morale est indissociable du droit. Le droit est rédigé pour protéger la propriété de l'individu contre un éventuel spoliateur qui «*s'empare de la chose sans droit et la détient sans le consentement de son propriétaire*». Les atteintes à la propriété ne connaissent pas de prescription et le voleur est tenu de restituer avec l'ensemble de ces détournements les fruits qu'il a perçus. Le Docteur BAGHDJIAN connaît bien son dossier et l'expose avec une argumentation chiffrée détaillée. Il est le plaignant; il ne reconnaît pas à la Turquie le droit d'arbitrer ce différend et l'accuse d'avoir détourné la loi à son profit, sa souveraineté ne l'autorisant pas à légiférer en toute indépendance, et entend soumettre sa plainte devant une instance internationale seule compétente pour en débattre. Il démontre qu'un État par exemple le Liban, la Grèce ou Chypre serait habilité à parrainer l'introduction de la cause en restitution et réparation des biens arméniens confisqués par le gouvernement turc devant les instances internationales, qu'il s'agisse de l'ONU ou de la Cour internationale de La Haye. La plainte, répétons-le, ne préjuge pas de la décision finale. Mais, elle est là, démonstration rigoureuse d'une implacable logique.

À ceux qui se demandent pourquoi la Turquie ne se débarrasse pas de cette embarrassante question en reconnaissant sans l'assumer le crime de ses prédécesseurs, le Docteur BAGHDJIAN apporte la réponse. La continuité juridique est évidente, la responsabilité matérielle de la Turquie ne peut être éludée. Les Jeunes-Turcs, comme les Kémalistes se placèrent sur le terrain du droit, et la partie se joue sur ce terrain. La Turquie s'est enfermée délibérément dans un piège et n'a d'autre issue que de tout nier en bloc contre l'évidence pour s'épargner les conséquences de son acte. Sa négation du génocide n'avait d'autres raisons que de prévenir des sanctions plus coûteuses. Elle avait suffisamment offensé la morale pour s'épargner avec l'aveu du crime d'un autre le remords qu'il l'eût commis, mais elle ne peut se permettre d'amputer son territoire et d'obérer son économie. Entre les victimes qui réclament et le coupable réfugié dans l'absurde qui prétend avoir légalement hérité d'un peuple qu'il n'aurait pas tué et qui d'ailleurs n'aurait jamais existé, il y a l'opinion publique questionnée par la parole et par l'écrit et appelée à débattre en son âme et conscience. Ce livre est une pièce essentielle du dossier. La passion qui l'anime est inspirée par l'indignation. Un juriste, le Docteur BAGHDJIAN met à profit cette double compétence pour dresser un réquisitoire implacable contre le gouvernement turc. Il lui fallut des années pour réunir les éléments du dossier et une formation professionnelle pour les ordonner. Le talent de l'écrivain les rend accessibles aux lecteurs.

Yves TERNON
Juillet 1987
PARIS

I
Un recul nécessaire

Un recul nécessaire

Un recul dans le temps nous paraît nécessaire pour mieux évaluer les événements que nous nous proposons d'étudier dans les pages qui suivent et pour mieux mesurer les dimensions du Problème arménien dans son ensemble.

Après les massacres des Grecs à Constantinople en 1821 et les sanglantes tueries organisées par les Turcs l'année suivante dans l'île de Chios, les remontrances des Puissances occidentales n'ont pas empêché les premiers massacres du Liban en 1845 ni les carnages à Djeddah en 1858.

Le sang a coulé une fois de plus dans la Montagne libanaise en 1860 à l'instigation de la Sublime Porte.

En 1862, des bandes d'irréguliers à la solde de la Sublime Porte, ont perpétré des forfaits abominables dans la région du Taurus.[1]

En 1876, la populace turque a mis impunément le feu aux quartiers arméniens de Van.[2]

Malgré toute cette effusion de sang et en dépit de lourdes menaces qui pesaient toujours sur l'existence et la survie même de leur Communauté, les Arméniens continuaient obstinément à chercher une issue pacifique pour sortir de la situation tragique dans laquelle ils étaient condamnés à vivre et que des éléments fanatisés, de connivence avec les Autorités rendaient de plus en plus intenable. Ils préféraient une solution négociée à une insurrection armée qui mettrait le feu à la poudrière ottomane que constituaient à l'époque tous ces peuples allogènes de l'Empire brimés sous le joug turc mais toujours jaloux de leur liberté et de leur indépendance.

Une conférence internationale se tint à Constantinople en décembre 1876, peu avant le déclenchement de la guerre russo-turque. Elle s'était fixé pour objectif de régler la Question bulgare.

Le Patriarche arménien Mgr. Nersès Varjabédian, encouragé par un groupe de notables arméniens, adressa à cette Instance internationale un mémoire sur les persécutions, les vexations et les massacres auxquels étaient constamment soumis les Arméniens de Turquie - sujets ottomans - et réclama des réformes administratives et des garanties pour leur sécurité.

---

[1] Langlois, Victor, Les Arméniens du Taurus et les massacres de 1862, Revue des Deux Mondes du 15 février 1863.

[2] Blue Book, TURKEY, 1877, N° 15 p.8.

Cette Instance internationale ne se sentit pas «*compétente*» pour étudier les doléances arméniennes prétextant qu'elles n'étaient pas prévues initialement à son ordre du jour.

À quelques mois d'intervalle de cette Conférence, de nouvelles atrocités furent commises dans les régions d'Alachguerd, de Kars, de Van, de Passèn, qui coûtèrent la vie à des milliers d'Arméniens.[3]

Le Général turc Izzet Fuat Pacha confirme ces faits et il les explicite à sa façon dans un ouvrage paru à Paris en 1908 sous le titre de «*Autres occasions perdues*»:

«*Les souverains mahométans, dès l'origine, ont toujours évité de se rencontrer avec le christianisme sur pied d'égalité. Ils n'en appellent pas à la raison, mais à l'épée. Craignant l'égalité, ils ont toujours désarmé les chrétiens, leur déniant des droits égaux, on pourrait dire un droit quelconque devant la loi; et toutes les fois que les chrétiens, même réduits à cette impuissance, ont dépassé hors de proportion la population musulmane sous le rapport du nombre, de l'éducation ou de la prospérité, les souverains mahométans, continuant la politique des Pharaons envers les Israélites esclaves, ont diminué la population par les méthodes employées en Bulgarie (1876) et à Sassoun (1894) pour oboutir à frapper d'incapacité les survivants, en les accablant d'impôts.*»[4]

Au terme de la guerre russo-turque, la Sublime Porte dut se résigner à engager des négociations de paix avec le Grand Duc Nicolas, chef des armées russes victorieuses des Balkans.

Les représentants de la Communauté arménienne sollicitèrent l'intervention du puissant plénipotentiaire russe pour inclure dans le traité russo-turc en gestation une clause spéciale de garantie pour les Arméniens.[5] Il s'agissait en l'occurrence du Traité de San Stefano.

Le Grand Duc réserva un accueil favorable à l'initiative des Arméniens, d'autant plus que cette clause ferait de la Russie la protectrice légale des chrétiens de l'Empire ottoman et ouvrirait devant l'Empire tzariste une large porte pour réaliser les visées expansionnistes qu'il nourrisait depuis longtemps.[6]

---

[3]   Norman, C.B., Armenia and the Campaign of 1877-78. London, Casseland Peter, 1878.

[4]   Mac Coll, Malcolm, l'Arménie devant l'Europe, Paris, A.Davy, 1897, page 44.

[5]   Sarkissian, A., History of the Armenian Question to 1885, Urbana University Press, 1938, pp.35-40.

[6]   Cecil, G., Life of Salisbury, London; 1921, Tome II, pp.266-268 et Bérard, V. La politique du Sultan dans Revue de Paris, 15 janvier 1897, p.423.

Le Traité de San Stefano fut signé le 3 mars 1878. La Russie victorieuse dicta ses conditions à la Turquie. L'article 16 de cet instrument diplomatique apportait aux Arméniens une lueur d'espoir. Il stipulait:

« Comme l'évacuation par les troupes russes des territoires qu'elles occupent en Arménie et qui doivent être restitués à la Turquie, pourrait donner lieu à des conflits et à des complications préjudiciables aux bonnes relations des deux pays, la Sublime Porte s'engage à réaliser, sans plus de retard, les améliorations et les réformes exigées par les besoins locaux dans les provinces habitées par les Arméniens et à garantir leur sécurité contre les Circassiens et les Kurdes. »

Dans sa rédaction initiale présentée par la Délégation russe, le texte comprenait *« une autonomie administrative »*, mais la formule de l'*« autonomie administrative »* fut remplacée par celle, plus souple, plus malléable, de *« réformes et améliorations »* avec, pour garantie, l'occupation russe.

Il y a lieu de noter la célérité des plénipotentiaires russes à introduire *« sans plus de retard »* les réformes en question, car les sultans de l'Empire ottoman les avaient, à maintes reprises, solennellement promises, mais elles étaient toujours restées lettre morte. Il est aussi pour le moins curieux de constater que les garanties sont offertes contre les incursions et les vexations commises par les Circassiens et les Kurdes alors qu'il n'est fait aucune mention du Maître sanguinaire qui les armait et qui les payait pour exécuter ces crimes.

Bientôt le fameux corps des Janissaires, qui s'était illustré dans le brigandage et les tueries contre les peuples allogènes de l'Empire, en particulier contre les Arméniens et les Grecs, fut dissous et le sultan Abdul Méjid promulga le Hatti Chérif de Gulhané le 3 novembre 1839 par lequel il reconnaissait à tous ses sujets, sans distinction de religion, la sécurité de leur vie et de leurs biens et promettait une juste répartition des impôts.

Le même Abdul Méjid apposa sa signature sous un autre **iradé** (rescrit impérial) appelé Hatti Humayoun, qui réitérait ses engagements antérieurs avec plus d'éclat encore. Mais rien n'était changé en dépit de toutes ces promesses. La corruption, la force brutale, le sectarisme, le fanatisme restaient en place et caractérisaient le système du gouvernement ottoman.

Pendant ce temps, des crieurs engagés par le Gouvernement sillonnaient les rues de la Capitale pour proclamer à longueur de journée: *« **giavura giavur demesi yasakdir** »* c'est-à-dire *il est interdit de dire mécréant au mécréant.*

5

Quelle astuce pour affirmer publiquement qu'il existe dans l'Empire des mécréants mais qu'il est interdit de les appeler de leur vrai nom!

Qui aurait pu imaginer une meilleure parodie de la Justice et une plus grossière insulte à l'esprit même de la Loi?

Mais les Puissances occidentales étaient préoccupées par d'autres considérations. L'Angleterre, surtout, s'inquiétait de la tournure qu'avaient prise les événements après la signature du Traité de San Stefano. Elle ne voulait plus assister impassible à l'entrée spectaculaire de la Russie, sa rivale séculaire, qui s'installait tranquillement sur les plateaux de l'Arménie, à l'arrière-plan de l'Empire ottoman et qui ne tarderait pas à lui susciter des embarras pour la défense de l'Égypte, sur la route des Indes. Depuis déjà longtemps, elle prenait ombrage de cette puissance rivale qui cherchait à descendre dans les eaux chaudes, à tout prix, et constituait un danger redoutable.[7] Elle réagit sans plus attendre. Elle exigea que les réformes prévues au Traité de San Stefano fussent introduites **après** l'évacuation de la région concernée par les troupes russes, car elle craignait que l'occupation russe fût définitive.

Le Traité de San Stefano ne fut jamais exécuté. La diplomatie anglaise s'acharna contre cet arrangement bilatéral qui reconnaissait à la Russie des privilèges qu'elle ne pouvait lui concéder. Elle invoqua des raisons de politique internationale, prétexta l'intégrité territoriale de l'Empire ottoman qu'elle cherchait à défendre et obligea les Russes à accepter le principe d'une conférence internationale pour remettre sur le tapis l'ensemble des questions en suspens relatives à la Question d'Orient. Elle réussit à obtenir de la Russie de surseoir au Traité de San Stefano.

Cette Conférence projetée par le Cabinet Disraeli débuta à Berlin en juin 1878.

Mais nous connaissons bien la position de Disraeli face aux problèmes internationaux « *Nous n'avons point d'amis permanents, nous n'avons point d'ennemis permanents, mais nous avons des intérêts permanents.* », avait-il déclaré un jour du haut de sa tribune, à la Chambre des Communes.

Disraeli n'est malheureusement pas unique dans son genre. Nombreux sont les diplomates et les hommes d'État qui pratiquent sans scrupules les mêmes principes. « *J'admets que comme un leader du Parti Travailliste, je luttais énergiquement pour les Arméniens. Cependant, comme Premier Ministre de Grande-Bretagne, en aucun*

---

7   Lacoste, Raymond, La Russie Soviétique et la Question d'Orient. La poussée soviétique vers les mers chaudes. Paris, Éditions Internationales, 1946.

cas, je ne peux lutter pour eux pour la simple raison que c'est contre l'intérêt de notre Pays.», déclarait Ramsay Macdonald, Premier Ministre de Grande Bretagne, en 1929.

N'en a-t-il pas été de même depuis toujours?

Parlant des tractations et des pourparlers derrière les coulisses de la Conférence de la Paix, William Linn Westermann, qui faisait partie de la Délégation des États-Unis d'Amérique écrivait en 1923:

«... *Entretemps, les Géorgiens exposaient d'intéressantes affaires de manganèse. Quant aux Tartares de l'Azerbaidjan, ils parlaient de grosses affaires de pétrole surtout dans la région des gisements pétrolifères de Groszny. Mais les montagnes de l'Arménie n'ont pas grand-chose à offrir en échange d'un secours sinon un peuple courageux, travailleur et accablé.*»[8]

Conséquent avec lui-même, mu par les impératifs des intérêts permanents de son pays, le Premier Ministre Disraeli avait négocié secrètement, entre le Traité de San Stefano (mars 1878) et le Congrès de Berlin (juin 1878), avec la Sublime Porte. Anglais et Turcs avaient signé le 4 juin 1878 la Convention de Chypre en vertu de laquelle l'Angleterre s'engageait à obliger les Russes à évacuer les territoires qu'ils occupaient en Arménie Turque préalablement à l'introduction de toutes réformes dans l'Empire ottoman et le Sultan lui cédait, pour rémunération du service rendu, l'île de Chypre, afin de permettre aux troupes de l'alliée anglaise de voler à son secours au cas où il serait inquiété par les voisins russes.

Cette Convention secrète à article unique se lit comme suit:

«*Dans le cas où Batoum, Ardahan et Kars, ou l'une de ces places, seront retenues par la Russie et si aucune tentative était faite à une époque quelconque par la Russie de s'emparer d'aucune autre portion des territoires de S.M.I. le Sultan en Asie, fixés par le Traité définitif de paix, l'Angleterre s'engage à s'unir à Sa Majesté Impériale pour la défense des territoires en question par la force des armes;*

«*en revanche, S.M.I. le Sultan promet à l'Angleterre d'introduire les réformes nécessaires (à être arrêtées plus tard par les deux Puissances) ayant trait à la bonne administration et à la protection des sujets chrétiens et autres de la Sublime Porte qui se trouvent sur les territoires en question; et afin de mettre l'Angleterre en mesure d'assurer les moyens nécessaires pour l'exécution de son engagement, S.M.I. le Sultan consent, en outre, à assigner l'île de Chypre pour être occupée*

---

[8] Westermann, William Linn, Ce qui se passa réellement à Paris, Paris, Payot, 1923, p.147.

et administrée par elle. »[9]

Cet acte diplomatique peu correct en soi envers les Alliés de l'Angleterre, et pour le moins inamical à l'égard de l'Arménie, révolta deux membres du Gouvernement Disraeli: Lord Carnavon et Lord Derby. Ce dernier était alors ministre des Affaires étrangères. Tous deux présentèrent leur démission en signe de protestation.[10] Gladstone aussi s'éleva avec véhémence contre cette transaction immorale. Il reconnut et flétrit la grave responsabilité de l'Angleterre devant l'Histoire.[11]

Cette responsabilité a été d'ailleurs retenue par Mac Coll[12], par l'historien Buxton[13] ainsi que par le Duc d'Argyll[14]. Buxton est formel. Il écrira sans ambages que si la Russie n'avait pas été obligée par l'Angleterre d'évacuer l'Arménie turque avant la mise en vigueur des réformes arméniennes, les massacres de 1895-96 n'auraient sans doute pas eu lieu. Le génocide de 1915 non plus, dirions-nous aujourd'hui.

Parallèlement à cette Convention secrète signée le 18/30 mai 1878 à l'insu de la Russie, un autre Accord secret avait été signé à Londres entre Chouvalof et Salisbury agissant respectivement au nom de la Russie et de la Grande-Bretagne.

L'article 7 de cet Accord arrêtait que les promesses données à l'Arménie par le Traité préliminaire de San Stefano ne devront pas se rapporter exclusivement à la Russie mais aussi à l'Angleterre tandis que par l'article 10 la Russie acceptait d'évacuer et de remettre aux Turcs Alachguerd et Bayazid, enfin, par l'article 11, l'Angleterre prenait acte de l'engagement par la Russie de ne plus avancer à l'avenir ses frontières dans la direction de l'Asie turque.[15]

Cependant Londres considérait l'Accord Chouvalof-Salisbury comme un entr'acte. Le second acte du drame si habilement conçu était réservé pour le Congrès de Berlin.

La Délégation arménienne à ce Congrès était conduite par Mgr. le

---

[9] Noradounghian, G. Recueil des Actes internationaux de l'Empire ottoman. Paris, 1897-1903. Tome III p.522.

[10] Morley, J., Life of Gladstone. London, 1911, Tome II, p.182.

[11] Voir l'article de l'éminent homme d'État « *The massacres in Turkey* » dans Nineteenth Century Review, London, 1896.

[12] Mac Coll, M., England's responsibility towards Armenia, London, Longmans Green, 1895.

[13] Buxton, N., Travel on Politics in Armenia... London, Smith Elder, 1914.

[14] Argyll, G.D.C. (Duke) Our Responsibilities for Turkey, London, J. Murray, 1896.

[15] Voir notre étude « *Arméniens, peuple tragique* », Beyrouth, 1945, p.24.

patriarche Khrimian. Il était assisté, dans cette mission délicate pour laquelle il n'était pas préparé, de Mgr. Khorèn Narbey, évêque et poète, de Minas Tchéraz, homme de lettres, et de Sdépan Papazian, commerçant.

Les Arméniens se rendaient de bonne foi à ce Congrès. Ils étaient décidés à ne réclamer ni l'indépendance de l'Arménie ni même le rattachement de la partie orientale du pays à la Russie, comme il en avait été question dans certains milieux. Ils s'en tiendraient à revendiquer simplement la mise en application des réformes prévues au Traité de San Stefano.

Mais, ils ignoraient ce qui les attendait à Berlin. La Délégation britannique, appâtée par la Convention secrète de Chypre, était déjà gagnée à la Cause turque. La Délégation allemande aussi, alléchée par de grands projets économiques que la Sublime Porte faisait miroiter et hantée depuis longtemps par des visées expansionnistes, devait prendre la défense de la Turquie.

La Délégation arménienne n'avait rien à offrir en contrepartie pour faire basculer la balance de son côté et, de surcroît, elle n'était pas initiée aux acrobaties des diplomates pour qui la morale ne compte pas pour beaucoup. Elle se sentit impuissante devant cette bande de politiciens rompus à toute discipline.

La Délégation anglaise obtint tout d'abord que la frontière de la Bulgarie fût reculée jusqu'aux Balkans, ce qui diminuait à la Russie ses possibilités d'inquiéter la route du Canal de Suez. Les Anglais s'interposaient ainsi entre la Russie et la Turquie. Ils pourraient maintenant défendre «*par la force des armes*» si c'était nécessaire, l'intégrité territoriale de l'Empire ottoman contre toutes tentatives de s'emparer d'une portion quelconque des territoires de Sa Majesté Impériale le Sultan, en Asie, comme ils s'y étaient engagés par la Convention secrète de Chypre.

Le Congrès discuta ensuite de l'article 16 du Traité de San Stefano relatif aux réformes arméniennes, à sa douzième séance.

Lord Salisbury se montra disposé à adopter les trois dernières lignes de cet article, mais il conditionna cette acceptation à la suppression des trois premières lignes du même article qui subordonnaient l'évacuation des troupes russes à l'introduction des réformes.

À la quinzième séance, Lord Salisbury exaspéré devant les atermoiments des congressistes à rallier ses vues, soumit à l'approbation du Congrès le texte remanié de ce fameux article 16 qui devenait l'article 61 et qui se lisait comme suit:

«*La Sublime Porte s'engage à réaliser, sans plus de retard, les améliorations et les réformes exigées par les besoins locaux dans les provinces habitées par les Arméniens et à garantir leur sécurité contre les Kurdes et les Circassiens. Elle donnera connaissance périodiquement des mesures prises à cet effet aux Puissances qui en surveilleront l'application.* »

Ce texte qui avait été préalablement accepté par les Plénipotentiaires turcs a été entériné sans amendement par le Congrès.

Les Arméniens avaient été, une fois de plus, frustrés. L'Occident les avait lâchés. Le Congrès de Berlin avait été transformé en une foire où chacune des Grandes Puissances avait étalé ses articles de commerce et fait montre de ses forces matérielles et militaires et en avait usé pour arracher à la Sublime Porte des concessions, des privilèges ou même des territoires et pour se tailler une part dans des entreprises financières ou bancaires qui alléchaient les gros capitalistes de l'Occident.

Le Problème arménien avait été relégué au second plan dans ce bazar et les réformes et les améliorations étaient laissées à la seule bonne volonté du Sultan.

Lord Salisbury lui-même, qui, pourtant, avait été le principal artisan du fameux article 61, a déclaré quelques années plus tard, le 19 janvier 1897, à la Chambre des Lords: « *En soutenant au Congrès de Berlin l'intégrité de l'Empire ottoman, nous avons misé sur le mauvais cheval.* »[16]

Un instrument diplomatique ne pouvait pas être plus ambigu et plus évasif. Pas un mot sur l'autonomie dont il avait été question naguère. On parle plutôt d'améliorations sans même les préciser. On parle des besoins locaux sans les expliciter. On parle de la sécurité des Arméniens contre les Circassiens et les Kurdes, mais on se garde de mentionner les Turcs. On parle aussi d'un compte-rendu périodique sans définir cette périodicité ni dans le temps, ni dans l'espace. D'ailleurs la responsabilité du contrôle annoncée timidement en des termes si équivoques allait se perdre entre les Puissances garantes rivales, opposées et confrontées les unes aux autres par des intérêts alléchants que chacune d'elles s'efforçait de défendre sournoisement par n'importe quel moyen.[17]

Benoît Brunswik, qui a étudié à fond ce Traité, le considère comme un instrument d'opportunisme: « *Le Traité de Berlin,* écrit-il, *est le*

---

[16] Bernstein, E.Die Leiden des armenischen volkes und die Pflichten Europas, Berlin, 1902, p.33.

[17] Baghdjian K., Le Problème arménien. Du négativisme turc à l'activisme arménien. Où est la solution? Montréal, 1985, p.53.

produit d'une transaction entre la peur des Anglais devant le progrès des Slaves et la peur de tous les autres devant la guerre imminente; c'est un instrument d'opportunisme appliqué à des rivalités hostiles...»[18]
Emile Doumergue ira plus loin. Il écrira: «*... Et le Traité de Berlin était plus qu'une faute, il était un crime ... Entre les lignes du Traité de Berlin, un démon avait tracé en lettres à peine visibles tout le programme de 1878 à 1916 ...»*[19]

En réponse aux efforts déployés par les Arméniens et leurs amis pour la mise en application des Réformes, le Sultan organisa de nouveaux massacres à Sassoun en août-septembre 1894.

L'Europe parut s'émouvoir. Elle intervint auprès de la Sublime Porte et arracha au Sultan un nouveau projet de réformes pour les vilayets de Van, Erzeroum, Bitlis, Diarbékir, Harpout et Sivas à population fortement arménienne.

Mais la signature du Sultan n'avait pas encore séché quand il ordonna les grands massacres de 1895-1896, qui coûtèrent la vie à plus de trois cent mille Arméniens tombés sous le feu et l'épée des régiments hamidiés, qui, pourtant, étaient créés pour veiller à la sécurité publique et à garder les frontières de l'Empire. «*La création de régiments kurdes hamidiés soi-disant destinés à surveiller les frontières, n'a pas été autre chose que l'organisation officielle du pillage aux dépens des chrétiens arméniens.*», écrira P. Cambon, Ambassadeur de la République Française à Constantinople, à Casimir Périer, Président du Conseil, Ministre des Affaires étrangères, le 20 février 1894.[20]

Désormais les massacres téléguidés par la Sublime Porte et exécutés sans scrupules avec la complicité criminelle des forces armées et des fonctionnaires dévoués au Sultan Rouge connaîtront une recrudescence accrue.

«*Tout eût donc été bien, à cette époque, si le Sultan eût conformé ses actes aux assurances qu'il donnait aux Ambassadeurs. Mais il n'en était rien et aucune mesure n'était prise par lui pour conjurer la crise qui se préparait et qu'il connaissait d'avance; car nous allons voir dès à présent les massacres reprendre avec une intensité inouïe, favorisée par la complicité des fonctionnaires ottomans et avec l'aide des troupes. À partir de ce moment, et pendant plusieurs mois, le Livre Jaune ne semble plus qu'un long martyrologe, où l'on voit des milliers et des milliers d'êtres humains tomber sous les coups des brutes sanguinaires,*

---

18 Brunswik, B., Le Traité de Berlin expliqué et commenté. Paris, 1878, p.IX.

19 Doumergue, E., Les massacres et la Question d'Orient. Paris, 1916, p.11.

20 Documents diplomatiques. Affaires arméniennes, 1893-1897, N° 6.

une ruée dans le sang de tout un peuple contre un autre sous l'oeil bienveillant des autorités civiles et militaires. »[21]

La proclamation de la Constitution en Turquie, les révolutions de Palais et l'avènement des Jeunes-Turcs au pouvoir - retouches de façade seulement - ont, un moment, rallumé des lueurs d'espoir, d'autant plus que les Arméniens - le Parti Tachnag - avaient collaboré au mouvement d'émancipation entrepris par les Turcs aux cris de Liberté, Fraternité, Égalité. Arméniens et Turcs s'étaient donné l'accolade dans les rues de Constantinople et les foules en délire avaient salué avec enthousiasme et sollicitude l'ère de la libération du joug despotique du Sultan.

L'Europe avait tressailli de joie en croyant que la Turquie de l'Homme Malade était enfin engagée dans la voie de la Démocratie et du Progrès.

Mais, hélas, le Gouvernement libéral et libérateur des Jeunes-Turcs, pour preuve de son libéralisme et de sa tolérance, organisa l'année suivante, en avril 1909, les massacres d'Adana, où périrent 30,000 Arméniens - population civile sans défense.

Bientôt les Balkans flambèrent. L'Empire ottoman perdit ses provinces européennes. La Russie victorieuse ralluma l'espoir des Arméniens, qui revinrent à la charge pour rappeler leur Problème à la Conscience Universelle.

En effet, l'occasion était propice pour régler le sort de l'Empire ottoman, mais les Grands étaient toujours divisés. Ils se proposaient de protéger les Chrétiens d'Orient, comme ils l'avaient claironné depuis des siècles, alors qu'au fond, ils se surpassaient en courbettes pour enlever le plus possible de monopoles et de privilèges à l'Homme Malade qu'ils ne voulaient pas guérir mais dont ils ne souhaitaient pas la mort parce qu'ils n'arrivaient pas à s'en partager l'héritage. Ils pensaient plutôt à préserver les milliards qu'ils avaient investis dans l'économie de ce pays. La France y avait engagé 3,285,273,377 francs, l'Allemagne, 1,443,486,506 francs et l'Angleterre, 813,312,496 francs.

Pourtant, le monde civilisé continuait d'exiger des réformes et le Sultan ne cessait de bercer l'Occident. « *Le Sultan emploie tous les moyens dilatoires et les notes de son ambassadeur à Paris n'ont d'autres buts que de vous faire croire qu'on fait quelque chose alors qu'on ne fait rien.* »[22] C'est en ces termes que P. Cambon, Ambassa-

---

[21] Contenson, L. de, Les Réformes en Turquie d'Asie, Paris, 1913, pp.29-30.

[22] Documents diplomatiques. Affaires arméniennes 1893-1897, p.325.

deur à Constantinople, prévenait M.G. Hanotaux, son Ministre des Affaires extérieures.

« Dans le fond de leurs pensées, les Turcs ne croyaient ni ce qu'ils disaient ni ce qu'ils écrivaient: ils étaient résolus à ne faire aucune concession, autrement que sur le papier qu'en eux-mêmes ils traitaient de chiffons, bien longtemps avant que M. de Bethmann Holweg eût découvert ce mot cynique », écrivait Jacques de Morgan.[23]

De quoi les Turcs allaient-ils s'inquiéter?

«... Le jour où la Russie débarquera ses troupes à Trébizonde, l'Allemagne enverra les siennes à Alexandrette ou à Mersine, à proximité de son chemin de fer de Bagdad. L'Angleterre, de son côté, occupera la côte Nord-Ouest du Golfe Persique, sur la route des Indes... »[24]

Voilà la clé de l'imbroglio.

À l'extérieur, la compétition souvent honteuse des Grandes Puissances rendait difficile, pour ne pas dire impossible, toute coercition ou toute intervention punitive et, à l'intérieur l'élément turc majoritaire détenait la bride du pouvoir absolu autrefois réservé exclusivement aux sultans et plus tard exercé par une junte politico-militaire dont la cruauté n'a eu d'égal que son sadisme.

Quoiqu'il en soit, les Russes, de commun accord avec leurs alliés français et anglais, entamèrent des pourparlers directs avec la Sublime Porte pour régler sans heurt l'épineuse question des Réformes arméniennes souvent promises mais jamais réglées. Un accord intervint le 8 février 1914 entre Goulkévitch et Said Halim qui agissaient respectivement au nom de la Russie et de la Turquie.

Cet Accord partageait l'Anatolie Orientale en deux zones distinctes qui seraient gouvernées par deux inspecteurs étrangers (voir la carte des zones administratives à la page suivante) neutres: Westenenk, hollandais et Hoff, norvégien, qui seraient chargés de surveiller la mise en place et la marche des Réformes administratives. Ils débarquèrent à Constantinople le 3 mai 1914. Ils n'avaient pas encore eu le temps de prendre des contacts officiels, quand la Turquie fut précipitée dans la guerre à l'insu même de son Ministre de la guerre qui a été surpris d'apprendre la nouvelle pendant qu'il faisait une partie de cartes. Djavid, Ministre des Finances, Mahmoud Pacha, Ministre des Travaux Publics, Boustany, Ministre du Commerce et de l'Agriculture

---

[23] Morgan, J. de, Histoire du peuple arménien. Paris, 1919, p.259.

[24] Contenson, L. de, Les réformes en Turquie d'Asie, Paris 1913, p.49.

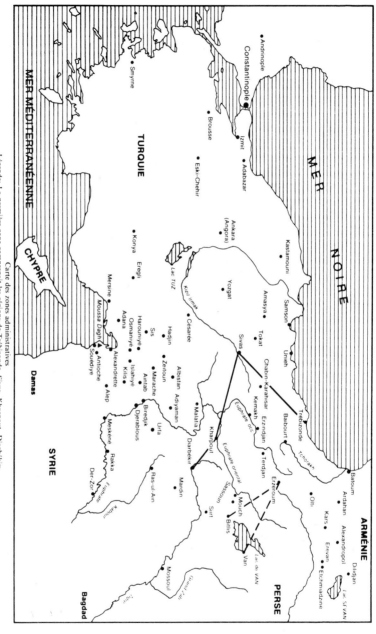

Carte des zones administratives

Légende: La première zone comprenait les régions de Trébizonde, Sivas, Kharpout, Diarbékir; la seconde, celles de Van, Erzeroum, Bitlis.

14

et Oskan, Ministre des Postes et Télégraphes démissionnèrent en guise de protestation.[25]

Ainsi la Turquie a-t-elle été entraînée dans une guerre dont elle n'avait pas eu le temps de mesurer toute l'ampleur et toutes les conséquences.

Les chefs du Parti Union et Progrès au pouvoir s'adressèrent au Parti Tachnak réuni en congrès à Erzeroum en août 1914 et leur demandèrent de fomenter des troubles et d'organiser un soulèvement au Caucase avec la complicité de leurs congénères de la région moyennant la promesse d'une autonomie arménienne au Caucase et dans les villes limitrophes de l'Arménie occidentale.

Les Tachnaks refusèrent cette trahison. Ils promirent par contre d'accomplir loyalement leurs devoirs civiques dans les armées ottomanes comme leurs congénères du Caucase s'acquitteraient des leurs dans les rangs russes.

« *Les Arméniens préférèrent une lutte fratricide avec des soldats arméniens dans les deux camps plutôt que de trahir leurs obligations de sujets turcs ou russes.* », observait l'éminent homme d'État britannique Winston Churchill.[26]

Mais déjà, à la suite de négociations diligentes entre le Grand Vézir Said Halim Pacha et l'Ambassadeur d'Allemagne Wangenheim, un traité germano-turc de coopération militaire était signé le 2 août 1914. Il devait, en vertu de son article 8 rester secret et ne pourrait être rendu public qu'avec l'accord des deux Parties contractantes. (Voir en annexe le texte intégral de ce traité)

L'Allemagne rassura sa partenaire, qui nourrissait encore des appréhensions pour sa sécurité intérieure: les minorités ethniques pourraient lui donner du fil à retordre.

« *En cas de guerre*, stipulait l'article 3 de ce traité, *l'Allemagne laissera sa mission militaire à la disposition de la Turquie. Celle-ci, de son côté, assure à la dite mission militaire une influence effective sur la conduite générale de l'armée conformément à ce qui a été convenu directement entre Son Excellence le Ministre de la Guerre et Son Excellence le Chef de la Mission Militaire.* »

L'article 4 explicitait davantage cette assurance escomptée par l'Empire ottoman déjà précaire mais prétentieux: « *L'Allemagne s'engage, au besoin par les armes, à défendre le territoire ottoman au cas où il serait menacé.* »

---

[25] Morgenthau, H., Mémoires, Paris, 1919, pp.116-121.

[26] Churchill, W., The World Crisis, London, 1929, Tome V, p.404.

La puissance militaire de l'Allemagne était considérée comme une garantie sûre aux yeux du Gouvernement un peu paniqué au départ. Il ne faisait plus aucun doute pour le Gouvernement que l'intégrité de l'Empire serait défendue par les armées du Kaiser. Il suffirait de vaincre et tous les obstacles seraient alors balayés.

Le 13 novembre 1914, le Sultan proclama l'état de guerre. Ce fut en même temps le signal du Jihad (guerre sainte) contre les infidèles, les mécréants. Le Cheikh-Ul-Islam, chef religieux de l'Islam, exhorta le peuple musulman à se soulever, à massacrer ses oppresseurs chrétiens. Il concluait son appel par ces mots dont la portée n'échappe à personne:

« *O Musulmans! Vous qui êtes si passionnément épris de bonheur, vous qui êtes à la veille de sacrifier votre vie et vos biens pour la cause du droit et de braver les périls, groupez-vous maintenant autour du trône impérial, obéissez aux ordres du Tout-Puissant qui, dans le Coran, nous promet la béatitude dans ce monde et en l'autre, comprenez que l'État est en guerre avec la Russie, l'Angleterre, la France et leurs alliés et que ces pays sont les ennemis de l'Islam. Le Commandeur des Croyants, le Calife, vous appelle sous sa bannière pour la Guerre Sainte.* »[27]

Le journal Ikdam, qui était devenu propriété allemande, attisait encore plus la haine des Musulmans contre les Chrétiens:

« *La conduite de nos ennemis a enflammé la colère divine! Une lueur d'espoir brille à l'horizon. Vous tous, Mahométans, jeunes et vieux, hommes, femmes et enfants, faites votre devoir afin que la lueur ne s'évanouisse pas, mais resplendisse à jamais. Que de grandes choses peuvent accomplir les hommes forts soutenus par leurs femmes et leurs enfants!... Le moment d'agir est venu. Tous, nous combattrons avec toutes nos forces, de toute notre âme, par tous les moyens, avec toute notre énergie physique et morale. Et ainsi, nous assurerons la délivrance des Mahométans asservis. Alors si Allah le veut, nous marcherons la tête haute, aux côtés des amis qui sympathisent avec le Croissant. Allah est avec nous et le Prophète nous protège.* »[28]

La campagne de fanatisation continua avec plus d'intensité encore. Une brochure rédigée en arabe inonda l'Égypte, le Maroc, l'Algérie, la Tunisie, la Syrie... Elle incitait les Musulmans à exterminer tous les Chrétiens excepté les Allemands alliés et protecteurs. L'Ambassadeur

---

[27] Morgenthau, H., op. cit. p.150.

[28] Morgenthau, H., op. cit. pp.150-153.

Morgenthau affirme que la version anglaise de cette brochure contenait dix mille mots.

Il s'agit d'une publication virulente, raciste et fanatique.

«...*L'extermination des misérables qui nous oppriment est une tâche sainte, qu'elle soit accomplie secrètement ou ouvertement... Celui qui tuera même un seul sera récompensé par Dieu. Que chaque Musulman, dans quelque partie du monde que ce soit, jure solennellement d'abattre au moins trois ou quatre des chrétiens qui l'entourent, car ils sont les ennemis d'Allah et de la foi. Que chacun de vous sache que sa récompense sera doublée par le Dieu qui a créé le ciel et la terre! Celui qui obéira à cet ordre sera préservé des terreurs du Jugement dernier et assuré de la résurrection éternelle...*».

Déjà, quelques jours après la déclaration de la guerre balkanique, le journal officiel Tanin publiait des écrits inflammatoires dans le genre de la poésie que nous reproduisons ci-dessous, à titre d'exemple, et qui révèle toute l'horreur des sentiments barbares que les dirigeants du Parti Union et Progrès inculquaient à leurs concitoyens. C'est, animés de cet esprit dévastateur, que les Turcs allaient s'acharner contre le peuple arménien pour l'exterminer à la faveur de la guerre.

L'Âme Turque

Je vais, avant de partir pour la guerre, te dire ce que je vais faire:
De chaque poignée de terre que je soulèverai, le sang jaillira,
Sous ma griffe, les printemps seront changés en automnes et les automnes en hivers,
Si je laisse pierre sur pierre, que le foyer que j'abandonne, soit détruit.
Ma baïonnette changera en cimetières les jardins pleins de roses. Je léguerai à l'histoire des ruines désolées, où, pendant dix siècles, aucune civilisation ne pourra fleurir.
Si je laisse une seule feuille sur les arbres, aucun drapeau sur les forteresses, qu'un cachet noir me frappe au beau milieu des tablettes de ma foi.
De mon souffle, jaillira le feu: de mon épée, la mort; de mes pas, l'épouvante. Toutes les blancheurs, je les souillerai d'une tache de poudre, et, à chaque tache de poudre je mêlerai une poignée de sang.
Je suspendrai la pitié à la pointe de mon yatagan; la raison, aux capsules de mon fusil; la civilisation, aux pieds de derrière de mon cheval.

Je réduirai l'ennemi à n'espérer la pitié que de la mort; la raison, que du plomb; la civilisation, que des terres ravagées. Les creux des montagnes, les ombrages des forêts, les figures grimaçantes des ruines diront à l'éternité: «*Le Turc a passé là*».

Trad. par A. Tchobanian   Aka Gündüz

Almanach Franco-Arménien, Paris, 1918, p. 35

18

II
Place au Touran!

Place au Touran!

Cette haine des « *AUTRES* » érigée en doctrine, ce fanatisme consacré en principe fondamental dans la vie de tous les jours, étaient entretenus à l'état endémique, depuis longtemps sur toute l'étendue de l'Empire ottoman.

Les protagonistes d'un mouvement socio-politique, le panturquisme ou le pantouranisme, qui ambitionnaient de polariser tous les mouvements de libération turcs, surent les attiser systématiquement.

Ils visaient trop loin. Ils projetaient de créer un immense empire touranien qui s'étendrait de l'Asie à l'Europe. C'était là un objectif pour le moins téméraire.

Ils constataient, non sans déception et amertume, que les liens religieux entre les États musulmans coreligionnaires s'étaient avérés inopérants à maintes reprises. Les intérêts régionaux ou nationaux avaient suscité des divergences et leur avaient dicté des prises de position antagonistes irréconciliables.

Dans ce contexte, ils étaient maintenant convaincus que le panislamisme était désormais anachronique, désuet, inefficace et qu'il ne répondait plus à leurs aspirations pantouraniennes.

Le Coran avait échoué, donc, place au Touran!

Mais d'où vient le mot Touran et que représente au juste le pantouranisme?

Le pantouranisme prétendait que la race turque s'étendait de Constantinople à la frontière du Japon. Il préconisait la création d'un seul État touranien englobant les Musulmans de Perse, d'Afghanistan et de la Russie, d'Azerbaidjan, du Turkmenistan, du Tadjikistan, d'Uzbekistan, du Kirghizistan et de Mongolie.[29]

L'appellation de touranien a été donnée « *depuis les temps les plus reculés par les populations iraniennes ou indo-européennes de la Perse aux peuples de l'Asie centrale et occidentale avec qui elles furent toujours en lutte. Dans la littérature indienne primitive, celle des Védas, on trouve ce nom sous la forme de Tourvasa, plus tard sous celle des Touroutcha, enfin sous celle de Tourani, dans les épopées persanes du Moyen Âge, entre autres dans le Chah Nameh de Ferdoucy. Ces différents noms ne semblent être que des modifications de Turcs, qui a prévalu depuis les croisades chez les peuples de l'Occi-*

---

[29] cf. E. Radap, La Question arménienne reste ouverte, dans Études de août-septembre 1970.

dent... Elle (la race tartaro-finnoise) embrasse ainsi tout le nord et le centre de l'Asie et le nord-est de l'Europe, divisée en quatre familles principales: les Finnois, les Turcs et les Tartares, les Mongols, les Toungouses. »[30]

Les pantouranistes considéraient que le panislamisme avait échoué sur le plan politique et national. Le Coran n'avait pas réussi à unifier le monde musulman. Le Touran devrait, d'après les thuriféraires du pantouranisme, réussir là où le Coran avait failli.

IL (race), **DIL** (langue), **DIN** (religion) **VE DILEK BIRLIGI** (et communauté d'aspiration), ce fut le slogan préféré du ralliement pantouranien pour sensibiliser tous les Turcs disséminés à travers le monde. Un appel à la solidarité et à l'unité.

Mais, comme on s'en aperçoit, eux qui dédaignaient le Coran, l'accusaient même de tous les malheurs qui s'étaient abattus sur les Turcs, n'ont pas éliminé l'élément religieux de leur plate-forme politique, car ils se rendaient compte que les masses turques restaient encore trop attachées à leur religion et que la corde du Coran pourrait encore jouer en faveur du pantouranisme bâti plutôt sur la communauté de la race, de la langue et des aspirations nationales, s'ils savaient exploiter habilement l'appartenance religieuse de leurs adeptes, comme ils savaient très bien le faire.

D'après les pantouraniens l'Empire ottoman avait pourri à l'intérieur et il avait fait faillite à l'extérieur. La Constitution dont le promoteur avait été Midhat pacha, appliquée sur toute l'étendue de l'Empire avait, à leurs yeux, élevé les **rayas** (les infidèles) au rang de citoyens à part entière, égaux aux Musulmans. C'était là une «*injustice flagrante*» qu'ils ne pouvaient tolérer. Il faudrait, sans plus tarder, turquiser la Turquie et cesser aussi de confondre le Turc avec le Musulman. Les Non-Turcs ne devraient plus vivre en Turquie s'ils ne se turquisaient pas. La nation ottomane n'était qu'un ramassis d'éléments hétérogènes, intrus à la faveur des circonstances. Il faudrait que la nation ottomane fût transformée en nation exclusivement turque.

À cet effet, les pantouraniens ont traduit le Coran en turc dans l'intention ferme d'activer la turquisation de l'Islam ottoman. En somme, ils cherchaient à doter le peuple turc d'une religion nationale. Ils luttaient pour s'émanciper des contraintes de l'idéologie d'un Islam international pour créer et renforcer des liens de communauté d'origine ethnique, de langue et d'aspirations entre les peuples touraniens.

---

[30] Dictionnaire Général de biographie et d'histoire... Paris, 1895, 11e édition, 2e volume p.2802.

Ils déclenchèrent, par voie de conséquence, une lutte acharnée contre l'ottomanisme et le panislamisme qui avaient, selon eux, trahi la cause de l'unité touranienne.

La presse turque s'est mise de la partie sous l'impulsion des propagandistes exaltés comme Ziya Gökalp, Mehmet Emin, Akçura, Agaef, Rasul Zade pour ne citer que ceux-ci.

Le journal **Ictihad** (libre critique) est allé jusqu'à publier une série d'articles intitulée « *Lutte contre les softas* » et une autre, plus virulente encore, sous le titre sensationnel « *Mohammed était-il épileptique?* »

Les pantouraniens attachèrent une grande importance à la culture et à la langue. La culture est nationale, enseignaient-ils, la civilisation est internationale. Par conséquent, il faudrait arracher la culture turque aux griffes de la civilisation internationale. La langue ancienne (le farsi littéraire) doit être la langue de la civilisation et le turc moderne celle de la culture turque.

En politique, ils revendiquaient l'abolition des Capitulations pour soustraire la Turquie au contrôle et aux pressions de l'Occident. Ils se proposaient de nettoyer la patrie turque de tous les éléments non-turcs (Arméniens, Grecs, Israélites...) et ils n'hésitaient pas à déclarer que pour réaliser l'empire pantouranien, ils devraient supprimer l'Arménie qui constituait un obstacle sur leur chemin.

Le grand poète turc Mehmet Emin écrivait à cette époque: « *toutes les abeilles ont une seule ruche et tous les Turcs doivent avoir un même Touran.* »

D'après Agaef, le Touran commence aux Balkans et arrive jusqu'en Mandchourie englobant l'Asie Mineure, la Crimée, le Caucase, le Daghestan, l'Astrakhan, les rives de la Volga, la Sibérie, la Mongolie, le Turkestan chinois et russe, Boukhara, le Khorassan, l'Azerbaidjan.

D'après Kadjenzadé, le Touran comprend l'Anatolie avec Istanbul, la Mésopotamie avec Mossoul, l'Azerbaidjan avec Bakou, la Crimée, la région située entre la Volga et l'Oural, le Kirghizistan, le Turkestan, les montagnes entre Altai et Pamir, des montagnes de la Mongolie jusqu'aux steppes de la Sibérie... (Voir la carte de cet Empire)

La superficie de cet empire touranien équivaudrait à celles de l'Europe et de l'Amérique réunies.

Ziya Gökalp aussi, l'un des promoteurs authentiques du pantouranisme, délimite, en un style imagé, les frontières de cet empire:

« *Ce que nous appelons Touran ou le Grand Turkestan*[31] *est un continent composé d'une immense mer de sable. Les oasis sont les îles*

---

[31] Histoire de la civilisation turque (en turc) pp.17-18.

de cette mer de sable. Les voitures, les chameaux, les chevaux, les boeufs sont les navires de cette mer à travers les îles de cette mer immense, il n'y a rien qu'on ne puisse traverser. Toute caravane munie de provisions nécessaires au voyage peut aller d'un bout à l'autre de cette mer. Il n'y a là-bas ni des montagnes, ni des fleuves, ni des lacs, ni des mers infranchissables. Ce continent se trouve entre la Hongrie et la Mandchourie. »

Les poètes et les écrivains ne chantaient plus l'Empire ottoman, ils ne glorifiaient plus ni Süleyman, ni Sélim, mais le Touran et le Touran seulement.

Vatan ne Türkiyedir Türklere, ne Türkistan,
Vatan büyük ve müebbet bir ülkedir: Turan

ou

Sizlersiniz, ey kavmi Macar, bizlere ihvan:
Ecdadimizin müstereken mensei Turan...
Bir dindeyiz biz hepimiz hakperestan,
Mümkün mü, ayirsin bizi Incil ile Kuran?[32]

Ces quelques vers reviennent à dire en prose que la patrie pour les Turcs n'est ni la Turquie, ni le Turkestan, mais un grand pays éternel, le Touran. Est-il possible, se demande le poète, que l'Évangile et le Coran puissent diviser ces peuples issus des mêmes origines ethniques?

Dans cette atmosphère surchauffée, le panislamisme ne pouvait plus contenir les flots écumants de la révolution pantouranienne au Caucase, en Asie Centrale et à Istanbul même. Les Tartares, les Kirghizes et les Bachkirs bougeaient à leur tour.

On peut considérer, sans contredit, Mehmet Ziya comme le vrai théoricien du pantouranisme. Il était d'origine kurde. Il était né à Diarbékir en 1876. Il avait poussé ses études universitaires à Istanbul où il avait terminé ses études de vétérinaire, mais il se consacra à la politique dès son bas âge. Il se turquisa et changea son nom. Il s'appellera désormais Ziya Gökalp. Il ne tardera pas à prendre la direction d'un groupe dynamique, très actif dès le départ.

Son groupe se fixa comme objectifs:

1. de purifier la vie turque des éléments étrangers «*polluants*»...;
2. de nationaliser la langue et la religion turques;
3. de ressusciter l'antique culture turque et de défendre les légendes populaires;

---

32 Emin Erişirgil, Türkçülük devri, Milliyetcilik devri, insanlik devri, Ankara, 1958, pp.9-10.

4. de revenir à la nationalité turque pré-ottomane;
5. d'affirmer rationnellement et scientifiquement les liens raciaux des peuples touraniens.

Face à ces objectifs, il fonda:

a) l'Union de la nouvelle langue (**Yeni Lisan**), qui entreprit de publier un organe intitulé **Genç Kalemler** (les jeunes plumes.)

et

b) l'union de la nouvelle vie (**Yeni Hayat**), qui eut pour organe **Yeni Felsefe** (la nouvelle philosophie).

Plus tard, ces deux associations fusionnèrent et se dévouèrent totalement à la propagation des idées panturques.

Husein Cahit, rédacteur en chef du journal **Tanin** et Halide Edip, écrivain et femme de lettres très connue pour ses convictions panturques, rallièrent le mouvement. Celle-ci publia en 1910, dans le journal **Tanin**, son roman politique **Yeni Turan** (le Nouveau Touran), qui devint l'un des livres de prédilection des pantouraniens.

Pendant ce temps, le centre des activités pantouraniennes fut transféré à Istanbul en 1912. Les intellectuels gagnés à la cause fondèrent un organisme central sous le nom de **Türk Ocaği** (Foyer turc) ayant pour objectif principal de rejeter l'Islam tel qu'il est jusque là et de turquiser tous les éléments non-turcs de l'Empire. Cette association très puissante, très contestataire aussi de l'ordre social de l'époque, installa son quartier général à Istanbul. Elle créa rapidement des ramifications dans toutes les villes et les villages de l'Anatolie, du Caucase, du Turkestan, de la Thrace et de la Macédoine. Le ministre des Evkafs et **le Machiékat-oul-Islam** (fondations pieuses musulmanes) subventionnèrent généreusement Le Foyer Turc.

En un laps de temps, Le Foyer Turc (**Türk Ocaği**) réussit à recruter trois mille membres à Istanbul et à créer vingt-cinq filiales dans les provinces. L'adhésion aux **Türk Ocaği** était strictement interdite aux Non-Turcs.

Le Foyer Turc opéra par l'intermédiaire de quatre organisations qu'il fonda ou qu'il encouragea:

La première fut **Türk Yurdu** (la patrie turque). Elle avait pour mission de développer et de diffuser la littérature nationale:

1. en purgeant la langue des mots d'origine arabe et persane de manière à lui rendre un caractère purement mongolique;
2. en écrivant des livres nationaux dans cette langue expurgée;
3. en enseignant celle-ci dans les écoles et en la répandant dans toutes les provinces turques;

4. en usant des lettres détachées comme dans les langues européennes et en contradiction avec l'écriture arabe, de manière à faire disparaître toute ressemblance entre les langues turque et arabe. Cette réforme devait être réalisée plus tard par Mustafa Kemal. Le devoir des membres de cette organisation était de combattre tout écrivain turc qui ne partageait pas leurs vues et ne professait pas leur foi.[33]

La revue **Türk Yurdu** fondée par Akçura en 1911 devint l'organe officiel de ce club. Le rédacteur en chef en était Akçura lui-même; Ahmet Agaef et Ismail Kasprinski, les rédacteurs. Les pantouranistes Ahmet Hikmet, Hamdullah Suphi, Halide Edip, Mehmet Emin, Riza Tevfik et d'autres écrivains et intellectuels se regroupèrent autour de **Türk Yurdu**.

La seconde organisation est appelée **Türk Derneği** (le Club turc). Elle était chargée de promouvoir l'idée nationale par des procédés violents, à la rigueur. Les membres de cette organisation sont, en général, des Unionistes extrémistes qui exècrent tous les éléments non-turcs et sont imbus du désir violent de les turquiser et de détruire en eux tout vestige d'une autre idée nationale quelconque. « *Ils sont animés d'une énergie extraordinaire mais leurs illusions ont complètement oblitéré leur esprit et leur ont inspiré des actes qui sont en grande partie cause des désastres qui ont affligé l'Empire...* »[34]

La troisième organisation, **Türk Bilgi Derneği** (Club de la science turque), était de tendance foncièrement unioniste. Il s'agit en l'occurrence d'une association scientifique qui a bénéficié largement du patronage de l'*Ittihad ve Terakki* (Union et Progrès) et a profité de grosses subventions de l'État.

Cette institution avait pour but de servir la civilisation et la culture turques. Elle jouissait de l'appui et de la sympathie de l'intelligenzia turque. Le président en était l'ancien ministre de l'Instruction publique turque, Emrullah efendi.

Le **Bilgi Derneği** éditait un organe mensuel qui paraissait sous le titre de **Bilgi Mecmuasi**. Six comités à diverses attributions en assuraient la rédaction. Ils étaient ainsi formés:

1. **Türkiyat** (Turcologie)
2. **Islamiyat** (Islamologie)
3. **Hayatiyat** (Biologie)
4. **Felsefe ve Ictimaiyat** (Philosophie et Sciences sociales)

---

[33] The Near East du 30 mars 1917 et Le Bulletin de l'Asie Française XVII, 1917, N° 169, pp.72-74.

[34] The Near East et le Bulletin de l'Asie Française, op. cit.

5. **Riyaziyat ve Maddiyat** (Mathématiques et Sciences naturelles)
6. **Türkçülük** (Turquisme)
Le sixième département s'adonnait à formuler les principes du turquisme et à promouvoir la solidarité entre les peuplades turques. La quatrième organisation, **Türk Güç** (La force turque) concentra ses activités sur le développement physique des Turcs en polarisant les sports, les jeux et les loisirs de la jeunesse turque surtout. Pour les adolescents, on créa le mouvement **Izci** (Éclaireurs).

D'autres commissions, d'autres groupuscules créés pour les circonstances gravitaient autour de la grande organisation-mère de **Türk Ocaği** comme **Istilah Encümeni** (Commission de terminologie) rattachée officiellement au Ministère de l'Instruction publique ayant pour tâche de turquiser la toponymie et la terminologie; comme **Teelif ve Tercüme Encümeni** (Commission de rédaction et de traduction) à laquelle on avait assigné la tâche de rédiger de nouveaux livres sur Oulaghou, Genghis, Tamerlan... et de publier des livres sur la culture et la civilisation turques.[35]

Le **Türk Ocaği** ne négligea pas l'endoctrinement économique aussi. Ne serait-il pas malvenu de dissocier l'économie de la politique? Une campagne de sensibilisation intense fut lancée dans les masses populaires pour les inciter à acheter turc, à se nourrir à la turque, à s'habiller à la turque. Le commerce avec les **autres** fut donc déconseillé. Les extrémistes allèrent jusqu'à boycotter les marchands, les boutiquiers non-turcs, ces **guiavours** (mécréants) qui continuaient de s'enrichir « *aux dépens* » des Turcs.

Pour encourager ce mouvement séditieux camouflé sous des slogans d'émancipation économique, le Ministère des Evkafs, avec, cela va sans dire, la bénédiction des Autorités, consacra un crédit d'un million de Livres turques pour fonder une banque nationale dont le but initial et primordial a été de financer les petits commerçants et les petites entreprises turcs pour les aider à réussir. Mesures louables, au fond, n'était la xénophobie savamment alimentée à l'endroit des concitoyens ottomans non-turcs!

Le Congrès de l'Union et Progrès réuni en 1911 adopta, entre autres, la décision suivante:

---

[35] Sur le pantouranisme, on pourrait consulter avec intérêt:
- Castren A., Recherches ethnologiques sur les peuples altaïques, St Pétersbourg, 1857
- Le panislamisme et le panturquisme dans la Revue du Monde Musulman, Tome XXII, mars 1913, pp.179-220
- Zenkovsky, Serge A. Pan-Turkism and Islam in Russia, Cambridge, 1960
- Carrère d'Encausse, Hélène, L'Empire éclaté, Paris, Flammarion, 1978.

«... *Il faut refuser aux nationalités allogènes le droit de se regrouper entre elles et de se structurer. Elles sont des quantités négligeables...* »[36]

À ce même Congrès ont été élus membres du Comité Central: Ismail Kasprinski, Husein Zade Ali, Yusuf Akçura.

Tous les trois étaient des membres fondateurs et des vétérans zélés du mouvement pantouranien!

Ensuite, le siège de l'Union et Progrès (*Ittihad ve Terakki*) déménagea de Salonique à Istanbul. Le **Tearuf-i-Müslimin**, organe officiel du Parti, accentua sa propagande en vue de faire connaître les Turcs de Turquie à ceux de la Russie et réciproquement.

Les pantouraniens n'étaient pas en reste avec les unionistes de l'*Ittihad ve Terakki*. Ils tinrent un Congrès à Bayazid en 1913. Ils votèrent avec enthousiasme et frénésie l'union des Turcs du Caucase avec ceux de la Turquie. Le projet grandiloquent de l'Empire pantouranien pointait à l'horizon.

Qui désormais oserait et pourrait entraver la réalisation de l'Empire touranien, d'autant plus que les Unionistes aussi tenaient le même langage et poursuivaient les mêmes objectifs?

Dans cet état des choses alarmant, on avait, en effet, de la peine à différencier les unionistes des pantouraniens. Il était plus facile de les confondre, car ils avaient tant d'affinités, tant de points communs. Les uns comme les autres brandissaient la même bannière et claironnaient la même communauté de race, de langue et d'aspirations nationales (**Il, Dil ve Dilek Birligi**). Les uns noyautaient les autres et réciproquement.

Dans cet océan de haine que constituait l'immense Empire ottoman, les vagues houleuses de l'*Ittihad ve Terraki* s'entrelaçaient avec celles des Touraniens et s'annonçaient de plus en plus menaçantes. La tempête dévastatrice ne saurait plus tarder.

Tous et tout concouraient à surchauffer les masses majoritairement analphabètes et incultes éblouies par la grandeur et les éclats d'un Empire qui s'étendrait du Bosphore à Samarkand, comme le faisaient miroiter les théoriciens de l'idéal pantouranien.

Un seul intrus dans le décor: le peuple arménien. Une seule solution radicale: le génocide.

C'est ce que les Jeunes-Turcs, de connivence avec leurs camarades pantouraniens, projetèrent de faire délibérément, avec préméditation et réalisèrent avec sang-froid et sans scrupules, en profitant de l'opportunité exceptionnelle que leur offrit l'entrée en guerre de la Turquie.

---

[36] Zarevant, La Touranie indépendante unie, 1926, p.63 (en arménien).

III

Une solution radicale:
le génocide

Une solution radicale:
le génocide

A. Les déportations

Le 15 mai 1915, une loi, très lourde de conséquences, a été promulguée. Elle provenait du Ministère de la Guerre. Elle avait été sanctionnée par S.M. le sultan Rechad V et contresignée par le Prince Saïd Halim, Premier Ministre.

Cette loi a été publiée dans le N° 2189 du journal officiel Takvim-i-Vekayi du 19 mai 1915.[37] En voici la traduction:

Article 1. *En temps de guerre, les commandants d'armée, de corps d'armée et de division ou leurs remplaçants, ainsi que les commandants des postes militaires indépendants, qui se verraient en butte de la part de la population à une attaque ou une résistance armée, ou rencontreraient, sous quelque forme que cela soit, une opposition aux ordres du Gouvernement ou aux actes et mesures concernant la défense du pays et la sauvegarde de l'ordre public, ont l'autorisation de les réprimer immédiatement et vigoureusement au moyen de la force armée et de supprimer radicalement l'attaque et la résistance.*

Article 2. *Les commandants d'armée, de corps d'armée et de division peuvent, si les besoins militaires l'exigent, déplacer et installer dans d'autres localités, séparément ou conjointement, la population des villes et des villages qu'ils soupçonnent coupable de trahison ou d'espionnage.*

Article 3. *Cette loi entre en vigueur à partir de sa publication.*

14/27 mai 1915

Haygazn Ghazarian, qui a travaillé pendant trois ans au Centre du Ministère de la Marine ottoman, au service des Forces britanniques, dans la section des Archives ottomanes, qui a eu accès aux documents les plus confidentiels, même à ceux relatifs à la déportation et aux massacres des Arméniens, affirme[38] que cette loi comptait huit articles et non pas trois telle que publiée.

D'après Ghazarian, l'article 3 devrait se lire article 8 dans le texte initial. Il affirme aussi que ce texte administratif tel que publié au Journal Officiel est extrait d'une circulaire ultra secrète portant la mention ESRAR écrite à l'encre violette, adressée à tous les Ministères par le Ministère de la Guerre.

---

[37] Voir en annexe le fac-similé de cette loi.

[38] H. Ghazarian, Le Turc génocide, Beyrouth, 1968 (en arménien) p.70.

Toujours selon Ghazarian, les articles 4, 5, 6 et 7 n'ont pas été rendus publics parce qu'ils parlaient déjà ouvertement de la confiscation et de l'usage des maisons des Arméniens déportés. L'article 3 initial, dit Ghazarian, ordonnait d'affecter ces maisons aux officiers turcs tandis que les articles 5, 6 et 7 demandaient d'y loger aussi des familles de soldats turcs tués ou blessés ainsi que des mouhadjirs (refugiés) turcs.

Malheureusement H. Ghazarian ne reproduit pas le texte initial dont il fait mention dans son étude richement documentée.

Mais déjà, au début de mars 1915, le télégramme suivant était arrivé du Commandement général à tous les commandants militaires:

« Par suite de la situation présente, l'extermination complète de la race arménienne a été décidée par un iradé[39] impérial. Les opérations suivantes doivent avoir lieu à ce sujet:

1°. À part les enfants âgés de cinq ans, tous les bachibozouks[40], sujets ottomans, habitant dans le pays et portant le nom d'Arméniens, doivent être sortis des villes et tués.

2°. Tous les individus servant dans l'armée impériale doivent, sans donner lieu à un incident, être séparés de leur corps d'armée et fusillés à l'abri des yeux indiscrets.

3°. Les officiers qui sont dans les armées seront incarcérés dans leurs dépôts jusqu'à ce qu'une nouvelle décision soit prise à leur sujet.

Quarante-huit heures après que ces trois dispositions auront été communiquées au Commandement de chaque armée, un nouvel avis sera donné à propos de leur exécution.

En conséquence, en dehors des préparatifs indispensables, ne point entreprendre d'autres opérations.

Le Commandant Général en second
et Ministre de la Guerre
(s) Enver »[41]

Les attributions d'urgence, comme on le constatera, étaient illimitées et les responsables en usèrent sans scrupules.

La loi du 15 mai ainsi que celle de mars 1915 ont déclenché le processus du génocide prémédité depuis longtemps, planifié minutieusement par les hautes instances de l'Union et Progrès, parti au pouvoir, et qui serait exécuté méthodiquement à la faveur de la guerre, qui fournissait un précieux alibi au Pouvoir.

---

[39] Mot turc qui signifie un rescrit impérial.

[40] Mot turc qui signifie les civils en général.

[41] A. Andonian, Documents officiels concernant les massacres arméniens. Paris, 1920, pp.157-58.

« *Le docteur Nazim, créateur du mouvement nationaliste en Turquie, était un deunmé* (juif renégat). *Il représentait une intelligence assez bornée. C'était l'homme de l'idée fixe.*

« *Notre empire est dépeuplé,* disait-il. *Nos territoires jadis si riches sont en friche... Pour refaire une Turquie grande et prospère, il existe un moyen bien simple: expulser les étrangers et les remplacer par des Turcs de pure race. Nous appellerons chaque année, en Turquie, un demi-million d'émigrants que nous installerons à côté de nos populations: des Bosniaques, des Pomaks, des Turcs, des Tartares de Russie, des Turkmènes... et, en vingt ans, nous aurons créé un empire essentiellement ottoman.*

« *La thèse de Nazim Pacha est tellement extravagante,* écrit le Capitaine H. Seignobosc[42], *qu'on est tenté de ne point l'examiner. On aurait tort. Si l'idée est baroque, elle explique cependant bien la politique des Jeunes-Turcs. Tous, en effet, ont été les fervents adeptes du nazimisme, parce qu'il correspondait à leurs aspirations du panislamisme ou tout au moins de panturquisme. Et, de leur rêve, sont résultées ces expulsions systématiques des populations grecques de la côte d'Asie, refoulées d'abord vers les îles du littoral, puis rejetées de là vers la mère-patrie. Qu'on se rappelle les persécutions de Smyrne et d'Aïvali, en 1914, et on restera convaincu.*

« *À la suite de Nazim, les Jeunes-Turcs ont vu encore beaucoup plus loin. Dans leur rêve de touranisme, ils n'ont point hésité à détruire toute race qui pouvait détenir une parcelle du sol réservé aux seuls Osmanlis. Et, c'est en développant cette pensée d'exclusivisme qu'ils ont imaginé le massacre en masse, des Grecs et surtout des Arméniens. L'expulsion n'allait pas assez vite à leur gré; l'extermination devait seule permettre la réalisation du grand projet: La Turquie aux Turcs. Éminemment simplistes, dénués de tout sentiment de pitié, égoïstes renforcés d'âme autant que de pensée, les Jacobins de Turquie n'ont point hésité à massacrer plus d'un million d'Arméniens, de Grecs et de Chrétiens de toute origine, pour arriver à la réalisation de leur extravagante théorie.* »

Le Capitaine Seignobosc voit juste. En effet, dans le vocabulaire des massacreurs Jeunes-Turcs, **déportation** était synonyme de **massacre**.

Lors du procès des Unionistes devant la Cour Martiale turque, en 1919, le Président du Tribunal a ordonné de lire devant les accusés un télégramme chiffré reconnu authentique tant par le Juge d'Instruction que par la Cour Martiale dans lequel il est expliqué clairement que

---

[42] Turcs et Turquie, Paris, 1920, p.61.

sevkiyat (déportations) signifie **imha** (liquidation) et que l'expression «*nous les avons déportés*» signifie «*nous les avons liquidés.* »[43]

D'ailleurs, la façon brutale dont ces ordres ont été exécutés ne laisse aucun doute sur les intentions criminelles des organisateurs.

« *Dans certains villages, des affiches furent placardées, enjoignant à toute la population arménienne de se présenter à un lieu public, à une heure déterminée -généralement un ou deux jours d'avance- dans certains cas, le crieur de la ville parcourait les rues, transmettant les instructions verbalement.*

« *Dans d'autres endroits encore, pas le moindre avertissement n'était donné: les gendarmes survenaient dans une maison arménienne et ordonnaient à tous les habitants de les suivre; ils emmenaient des femmes occupées à leurs travaux domestiques, sans leur permettre de changer de vêtements. La police tombait tout d'abord sur elles comme l'éruption du Vésuve surprit Pompéi; elles étaient forcées d'abandonner leur lessive, les petits étaient arrachés du lit, le pain restait dans le four à moitié cuit, le repas de famille mangé en partie, les enfants enlevés de leur classe, leurs livres demeurant ouverts à la leçon du jour, les hommes étaient obligés de laisser leur charrue dans les champs et leur bétail sur le versant de la montagne.*

« *Les femmes mêmes, qui venaient d'être mères, se voyaient contraintes de se lever et de rejoindre la foule frappée de panique, leurs bébés dormant dans leurs bras.*

« *C'est à peine s'il leur était possible d'attraper à la hâte un châle, une couverture, peut-être quelques miettes de nourriture; et c'était tout ce qu'elles emportaient de leur foyer! À leurs questions affolées: où allons-nous?, les gendarmes condescendaient seulement à répondre: À l'intérieur!* »[44]

Le Correspondant du Temps à Bâle mande que les rapports reçus d'Alep «*confirment qu'il existe 492.000 Arméniens exilés à Mossoul, à Diarbékir, à Alep, à Damas et à Déir-el-Zor. Talaat bey, ministre de l'Intérieur de Turquie, évalue à 800.000 ceux qui ont été exilés et il dit que ceux d'entre eux qui sont morts ou qui ont été déportés durant ces derniers mois atteignent le nombre de 300.000. Il ressort par ailleurs d'une autre statistique que les Arméniens déportés sont au nombre de 1.200.000 dont plus de 500.000 ont été massacrés ou morts de misère.* »[45]

---

43 « *Işbu tahrirat anlaşildiğina göre sevkiyat tabiri imha edildi demek imiş.* » Archives du Patriarcat Arménien de Jérusalem N° M298 et M.N° 324.

44 Morgenthau, Mémoires, Paris, 1919, pp.268-69.

45 Al-Mokattam du 30 mai 1916, N° 8270.

Kâmuran Gürün, l'un des plus zélés et des plus habiles défenseurs de la thèse turque dans le dossier du génocide des Arméniens, reconnaît la réalité de ces déportations, mais il essaye à sa façon d'en minimiser la portée. Il s'efforce de nous convaincre qu'il ne s'agissait point en l'occurrence d'une **déportation** mais bien d'un **transfert.**

«*Le mot tehdjir, explique-t-il, (faire émigrer, faire déménager, déplacer) vient de la racine arabe h.dj.r. qui donne également le mot hidjret (Hégire, exode, migration, déménagement). Ce mot n'a donc nullement le sens de mettre des gens dans des camps de concentration, mais de les déplacer de leur lieu d'origine. Les Français et les Anglais qui le traduisent par «déportation» utilisent donc ce mot, en toute connaissance de cause, d'une façon erronée. Le mot «déportation» implique pour celui qui y est soumis, de se trouver en résidence surveillée. C'est-à-dire, que les personnes déportées ne sont pas libres, se trouvent dans un lieu bien défini -en prison, dans une forteresse ou dans un camp-, et vivent totalement coupés du monde extérieur... »*[46]

N'était-ce pas le cas de ces Arméniens déportés que l'on trimbalait sans merci d'un camp de concentration mouvant à un autre et dans des conditions inhumaines?

Et pour preuve à l'appui de son assertion, il rapporte que le Conseil des ministres avait soumis le transfert des Arméniens aux conditions suivantes:

«— *Les populations auxquelles des régions étaient affectées devaient y être transférées en toute sécurité, la sécurité de leur personne et de leurs biens leur étant assurée.*

«— *Jusqu'à leur installation dans leurs nouvelles maisons, leur ravitaillement devait être assuré par les indemnités octroyées aux émigrants.*

«— *Compte tenu de leur situation pécuniaire et économique antérieure, des propriétés devaient leur être données. Le gouvernement devait faire construire des maisons pour ceux qui étaient dans le besoin. Des réserves de semences et des instruments aratoires devaient être assurés aux agriculteurs.*

«— *On devait leur faire parvenir de la manière la plus sûre leurs affaires et les valeurs qu'ils auraient laissées derrière eux.*

«— *Après inventaire des biens immobiliers et estimation des valeurs laissés par les Arméniens dans leurs villages et villes d'origine, ces biens devaient leur être redistribués après installation dans les nouveaux villages.*

---

[46] Kâmuran Gürün, Le dossier arménien, Genève, 1984, p.244.

« — *Les biens ne relevant pas de l'activité professionnelle des Arméniens -oliveraies, vergers, vignes, boutiques, usines et entrepôts- devaient être vendus aux enchères sur les lieux où ils produisaient des revenus, ou loués, le montant de la vente ou de la location devant être remis aux caisses de dépôt afin d'être donné ultérieurement aux propriétaires.* »[47]

Kâmuran Gürün qui se présente comme le porte-parole du Gouvernement turc, essaye de consolider sa défense en citant des notes chiffrées envoyées le 23 mai 1915 (10 mai 1331) à Erzeroum, à Van et à Bitlis qui se lisent comme suit:

« *Les Arméniens de la province seront transférés et installés dans les lieux qui leur seront désignés dans la province de Mossoul -sauf dans la partie septentrionale qui jouxte la province de Van- dans le sandjak de Zor et dans celui d'Urfa -sauf dans le canton d'Urfa.*

« *Les Arméniens qui arriveront dans les lieux d'installation, seront établis dans des résidences que l'on construira dans les villages et les bourgades ou dans les lieux qu'indiquera l'administration locale où ils pourront construire de nouveaux villages. Il appartient aux administrateurs locaux de s'occuper de l'envoi et de l'établissement des Arméniens qui doivent être transférés. Il appartient également aux administrateurs en service, de protéger la personne et les biens des Arméniens, de les ravitailler et de veiller à leur repos tout le long de la route. Les Arméniens que l'on transfère pourront transporter avec eux tous les biens qu'ils seront en mesure de porter. Ce transport ne pourra s'effectuer naturellement que dans les lieux où les opérations de guerre le permettent.*[48]

« *Ce même jour,* continue Kâmuran Gürün, *une note chiffrée était envoyée au gouverneur de Mossoul et aux sous-préfets d'Urfa et de Zor* » où on lisait entre autres:

« *... Les Arméniens qui arriveront dans les régions d'établissement seront installés soit d'une façon dispersée dans des résidences qu'ils construiront dans les villages et bourgades existants, soit dans les lieux qu'indiquera l'administration locale, où ils pourront construire de nouveaux villages...*[49] *Il sera du ressort des fonctionnaires en service de s'occuper de la sécurité des biens et des personnes des Arméniens, de leur ravitaillement et de leur repos tout au long du chemin...* »

Quelle mansuétude et quelle sollicitude, serait-on porté à croire à la

---

[47] Kâmuran Gürün, op. cit. p.253.

[48] Dahiliye Nezareti, Ev. Oda, chiffré, Kal., dossier 53,856/56.

[49] Dahiliye Nezareti, Ev. Oda, chiffré, Kal., dossier 53,855/55.

lecture de toutes ces précautions prises par le Gouvernement Jeune-Turc pour assurer le bien-être et le confort de ses sujets arméniens que malheureusement il se croyait obligé de «*transférer*» pour des raisons impérieuses de sécurité...

Mais à quoi sert de dorer les pilules si elles contiennent toutes du poison mortel?

Somme toute, déportation ou transfert, n'est-ce pas le résultat qui compte?

Voyons maintenant dans quelles conditions ont été déportés ces Arméniens, où ont-ils été conduits, comment ont-ils été ravitaillés, ont-ils vraiment été logés dans des résidences mises à leur disposition, ont-ils eu la possibilité et les moyens de construire de nouveaux villages comme prévoyaient les notes et les circulaires que Kâmuran Gürün et ses semblables nous offrent à lire.

Sans plus tarder, donnons la parole aux témoins -tous de la plus haute crédibilité- même si Kâmuran Gürün essaye de détourner notre attention de ce douloureux problème avec ses arguties de sémantique pour nous convaincre que cette odieuse opération de déportation n'était qu'un simple transfert de populations -d'usage courant dans beaucoup d'autres pays aussi- réalisé dans les meilleures conditions humanitaires.

«*Quelle cruauté et quel manque d'humanité!* dira Mgr. Grégoire Bahaban[50], lui-même déporté. *Cependant, les pauvres gens essayaient de faire encore une ou deux heures de marche; mais, affamés, sans aucun soin, privés de nourriture depuis des jours, leurs jambes fléchissaient; à mi-chemin, ils tombaient sur la route épuisés et sans voix...*

«*Les uns gémissent sous les coups de bâton ou de fouet, les autres sont blessés par des coups de baïonnette ou de crosse de fusil; d'autres encore roulent dans la poussière tout en sang, assommés à coups de poings et de pieds. Beaucoup, affamés et brûlant de soif, ont les jambes enflées, les talons fendus, les pieds gonflés et tout le corps en sang. Dans cette tourmente indicible, ces pauvres gens faisaient de 15 à 18 heures de marche par jour, passant des montagnes escarpées, des vallées sans pistes et parcourant des plaines sans fin...*

«*Nous passions les nuits dans un désert perdu, dans une forêt sauvage à la belle étoile ou bien dans des creux de rocher que nous tâchions de découvrir, en ayant comme lit la terre nue, comme oreiller une grosse pierre et comme couverture nos haillons...*

«*Dans ces charnières, nous vîmes des petits enfants qui tournaient*

---

autour des cadavres de leurs parents, poussant des cris de détresse et de deuil. Certains petits innocents croyant que leurs mères ou leurs pères vivaient encore, les appelaient à grands cris... »

Et Mgr. Grégoire Bahaban, évêque arménien catholique d'Ankara, déporté avec ses fidèles, poursuit son récit:

« On ne nous avait pas permis de boire aux sources rencontrées en chemin; si, parmi ceux qui marchaient en tête, quelques-uns s'approchaient des fontaines, on les éloignait à coups de matraque. Ne pouvant supporter une telle soif, beaucoup buvaient dans les mares fangeuses et stagnantes et encore avec beaucoup de peine, car, étant liés quatre par quatre, il fallait que les quatre s'étendent à terre en même temps pour pouvoir attraper quelques gorgées à la sauvette. »[51]

Pour donner une idée plus réaliste de cette caravane de mort que les historiens accrédités par Ankara essayent vainement de présenter sous des aspects irrépréhensibles, laissons témoigner l'Évêque Bahaban pour une dernière fois:

« Dans cette étendue, il y avait environ vingt mille déportés dont un petit nombre seulement possédait des tentes.[52] *Pendant ces quatre jours de pluie où l'eau a couvert tout et inondé les tentes, il y a eu beaucoup de décès. Chaque matin, les corps étaient alignés tout le long des tentes; il n'y avait personne pour enterrer, les corps s'entassaient au cimetière qui se trouvait près de la station. Les gendarmes réquisitionnaient les premiers venus pour faire creuser des fosses sous la pluie et dans la boue. On enterrait trois ou quatre corps par fosse.*

« Quelques jours plus tard, le nombre de ceux qui mouraient de faim et de soif était tellement élevé qu'on ne faisait plus de fosses individuelles; on ouvrait des tranchées où on entassait tous ensemble. Quelques malades, craignant que leur corps ne soit pas enterré, se traînaient péniblement jusqu'au cimetière pour mourir sur place.

« Pendant toute une semaine, on fit fermer les boutiques afin d'empêcher les déportés d'acheter des provisions. Ceux qui se hasardaient à aller en ville, étaient battus et refoulés au camp. »[53]

Ce témoignage si accablant pour le Gouvernement turc ne fait, comme on le constate, aucune mention ni des résidences destinées à accueillir les déportés arméniens, ni des villages à construire dans leurs lieux d'exil. On les a vus, au contraire, errer pendant des semaines dans le désert, en quête d'une bouchée de pain qu'il leur était interdit

---

[51] Mgr. Grégoire Bahaban, op. cit. p.73.

[52] Ils étaient aux alentours d'Islahiyé.

[53] Mgr. G. Bahaban, op. cit. p.128.

d'acheter ou d'une gorgée d'eau que les gendarmes les empêchaient de boire.

Écoutons un autre témoin. Il s'agit en l'occurrence de Rössler, consul d'Allemagne à Alep. Le rapport daté du 27 juillet 1915 est adressé à Son Excellence le Chancelier Dr von Bethmann Hollweg. Rössler écrit entre autres:

« *Le gouvernement turc a chassé dans le désert des milliers et des milliers de ses sujets arméniens -innocents, bien entendu- sous prétexte qu'il fallait les éloigner de la zone de combat, sans faire d'exception ni pour les malades ni pour les femmes enceintes ni pour les familles des soldats servant sous les armes; il les a laissés manquer d'eau et de nourriture en ne les ravitaillant qu'insuffisamment et irrégulièrement, il n'a rien fait pour lutter contre les épidémies dont ils étaient victimes, il a poussé les femmes à un tel point de détresse et de désespoir qu'elles ont abandonné leurs nourrissons et leurs nouveaux-nés en chemin, vendu leurs filles approchant l'âge nubile, qu'elles se sont jetées dans le fleuve avec leurs petits enfants; il les a laissées à la merci de l'escorte, livrées à ses outrages -une escorte qui s'est approprié les filles et les a vendues, les a jetées entre les mains des Bédouins qui les ont dévalisées et enlevées; il a fait fusiller les hommes dans les endroits reculés, dans l'illégalité la plus complète, et laissé les cadavres de ses victimes en pâture aux oiseaux de proie et aux chiens, il a fait assassiner des députés prétendûment envoyés en déportation; il a relâché des détenus, leur a fait endosser des uniformes de soldats et les envoyés dans les régions que devaient traverser les déportés, il a recruté des volontaires tcherkesses et les a lâchés sur les Arméniens. Et que vient-il affirmer dans sa déclaration semi-officielle?*

« *Le gouvernement ottoman... étend sa bienveillante protection à tous les chrétiens loyaux et pacifiques qui vivent en Turquie...* »

« *En vérité, je n'en croyais pas mes yeux lorsque j'ai lu cette déclaration et je ne trouve pas de mots pour qualifier cet abîme de mensonges. Car le gouvernement turc ne pourra pas esquiver la responsabilité de ce qui est arrivé: même si, dans une certaine mesure, tout cela résulte d'un manque de prévoyance et d'organisation, de la corruption des exécutants et de la situation quasi anarchique dans les territoires de l'Est, il n'en demeure pas moins que c'est lui qui, de propos délibéré, a envoyé les proscrits dans ce chaos...* »[54]

Après de pareils témoignages, comment oserait-on, sans en rougir, parler encore des circulaires, des notes, des décrets que le gouverne-

---

[54] Archives du génocide des Arméniens, document N° 120.

ment jeune-turc aurait adressés aux gouverneurs, aux préfets, aux sous-préfets, bref aux fonctionnaires chargés de l'organisation de la déportation leur enjoignant de veiller à la sécurité et au bien-être des Arméniens déportés?

Les historiens turcs ne peuvent quand même pas taxer Rössler d'arménophilie ni l'accuser de turcophobie. Après tout, il est le représentant diplomatique de l'Allemagne Impériale, alliée et protectrice de l'Empire ottoman. Il n'a jamais été désavoué par son pays et il n'a jamais été déclaré persona non grata par la Sublime Porte. Homme de justice et d'honneur que ce Rössler!

Écoutons un autre Allemand. Il s'appelle Dr Niepage. Il est professeur au Collège allemand d'Alep.

« *Nous ne nous appesantirons pas sur les sanglantes atrocités qui accompagnent systématiquement le voyage des Arméniens chassés de leurs montagnes, dit-il; ni sur ces milliers d'hommes qui ont été abattus après avoir été arrachés à leurs familles, ou même, parfois sous leurs yeux; ni sur les innombrables enfants, femmes et jeunes filles, violés, mutilés par les gardiens de l'escorte et leurs acolytes, et dont les cadavres dénudés jonchent les routes que devront emprunter à leur tour les nouveaux convois qui ne cessent d'affluer; ni sur les indescriptibles brutalités, sur la faim et la soif qui déciment les survivants, les veuves et les orphelins dont la plupart ont été dépouillés de tout leur avoir et qui arrivent ici, généralement réduits à l'état de squelettes, puis devront peut-être continuer leur calvaire -un sur six de ceux qui sont partis- et reprendre le chemin du désert sans aucun moyen de subsistance, afin que disparaisse jusqu'au nom même de l'Arménie. »*

Et le Dr Niepage de continuer:

« *Il y a là un ancien caravansérail, immense, que les autorités turques ont mis à la disposition des Arméniens déportés, en particulier pour les grands malades...*

« *Nous pénétrons dans la cour. Elle n'est plus qu'un immense tas d'immondices; sur le pourtour, devant ces voûtes, des malades, des agonisants, des morts entassés pêle-mêle dans leurs excréments. Des myriades de mouches sur les malades épuisés et sur les cadavres. Des gémissements, des râles, de temps en temps un cri, quelqu'un qui demande un médecin, une plainte arrachée par les centaines de mouches qui mettent les orbites à la torture. À côté du cadavre d'un vieillard, deux enfants qui font leurs besoins.*

« *Nous traversons la cour couverte d'excréments et pénétrons sous l'une des voûtes. Une douzaine d'enfants à demi-morts de faim, hébétés; quelques-uns sont mourants ou déjà morts? Personne ne s'occupe d'eux. On a sorti d'un recoin obscur un cadavre d'enfant à moitié décomposé qui, sans l'odeur de putréfaction, serait resté inaperçu. Il y a des orphelins dont les mères sont mortes ici même dans les derniers jours. Pas un médecin. Pas un médicament pour apaiser les souffrances. Ils sont promis eux aussi à une mort horrible. Ils vont mourir de faim... Les conséquences sont évidentes: dysentérie, inanition, typhus...»*[55]

Un autre témoignage:

« Le 6 avril, nous avons appris qu'il y avait eu de nouveaux massacres du côté de Ras-ul-Ayn. Suivant une source d'information, les 14.000 personnes qui occupaient le camp de concentration auraient presque toutes été massacrées, tandis qu'une autre source parle de 400 familles que l'on aurait fait partir du camp et tuées en cours de route. D'après le récit d'un Allemand parfaitement digne de foi, qui a passé plusieurs jours à Ras-ul-Ayn et dans les environs et m'a rendu visite à son retour le 22 avril, il faut bien admettre les faits suivants. Le camp compte encore 2.000 déportés au maximum. Tous les jours ou presque, pendant un mois, 300 à 500 personnes ont été emmenées hors du camp et abattues à une dizaine de kilomètres de Ras-ul-Ayn. Les cadavres ont été jetés dans la rivière qui porte le nom de Djirdjib el Hamar sur la grande carte d'Asie Mineure de Kiepert (planche Nisibin D VI) et dont les eaux étaient hautes en cette saison. Un officier turc, qui demandait la raison de ses agissements au Kaïmakam de Ras-ul-Ayn, s'est entendu répondre en toute sérénité: «J'ai obéi aux ordres.»[56]

« À Meskené, sur le coude que fait l'Euphrate entre Alep et Rakka, il y a, dans un seul de ces camps, 55.000 Arméniens enterrés; cette information provient du pharmacien militaire turc et a été confirmée par un commandant en second turc.», affirme le Dr J. Lepsius.[57]

« La langue manque de mots pour donner une idée, ne serait-ce qu'approximative, de cette misère humaine, tellement ce qui se passe ici est indescriptible. Chaque jour apporte son lot de malheurs. D'après d'autres voyageurs qui ont traversé la région à pied, il y a un peu partout des centaines de cadavres que l'on a voulu éloigner et qui sont restés sans sépulture. Le gendarme de service m'a répondu: « Que peut-on y faire? Ils tombent comme des mouches. »[58]

---

[55] Archives du génocide des Arméniens document N° 182, daté du 15 octobre 1915.

[56] Archives du génocide arménien document N° 260 du 27 avril 1916.

[57] Archives du génocide des Arméniens, Paris, 1986, p.42.

[58] Archives du génocide des Arméniens, Paris, 1986, document N° 203.

Kâmuran Gürün et ses confrères de la même école ne cesseront pas de répéter pour autant:

« Jusqu'à leur installation dans leurs nouvelles maisons, leur ravitaillement devait être assuré par les indemnités octroyées aux émigrants. »[59]

Mais nous avons bien lu la description de ces *« nouvelles maisons »*... fictives prétendûment affectées aux déportés arméniens et le mode de ravitaillement réservé à ces malheureuses victimes qui manquaient du plus strict minimum de nourriture et d'hygiène, à travers des témoignages dont la véracité et l'authenticité ne font aucun doute. Nous n'avons aucun besoin des commentaires tendancieux de certains historiens partiaux pour nous faire une idée exacte de l'enfer que le gouvernement turc et le parti de l'Union et Progrès au pouvoir ont conçu et réalisé pour des centaines de milliers de leurs sujets dont l'unique tort était d'être *« Arméniens. »*

Le Gouvernement ottoman avait hâte de voir disparaître la race arménienne sur toute l'étendue de l'Empire. L'occasion qu'offrait la guerre était unique et il fallait en profiter. Les intempéries du climat, l'inanition préméditée des camps de concentration, le manque total d'hygiène, le harassement de la longue marche dans le désert, la barbarie des gendarmes d'escorte ne suffisaient pas à satisfaire ses attentes et à assouvir sa vengeance même si les déportés tombaient *« comme des mouches »* au dire du gendarme turc. Les massacres étaient le moyen le plus rapide et le plus efficace dans la conjoncture qui prévalait. On pourrait organiser *« la besogne noire »*, la surveiller, la diriger même tout en jetant l'odieux sur les Kurdes, les Tcherkesses et les bandits de grand chemin. Et ils n'ont pas hésité à le faire.

Une note codée du 14 juin 1915 (1er juin 1331) annonce:

« La préfecture d'Erzurum nous a informé qu'une colonie de 500 Arméniens qu'on avait fait partir d'Erzurum a été tuée par des tribus entre Erzincan et Erzurum... »[60]

Une autre note codée du Ministère de l'Intérieur, envoyée le 26 juin 1915, au gouverneur d'Elaziz, nous apprend:

« Les colonies d'Arméniens qui ont été envoyées d'Erzurum sous protection, ont eu leur chemin barré par les bandits de Dersim et ont été tués. »[61]

Une autre note chiffrée du Ministère de l'Intérieur adressée au

---

[59] Kâmuran Gürün, op. cit. p.253.

[60] Dahiliye Nezareti, Ev. Oda, dossier 54,864/62.

[61] Dahiliye Nezareti... dossier 904/83.

gouverneur de Diyarbakir, le 12 juillet 1915, dit:

« Ces temps derniers, des Arméniens de la province qu'on a fait sortir de la ville de nuit ont eu la gorge tranchée comme des moutons. Nous avons appris qu'il y a eu, selon des estimations environ 2.000 morts... »[62]

Nous n'avons pas la naïveté de croire que ces massacres locaux étaient des coïncidences fortuites ni l'oeuvre marginale de malfaiteurs isolés ou de bandits, comme le prétend le gouvernement turc.

Comment peut-on accepter que des irréguliers se jettent brusquement sur une caravane de déportés et massacrent sommairement deux mille, dix mille et plus de personnes sans être inquiétés par les gendarmes d'escorte armés qui avaient pour devoir d'assurer la sécurité de ces victimes?

« Le gouvernement s'est particulièrement penché sur la question de la sécurité des biens et des personnes des Arméniens (déportés) et a sans cesse donné des instructions pour que les mesures nécessaires soient prises... », osera écrire Kâmuran Gürün, l'un des porte-paroles les plus autorisés de la thèse turque.[63]

Alors, comment peut-on justifier un pareil carnage en présence des gendarmes qui sont restés inopérants et ont assisté à ces tueries en spectateurs indifférents pendant tout le temps que ces actes sauvages ont duré? Ce n'est sûrement pas en un jour ou deux que ces forfaits ont été accomplis. À quoi, donc, ont servi les mesures prises par le gouvernement et ses directives en vue de protéger la vie et les biens des Arméniens déportés?

Ces actes de banditisme ou camouflés comme tels ne sont point des faits isolés. Ils se sont produits maintes et maintes fois lors des déportations un peu partout à travers le pays en des endroits discrets arrêtés de commun accord entre le gouvernement et les massacreurs à sa solde et ont fauché ainsi des centaines de milliers de citoyens sans défense.

Le Ministère de l'Intérieur reconnaît dans un rapport qu'il a présenté au grand vizir (le premier ministre) le 7 décembre 1916, que 702.900 personnes avaient été transférées c'est-à-dire déportées,[64] mais il ne dit pas combien de ces déportés ont été l'objet des assauts meurtriers des bandes irrégulières, des Kurdes et des brigands de Techkilati Mahsoussé armés et grassement payés par lui.

Parlant d'une autre tuerie survenue à Tell Ermen, le Consul d'Alle-

---

[62] op. cit. dossier 932/94.

[63] Kâmuran Gürün, op. cit. p.258.

[64] Kâmuran Gürün, op. cit. p.260.

magne à Alep relève avec certitude: «... *Il est prouvé que cette tuerie, si elle est le fait d'éléments Kurdes, n'en a pas moins eu lieu en présence des forces armées du gouvernement turc et, probablement, avec leur participation active.* »[65]

On pourrait en dire autant de tous ces événements sanglants semblables téléguidés par ceux qui tenaient dans leurs mains le levier du pouvoir.

Devant toutes ces horreurs rarement égalées et jamais dépassées dans l'histoire des peuples civilisés, Kâmuran Gürün fait une diversion habile et se demande candidement si «*ceux qui sont morts du fait des conditions climatiques ou des fatigues du voyage pendant le transfert, peuvent être considérés comme ayant été massacrés.* »[66]

Nous répondons sans hésitation par l'affirmative, n'en déplaise à Gürün et à tous les thuriféraires de la propagande turque tels que le prof. Ataöv, Dr Sonyel et autres qui tentent de dégager directement ou indirectement la responsabilité du gouvernement ottoman dans la perpétration du génocide des Arméniens.

Le gouvernement ottoman qui ordonna la déportation de ses sujets arméniens et prit l'opération sous son entière responsabilité pouvait-il ignorer que des dizaines de milliers de vieilles personnes courbées sous le poids des ans, des dizaines de milliers de femmes enceintes dans un état de santé critique, des dizaines de milliers d'enfants en bas âge, des dizaines de milliers de personnes malades et souffrantes, étaient physiquement incapables de supporter des semaines et des mois de marche sous le soleil torride du désert, sans ravitaillement, sans soins médicaux des plus élémentaires et même, souvent, sans avoir la permission de boire une gorgée d'eau en cours de route? Ne parlons pas encore des tortures tant morales que physiques que leurs tortionnaires leur imposaient.

Les déporter dans ces conditions n'équivalait-il pas raisonnablement à une sentence de mort à plus ou moins brève échéance? N'était-ce pas un verdict avant le procès?

Mais d'abord, était-ce un massacre ou un génocide?

B. Massacre ou génocide?

«*NOUS NE VOULONS PLUS VOIR D'ARMÉNIENS EN ANATOLIE...* »[67] avait déclaré Talaat Pacha, Ministre de l'Intérieur, sans

---

[65] Archives du génocide des Arméniens, Document 120.

[66] Kâmuran Gürün, op. cit. p.261.

[67] H. Morgenthau, Mémoires, p.292.

détour, à Henry Morgenthau, Ambassadeur des États-Unis. Il n'avait pas menti cette fois. Il a tenu parole et, conséquent avec lui-même, il exécuta à la lettre, les décisions que le Comité Central de l'Union et Progrès, parti au pouvoir, avait arrêtées lors des réunions secrètes, pour liquider définitivement le Problème arménien.

Deux cent trente cinq intellectuels arméniens ont été arrêtés et refoulés à l'intérieur dans la nuit du 24 au 25 avril 1915, sans aucune forme de procès, sans aucun chef d'accusation. Ce chiffre atteignit rapidement six cents. Tous, à de rares exceptions, ont été assassinés par des moyens les plus cruels.

Dans un télégramme que Talaat adressait à Atif bey, vali (gouverneur) d'Ankara, il ordonnait de «*massacrer sans hésitation et sans pitié les Arméniens âgés d'un mois à quatre-vingt-dix ans et de faire attention à ce que cela ne se produise à l'intérieur des villes et en présence des gens.*»[68]

En turc, cela disait:

«*Bila tereddüt ve merhamet, bir aylikdan doksan yaşina kadar Ermenilerin itlafi, ancak şehir derununda ve ehali huzurunda olmamasina dikkat.*»

À intervalle d'une semaine, le Ministre de l'Intérieur revient à la charge le 15 septembre 1915. Sous une forme de menace à peine voilée, il demande plus de cruauté et exige plus de violence:

«*À la Préfecture d'Alep*

«*Il a été précédemment communiqué que le Gouvernement, sur l'ordre du Djémiet, a décidé d'exterminer entièrement tous les Arméniens habitant en Turquie. Ceux qui s'opposeraient à cette décision ne pourraient pas faire partie de la forme gouvernementale.*

«*Sans égard pour les femmes, les enfants et les infirmes, quelque tragiques que puissent être les moyens de l'extermination, sans écouter les sentiments de la conscience, il faut mettre fin à leur existence.*

Le 15 septembre   *Le Ministre de l'Intérieur*
                                                    Talaat »[69]

Alors, les glaives furent dégaînés, la populace fut déchaînée, des criminels de droit commun ont été élargis pour être lâchés comme des bêtes féroces sur une population civile sans défense. Les massacres connurent vite des proportions vertigineuses.

---

[68] Francesco Sidari, La questione armena nella politica delle grandi potenze, Padova, 1962, p.276.

[69] A. Andonian, Documents... p.145.

Le Ministre de l'Intérieur Talaat, non content d'avoir ordonné des massacres sans merci, promit aussi l'impunité aux massacreurs pour encourager leur barbarie.

Dans son télégramme chiffré N° 544, il rassura les massacreurs:

«... *Pour les excès commis en cours de route par la population sur les personnes connues, servant à la réalisation du but poursuivi par le gouvernement, il n'y aura pas de poursuite judiciaire. On en a avisé également les administrations de Zor et d'Ourfa.*

Le 3 octobre 1915   *Le Ministre de l'Intérieur*
                                          Talaat »[70]

Alors, que penser du document N° 192 que reproduit le Dr Salahi K. Sonyel[71] pour nous convaincre que les autorités responsables veillaient à l'ordre et à la sécurité des déportés?

Il s'agit là d'une note datée du 28 août 1915, signée pour le Ministre de l'Intérieur par le Directeur responsable de l'Installation des personnes déplacées.

Nous en citons les articles 21 et 22 seulement ainsi libellés:

Art. 21. — Que ce soit dans les centres de rassemblement ou pendant le transfert, s'il arrive que les personnes déplacées soient attaquées, arrêter immédiatement les coupables et les envoyer avec leur dossier à la cour martiale.

Art. 22. — S'il se trouve des fonctionnaires qui acceptent des cadeaux ou des pots-de-vin des personnes déplacées, ou qui, avec des promesses ou des menaces, ou avec d'autres façons, déshonorent une femme ou qui ont avec elle une relation illégale, ils seront congédiés et remis avec leur dossier à la cour martiale, qui leur infligera un grave châtiment.

Le document produit par le Dr Sonyel et qui précède à peine d'un mois celui du 3 octobre relatif à l'impunité des tortionnaires, provoque quand même quelques réflexions.

À la lecture du document Sonyel, on est convaincu que les autorités responsables s'attendaient à ce que les convois des déportés soient attaqués mais par qui, pourquoi et quand, ce n'est pas difficile à le dire. Mais pourquoi, donc, malgré cette prévoyance qu'on remarque sur des ordonnances, n'ont-elles pas prévu en même temps des précautions et n'ont-elles pas pris les mesures efficaces nécessaires pour prévenir ces attaques qu'elles avaient si bien prévues et empêcher ainsi les méfaits qui s'en sont suivis?

---

[70] A. Andonian, op. cit. pp. 141-42.

[71] Le déplacement des populations arméniennes, p. 11.

Ensuite, nous savons, et les autorités turques l'avouent aussi, qu'il y a eu beaucoup d'excès, beaucoup de crimes abominables et beaucoup d'abus de pouvoir lors des déportations. Ces défaillances ont été signalées soit par des diplomates en poste, soit par des hauts fonctionnaires turcs qui, d'ailleurs, ont été limogés en signe de représailles contre leur «*manque de patriotisme*» et même assassinés par des «*inconnus.*»

Mais combien de fonctionnaires coupables ont-ils été déférés devant la Cour martiale, comme prévu dans le document Sonyel? Le Gouvernement turc peut-il exhiber la liste des fonctionnaires accusés de défaillance et publier les minutes de leur procès si vraiment il y a eu des accusés, des accusations et des condamnations?

Il n'en a rien été et les massacres ont continué avec de plus en plus de recrudescence et de plus en plus d'animosité.

Cependant, quelques fuites de nouvelles alarmantes reproduites dans la presse occidentale ont poussé les sicaires à plus de précaution et, par voie de conséquence, à plus de «*raffinement*» dans la procédure à suivre.

Le 18 novembre 1915, Talaat demande à ses subalternes d'être plus circonspects et de se montrer plus prudents:

«... *tâchez que lors de la sortie des Arméniens des villes,* ordonne-t-il[72], *des bourgs et des centres, des faits pouvant attirer l'attention ne se produisent pas. Au point de vue de la politique actuelle il est d'une importance capitale que les étrangers qui circulent par là soient convaincus que cette déportation ne se fait que dans un but de changement de séjour. Pour ce motif, il est provisoirement important d'étaler pour la frime une conduite délicate et de n'appliquer les moyens connus que dans les endroits propices...*» Provisoirement important!

Une circulaire chiffrée publiée dans le journal *Jamanag* du 11 décembre 1918 est significative à ce sujet:

Texte turc:	Traduction littérale:
Silah patlamasin	Que le fusil ne retentisse
Asker yapmasin	Que le soldat ne le fasse
Ermeni kalmasin	Qu'il ne reste pas d'Arménien
Büyükleri kesmeli	Il faut égorger les grands
Güzelleri seçmeli	Il faut choisir les belles
Obirleri sürmeli	Il faut déporter les autres.

---

[72] A. Andonian, op. cit. pp.101-103.

Mais toutes ces précautions recommandées «*pour la frime*» n'ont point affecté la férocité des tueurs à gage que le gouvernement Jeune-turc avait recrutés par les soins diligents de l'organisme sanguinaire connu sous le nom de *Techkilati mahsoussé* (organisation spéciale) parmi les criminels notoires et les bandits professionnels.

Ils crucifièrent des vieilles femmes et ils livrèrent les plus jeunes à la vile passion de la soldatesque. À Trébizonde, les enfants furent cousus dans des sacs et jetés à la mer.[73] Les femmes enceintes furent éventrées et leurs foetus foulés aux pieds. Des jeunes filles dépouillées de leurs vêtements furent assises sur des piquets et, souvent, on leur coupa les seins. Des milliers d'enfants furent arrosés de pétrole et brûlés vifs.

«*Ceci s'est passé dans la vallée de Mouch, en été 1915. Deux mille femmes arméniennes amenées là par les kurdes, sont souillées et dépouillées de tout. On soupçonne qu'elles ont avalé leurs bijoux pour les soustraire aux bandits. Aussitôt on éventre les plus belles d'entre elles. Mais l'opération est trop longue. Un kurde propose quelque chose de plus simple. Il suffit de faire brûler toutes ces femmes. Leurs bijoux ne brûleront pas et seront recueillis au milieu des cendres. Aussitôt, à grands coups de bâtons, on tue ou on blesse ces malheureuses. On les entasse les unes sur les autres. On les enduit de pétrole et on allume le bûcher. Le lendemain, les monstres passaient, tranquillement, les cendres au tamis...*»[74]

Et le même journal ajoute, pour achever le sinistre tableau:

«*... À Songourlou, dans le vilayet d'Angora, 350 Arméniens sont mis à genoux. On leur arrache les ongles. On fracasse la mâchoire de tous ceux qui ont des plombages ou des dents en or. Puis on les égorge comme des moutons...*»

Ce traitement inhumain infligé aux déportés arméniens sans égard ni pour leur âge, ni pour leur sexe, ne doit étonner personne, étant donné la sévérité des directives données par les hautes instances aux subalternes à qui elles demandent de plus en plus de zèle et d'empressement pour réaliser dans les meilleurs délais le projet génocidique que le Gouvernement Jeune-turc et le Parti de l'*Ittihad ve Terakki* (Union et Progrès) au pouvoir, ont décidé pour annihiler le peuple arménien.

«*... Seules la sévérité et la célérité que vous montrerez dans l'expulsion des déportés pourront assurer le but que nous poursuivons. Vous devez néanmoins avoir soin de ne pas laisser de cadavres sur les routes... Les listes de mortalité à nous envoyer ces jours-ci n'étaient pas*

---

[73] Bulletin de l'Asie Française, XVIII, 1918, N° 172, p.23.

[74] La Renaissance, N° 52 du vendredi 31 janvier 1919.

satisfaisantes... Le renvoi des déportés ne doit ressembler en rien à un voyage d'agrément. N'attachez aucune importance aux plaintes et aux gémissements. Les instructions nécessaires ont été données par la Préfecture également au Caïmacam. Montrez du zèle. » lisons-nous dans ce télégramme N° 344 du 20 janvier 1916, sous la signature de Abdulahad Nouri, sous-directeur général des déportés à Alep.[75]

Et du zèle, les massacreurs n'en manquent pas. Même les médecins turcs rivalisent avec les tueurs ordinaires pour apporter leur part à l'anéantissement de cette race « *de microbes* ».

« *Même si je suis un médecin, je ne peux ignorer ma nationalité,* déclare le Dr Reşid. *Je suis venu en ce monde comme Turc. Mon identification nationale prend préséance sur n'importe quoi d'autre... Les traîtres arméniens avaient trouvé une niche pour eux-mêmes dans le sein de la patrie; ils étaient de dangereux microbes. N'est-il pas du devoir d'un docteur de détruire ces microbes?* »[76]

Le Dr Reşid n'était pas le seul médecin turc à offrir ses services pour contribuer au génocide des Arméniens.

Tout récemment, le Prof. Vahakn Dadrian, de l'Université d'État de New York, a publié une étude minutieusement documentée sur le rôle joué par les médecins turcs dans le génocide des Arméniens ottomans durant la Première Guerre Mondiale.[77] Il dévoile, archives et documents à l'appui, l'odieuse participation de ces médecins-bouchers à la perpétration de ce premier génocide des temps modernes, resté impuni jusqu'à date.

« *Selon une déposition secrète préparée par Mustafa Reşad, chef de la section politique du directoire de la police, pour la Cour martiale, Rüşdü agissait en fait comme inspecteur-général des services de la santé.*

« *Sous la présidence de Ali Münif, sous-secrétaire au Ministère de l'Intérieur, une commission a été formée dont Ismail Canbolat, chef de la sécurité intérieure, et quelques Ittihadistes dirigeants étaient membres. Elle envoya Rüşdü à l'intérieur, chargé d'une mission spéciale. Avec l'aide d'un certain nombre de médecins, Dr Rüşdü a eu à se rendre sur les divers lieux des massacres où étaient préparés des milliers de kilos de chaux. Les puits étaient remplis de cadavres*

---

[75] A. Andonian, op. cit. p.72.

[76] Resimli Tarih du 5 juillet 1953 et Imparatorluğun Çöküşü, Istanbul, 1979, pp.57-59.

[77] The role of Turkish Physicians in the World War I Genocide of Ottoman Armenians, Pergamon Press, 1986, reprinted from Holocaust and Genocide Studies, Vol.I, N° 2 pp.169-192.

au-dessus desquels étaient mises des couches de chaux recouvertes de terre. Tevfik Rüşdü eut besoin de six mois pour accomplir sa tâche et il retourna au bout de six mois. »[78]

Le Prof. Dadrian rapporte d'autres événements plus douloureux encore:

« *Le Dr Salaheddin, cité dans la lettre ci-dessus, était le suivant à répondre. Il était malheureusement, dit-il, parfaitement au courant des événements à l'hôpital central d'Erzincan et, s'il pouvait aider à appréhender les autorités vraiment responsables de ces actes, sa conscience en serait dégagée et la profession médicale déshonorée ainsi que le « turquisme » se seraient débarrassés d'un grand fardeau. Les expériences auxquelles les Arméniens, inquiets des atrocités qui les entouraient, étaient soumis, étaient préparées pour des animaux de laboratoire seulement. Elles dérivaient d'une théorie non validée par la science et constituaient essentiellement des procédés de hasard. Comme un grand nombre d'Arméniens succombaient à ces expériences inhumaines, elles contribuèrent difficilement à la santé des autres... Aucun résultat positif quel qu'il soit ne fut obtenu. Les malheureux Arméniens, dont l'existence était reléguée à des niveaux plus bas que celui d'animaux, étaient victimisés au nom de quelques obscurs points de science.*

« *Dans la mesure où je m'en souviens, le sang pris sur les sujets arméniens atteints de typhus était utilisé à inoculer le gouverneur Tahsin, d'Erzeroum, après avoir été « inactivé », tel que requis par les règles ad hoc de la médecine.*

« *Quand le Ministère de la Défense nia ces allégations (Ikdam, 26 décembre 1918), les chirurgiens Cemal et Salaheddin publièrent chacun une seconde lettre. Cemal réitéra son affirmation que des « centaines » de jeunes Arméniens étaient assassinés par les expériences sur le sérum du typhus et que cela a indélébilement terni la réputation de la médecine turque.* »[79]

Les thuriféraires de la thèse turque continueront toujours de parler des nécessités militaires, invoqueront des raisons de sécurité intérieure et de la défense nationale... Mais, dans leur for intérieur, y croient-ils vraiment eux-mêmes...? Seraient-ils si naïfs?

Un autre fait à retenir dans le dossier du génocide des Arméniens: l'acharnement particulier à massacrer les enfants.

Une note codée du 22 juin 1915 du Ministère de l'Intérieur ordonne:

---

[78] Vahakn Dadrian, op. cit. p.175.

[79] V. Dadrian, op. cit. p.178.

« *Après le départ des familles arméniennes, les jeunes filles sans parents de moins de 20 ans et les jeunes garçons sans parents de moins de 10 ans, ne seront pas envoyés dans le sud, mais seront placés dans des familles comme enfants adoptifs.* »[80]

Une autre note codée du Ministère de l'Intérieur à la préfecture de Mamuretelaziz datée du 27 juin 1915, stipulée en des termes non équivoques:

« *Les enfants devront être élevés selon des coutumes islamiques et donnés comme fils adoptifs aux personnes aisées des villages et bourgades où ne se trouvent pas d'Arméniens. Si le nombre des enfants est trop élevé, ils pourront même être confiés à des familles ne disposant pas de ressources considérables mais remplissant les conditions d'honnêteté et d'honorabilité. Une indemnité de 30 piastres sera versée chaque mois pour chaque enfant à ces familles. On inscrira sur un tableau le nom de l'enfant et celui de la famille à laquelle il a été confié et on enverra la copie de ce tableau au chef-lieu.* »[81]

Le but criminel poursuivi par les autorités turques n'échappe à personne:

— enlever les enfants arméniens à leurs parents,

— les confier à des parents adoptifs musulmans,

— les isoler dans des villages et des bourgades où ne se trouvent pas d'Arméniens,

— les élever selon des coutumes islamiques,

en vertu des dispositions arrêtées par des notes circulaires officielles, constituent autant d'actes criminels qui tombent sous le coup du crime de génocide, crime contre l'humanité, tel que défini par la Convention des Nations Unies.

Mais il y a d'autres preuves encore aussi accablantes. Lui-même déporté, le Père Pierre Merdjimekian, témoin oculaire atteste:

« *Deux mille enfants en bas âge, semblables aux saints innocents de Bethléem, chargés dans des voitures, en notre présence, furent brûlés vifs, par les mains iniques de ce tyran qu'on appelle le Moutassarif de cette ville.* »[82]

Il s'agit de la ville de Der Zor.

Ce témoignage est corroboré par le télégramme du 12 décembre 1915 adressé à la préfecture d'Alep, par le Ministre de l'Intérieur,

---

[80] Dahiliye Nezareti Ev. Oda chiffrée Kal. dossier 53,892/16.

[81] Dahiliye Nezareti, op. cit., dossier 53,925/92.

[82] Les Arméniens d'Angora déportés et massacrés. Pourquoi? Comment?, Le Caire, 1920, p.62.

Talaat:

« *Recueillez et entretenez seuls les orphelins qui ne pourraient se rappeler les terreurs auxquelles furent soumis leurs parents. Renvoyez les autres avec les caravanes.* »[83]

Deux confirmations à retenir dans ce télégramme:

1. il y a eu donc des terreurs auxquelles ont été soumis les parents des orphelins;

2. les autres orphelins en âge de se souvenir de ces horreurs doivent être renvoyés avec les caravanes, ce qui signifie, comme nous l'avons vu plus haut, doivent être massacrés.

Deux raisons paraissent avoir dicté les mesures susmentionées à Talaat:

a) le pays traverse une crise économique que la guerre aiguise et les moyens du Gouvernement sont limités pour arriver à nourrir, en priorité, les veuves des combattants, leurs enfants et les nombreux émigrés musulmans qui affluent;

b) les orphelins arméniens seront dangereux quand ils auront grandi. Pourquoi donc nourrir des serpents?

D'ailleurs le télégramme N° 853 du Ministère de l'Intérieur adressé à la préfecture d'Alep confirme nos vues:

« *Au moment où des milliers d'émigrés musulmans et de veuves de martyrs ont besoin de protection et de nourriture, il n'est pas admissible de faire des frais pour nourrir des enfants des personnes connues, qui, à l'avenir, ne serviront pas à autre chose qu'à être dangereux. Les renvoyer de la Préfecture avec les caravanes des déportés et envoyer, conformément à notre dernière instruction, à Sivas, ceux qu'on est en train d'entretenir.*

Le 23 janvier 1916   *Le Ministre de l'Intérieur*
Talaat »[84]

Ce télégramme chiffré est l'une des pièces à conviction qui avaient été authentifiées par des experts internationaux et soumises à la juridiction de la Cour d'assises de Berlin, qui avait à juger Soghomon Tehlirian, justicier du bourreau Talaat, en 1921.

Le télégramme chiffré du 7 mars 1916 est encore plus explicite:

« *Prétextant qu'ils seront soignés par l'administration des déportés, sans éveiller les soupçons, prendre et exterminer en masse les enfants*

---

83 Télégramme N° 830, A. Andonian, op. cit., p.132.
84 Justicier du génocide arménien, Paris, 1981, p.221.

des personnes ramassés et soignés, sur l'ordre du Ministère de la Guerre, par les stations militaires. Nous aviser.

Le 7 mars 1916   *Le Ministre de l'Intérieur*
                                      Talaat »[85]

Un témoignage plus terrifiant et plus accablant vient encore des médecins turcs. Il raconte le meurtre des milliers d'enfants par empoisonnement ou asphyxies dans des salles de bain à vapeur (islim) où on amenait ces pauvres enfants soit disant pour leur donner un bain de vapeur et ils y étaient cruellement asphyxiés par des gaz toxiques.

Écoutons les témoins turcs.

« Ceux des survivants arméniens d'âge adulte ont témoigné que les visites régulières du Dr Saib à l'hôpital auraient pour résultat la disparition de nombreuses personnes, pour la plupart de jeunes enfants. Il a été accusé d'administrer du poison sous forme de médicament liquide et d'avoir ordonné la mort par noyade des patients qui refusaient de prendre le médicament.

« Deux témoins turcs ont corroboré la teneur de ce témoignage. De plus, le Dr Ziya Fuad, inspecteur des services de santé à Trabzon au moment des massacres, et le Dr Adnan, directeur des services de la santé publique à Trabzon, ont aussi soumis des affidavits (serments notariés) qui corroborent les accusations d'empoisonnement et de noyade d'enfants.

« Les meurtres par empoisonnement n'avaient pas lieu sur le site régulier de l'hôpital du Croissant rouge mais dans deux bâtiments scolaires servant de point de ramassage des enfants répartis pour distribution (pour certains d'entre eux) et pour destruction (du restant). Nail, délégué d'Ittihad, et Dr Saib, inspecteur de la santé, fourniraient les listes des victimes qui seraient ensuite ramassées par les femmes turques à l'emploi de ces écoles. À l'entresol de l'une des écoles se trouvait une chambre recouverte de tuiles censée être une salle de bains de vapeur (islim). Les femmes turques accompagneraient les groupes de jeunes enfants à cette pièce pour un bain de vapeur. « Tout d'abord, nous ne réalisâmes pas ce qui arrivait. Mais un jour, nous entendîmes des pleurs qui cessèrent brusquement et il s'ensuivit un silence de mort. Nous prêtâmes alors plus d'attention à ce qui se passait. Les paniers à la porte de la salle de « désinfection » dirent tout. » Il apparaît que le Dr Saib utilisait le terme « islim » pour attirer et prendre au piège les victimes dans une sorte de chambre à gaz toxiques mortels. Ces paniers étaient utilisés ailleurs, comme à l'hôpital du Croissant rouge, pour se débarrasser des cadavres ou des enfants

---

[85] A. Andonian, op. cit. p.138.

à l'agonie en les jetant dans la Mer Noire toute proche.

«Le témoignage du Dr Adnan, directeur des services de la santé publique à Trabzon, a établi que la pratique d'empoisonnement d'enfants n'était pas limitée aux aménagements de l'hôpital du Croissant rouge (liquides, injections), mais était entretenue dans les «bâtiments scolaires»; l'extermination était suivie de «leur disposition en paniers.»[86]

Les médecins turcs avaient donc, bien avant les Nazis, pratiqué la chambre à gaz...

Signalons, pour terminer ce chapitre ce que Holstein, consul allemand à Mossoul, a raconté au casino allemand d'Alep: lors de son périple Mossoul-Alep, il a vu en plusieurs endroits de la route, tant de mains d'enfants coupées qu'on aurait pu en paver la route.[87]

«L'opinion des consuls est qu'un million d'Arméniens ont péri dans les massacres de ces derniers mois, la moitié au moins sont des femmes et des enfants, tués ou morts de faim», dira Lord Bryce.[88]

«Le système qu'on suit semble être le suivant: on les fait attaquer en chemin par les Kurdes, pour tuer surtout les hommes et incidemment aussi les femmes. L'ensemble des mesures me paraît constituer le massacre le mieux organisé et le mieux réussi auquel ce pays ait jamais assisté», rapportera Leslie A. Davis, Consul des États-Unis à Kharpout.[89]

Après tant d'horreurs et d'atrocités **préméditées** et **planifiées** de sang-froid et exécutées méthodiquement sous la supervision du Gouvernement, de connivence avec les fonctionnaires sans scrupules et les bandits grassement rémunérés, en vue d'annihiler le peuple arménien, pourrait-on encore douter qu'il s'agissait pour les massacreurs et ceux qui les téléguidaient non pas de massacres mais bien d'un génocide? Au juste, qu'est-ce que le génocide?

Le génocide s'entend de l'un quelconque des actes ci-après, commis dans l'intention de détruire, en tout ou en partie, un groupe national, ethnique, racial ou religieux, comme tel:

a) *Meurtre de membres du groupe;*
il y a eu un million et demi de victimes.

---

[86] cf. Session 3, p.m. 1er avril 1919 de la Cour martiale aussi La Renaissance du 27 avril 1919, cité par Vahakn Dadrian, op. cit. p.p.176-177.

[87] Lord Bryce, Le traitement des Arméniens dans l'Empire ottoman, Laval, 1916, p.511.

[88] Lord Bryce, op. cit. p.511.

[89] Extrait du Rapport du Consul américain de Kharpout daté du 11 juillet 1915.

b) Atteinte grave à l'intégrité physique ou mentale de membres du groupe;

la dispersion dans le désert de toutes ces caravanes de déportés constitue une atteinte grave à l'intégrité physique et mentale du peuple arménien.

c) Soumission intentionnelle du groupe à des conditions d'existence devant entraîner sa destruction physique totale ou partielle;

les contraintes physiques et le régime d'inanition intentionnelle devaient inévitablement entraîner la destruction physique du peuple arménien. Le Gouvernement en était conscient.

d) Mesures visant à entraver les naissances au sein du groupe;

les foetus foulés aux pieds, l'exode forcé des femmes enceintes, les jeunes filles éventrées auxquelles on avait coupé les seins sont autant de preuves que l'intention criminelle du gouvernement était d'entraver les naissances au sein du groupe arménien.

e) Transfert forcé d'enfants du groupe à un autre groupe;[90]

nous avons produit suffisamment de documents officiels ordonnant de séparer de leurs parents les enfants arméniens en bas âge, de les confier à des parents adoptifs musulmans et de les éduquer selon les coutumes musulmanes.

Autant d'actes criminels, autant de crimes contre l'humanité qui tombent sous le coup du génocide tel que défini dans la Convention des Nations Unies du 9 décembre 1948.

Faut-il rappeler qu'en vertu de la Résolution 2391 adoptée le 26 novembre 1968 par l'Assemblée générale des Nations-Unies, les crimes de guerre et les crimes contre l'humanité c'est-à-dire le génocide sont **imprescriptibles quelle que soit la date à laquelle ils ont été commis?**[91]

C. Vandalisme culturel

Mais les protagonistes du génocide des Arméniens ne visaient pas seulement la destruction physique de ce peuple; ils étaient résolus à anéantir, par la même occasion, sa culture multiséculaire afin d'effacer définitivement son nom de la carte.

«Que les reliques et les vestiges des monuments d'Ani[92] *soient*

---

90 Texte de la Convention des Nations-Unies sur le génocide, article II, 1948.

91 Voir en annexe le texte intégral de la Résolution 2391.

92 Ani est la ville arménienne la plus riche en monuments. Elle était connue autrefois comme *«la ville à mille et une églises».*

effacés de la face de la terre. Vous aurez rendu un grand service à la Turquie en accomplissant ce but. », écrivait le Dr Riza Nur, l'un des proches collaborateurs d'Ismet Pacha, le 25 mai 1921, à Kâzim Karabékir, commandant du front oriental, qui mena une bataille sanglante et meurtrière dans l'intention d'occuper le peu de territoire qui restait encore à l'Arménie.[93]

De nombreuses églises ont été entièrement ou partiellement détruites ou encore profanées dans le tourbillon du génocide de 1915. On en dénombre 56 à Sivas, 89 à Erzeroum, 51 à Keghi, 130 à Van, 98 à Bitlis, 75 à Kharpout, 230 à Mouch, 50 à Diarbékir, toutes réduites en ruines.

Mgr Malachia Ormanian a dressé une liste détaillée des églises arméniennes qui existaient avant le génocide de 1915, dans l'Empire ottoman. Il en a énuméré 1811. À noter, cependant, que les églises des Arméniens catholiques ainsi que les lieux de culte des Arméniens évangéliques (protestants) ne sont pas inclus dans sa liste. Les églises de l'Arménie orientale au nombre de 1701, elles aussi endommagées pour la plupart ou mises hors d'usage pour cause de vandalisme, ne figurent pas non plus dans cette liste.[94]

Mais nous trouvons une liste des églises arméniennes catholiques de Turquie, établie en 1904, dans l'Annuaire de Sourp Prgitch[95] qui présente le tableau suivant:

Istanbul	13		
Sivas	4	Diarbékir	4
Mardin	3	Kayseri	1
Adana	5	Ankara	4
Erzeroum	5	Marache	3
Kharpout	3	Trébizonde	4
Malatia	4	Izmid	2
Mouch	6	Izmir	2
Boursa	4	Total	67

Par ailleurs, H. Ghazarian parle de 203 monastères arméniens totalement ou partiellement détruits[96], mais n'en localise que 133, par

---

93 Kâzim Karabékir, Istiklâl Harbimiz, Istanbul, 1969, p.905.

94 Mgr. Ormanian, L'Église arménienne, son histoire, sa doctrine, son régime, sa discipline, sa liturgie, sa littérature, son présent, 2e édition, Antélias, 1954, pp.181-187. Voir en annexe cette liste.

95 Annuaire de Sourp Prguitch 1904, pp.403-404.

96 H. Ghazarian, Le Turc génocide, Beyrouth, 1968, p.217 (en arménien).

exemples 25 à Van, 16 à Khizan, 11 à Erzindjan, 9 à Mouch, 6 à Sivas, 6 à Aghtamar, 8 à Erzeroum, 7 à Bachkalé etc. Il se hasarde même à évaluer les dommages subis du fait de la destruction des églises et monastères ravagés à un milliard de dollars or.[97] Nous ignorons sur quelle méthode et sur quelle base il avance cette estimation pour le moins fantaisiste. Il ne parle d'aucun critère pour cette calculation. La destruction et le pillage de la plupart de ces monuments architecturaux, sans mentionner leur valeur spirituelle, ont entraîné la disparition à tout jamais de reliques antiques, d'objets rarissimes et de manuscrits irrécupérables, souvent à exemplaire unique, qu'on ne pourra plus jamais remplacer ou récupérer ni avec un milliard de dollars or ni avec des tonnes de lingots d'or. H. Ghazarian a inventorié, pour sa part, 2050 églises détruites ou ravagées.

Dans le mémoire présenté conjointement par la Délégation Arménienne de la République Arménienne et la Délégation Nationale Arménienne, sous la signature d'Avédis Aharonian et de Boghos Nubar (Pacha), en 1919, on mentionne la destruction de 83 sièges épiscopaux, de 1860 églises et chapelles et de 229 couvents.[98]

« *Des 2000 églises arméniennes que nous comptions autrefois dans les provinces, il n'en reste que six aujourd'hui*, reconnaît S.B. Mgr Chenork Kaloustian, Patriarche des Arméniens de Turquie, *à savoir Kayseri, Tigranaguerd (Diarbékir), Iskenderoun, Kirik Khan[99], Vakouf et celle de Derik qu'un Arménien a achetée à l'encan et qu'il a offerte à la Communauté arménienne.* »[100]

Quoiqu'il en soit, « *dans toutes les autres régions de l'ancien Empire ottoman actuellement régies par la République de Turquie*, a témoigné le Prof. Dickran Kouymjian, de l'Université d'État de Fresno (California), devant le Tribunal Permanent des peuples, en avril 1984,[101] « *le génocide pratiqué par les Turcs de l'époque et poursuivi avec vigueur par les divers gouvernements qui se sont succédé à la tête de l'État turc, tout au long du XXe siècle, s'est caractérisé par une méticulosité extrême, dont le but consistait à éliminer ou à vider de leurs principaux*

---

[97] H. Ghazarian, op. cit. pp.212-218.

[98] Tableau approximatif des réparations et indemnités pour les dommages subis par la Nation Arménienne en Arménie de Turquie et dans la République arménienne du Caucase, 1919.

[99] Dernièrement les églises d'Iskenderoun et de Kirik Khan ont été fermées par les autorités turques locales et celle de Kayseri a été transformée en centre sportif.

[100] Haïrenik du 14 novembre 1980.

[101] Le crime de silence, 1984, pp.295-301.

traits distinctifs nationaux tous les vestiges arméniens: églises et monastères, structures communautaires identifiables en tant que telles et jusqu'à la totalité de certains centres urbains. »

Et le Prof. Kouymjian de poursuivre: « *Les églises arméniennes qui témoignaient, en silence, mais avec noblesse, de seize siècles de vie nationale arménienne n'ont pas tardé à se transformer en symboles intolérables de la présence historique de l'Arménie. La survie des monuments érigés par les victimes du génocide est source de grand embarras pour ceux qui l'ont perpétré; plus ces monuments sont nombreux, plus il s'avère difficile de réécrire l'histoire. C'est ainsi que les monuments arméniens se sont trouvés voués à la destruction.* »

Pour réécrire l'histoire, mieux vaut dire pour falsifier l'histoire, les vandales n'ont pas hésité à employer même le canon, la dynamite ou le feu.

Le Docteur Nicole et Jean-Michel Thierry rapportent qu'au cours d'une étude qu'ils ont menée sur place en 1964, dans la région de Van, ils n'ont pu trouver aucune trace d'église arménienne dans toute la plaine s'étendant de Muş jusqu'à Bingöl.[102] Et pourtant, rien qu'à Mouch (Muş), il y avait, avant le génocide, 230 églises et 9 monastères d'obédience arménienne apostolique et 6 églises d'obédience arménienne catholique.

Ainsi donc, beaucoup d'églises ont servi de cible au cours des manoeuvres routinières de l'armée turque et des pans de murs ou des coupoles sont tombés sous les rafales des tirs d'entraînement. La basilique de Dégor (IVe siècle), l'église de Pagaran (VIIe siècle), le monastère de Khetzkonk (Xe siècle), l'église de la Sainte-Mère-de-Dieu, près d'Ani, (XIIIe siècle) et tant d'autres encore en sont des exemples éloquents.

D'autres sanctuaires, joyaux d'architecture arménienne, ont été transformés en prisons, en mosquées et même en latrines publiques. Les églises de Kars, de Varak, d'Ordou, en disent long à ce chapitre.

La négligence intentionnelle des autorités turques à entretenir et à conserver ces monuments continuellement menacés par les intempéries de la nature et les convoitises des habitants turcs avoisinants, doublée de l'encouragement qu'elles ont ouvertement et généreusement accordé aux paysans des alentours à détruire ce qui restait encore debout de ces édifices sacrés, à en voler les pierres taillées souvent sculptées et gravées d'inscriptions, pour en paver leurs cours ou pour achever la construction d'une cabane ou d'une clôture, a grandement

---

[102] Revue des Études Arméniennes II, 1965.

contribué à parachever l'oeuvre de destruction de la culture arménienne dans l'Empire ottoman et en Turquie.

Dans certains endroits, le prétexte de l'intérêt public aussi a joué pour réaliser ce plan de génocide culturel. Des églises de grande importance historique et architecturale sont tombées sous les pics des démolisseurs pour céder la place à des barrages, à des ponts ou à des autoroutes.

Là où la destruction s'avérait difficile ou impossible, souvent pour des raisons de politique extérieure, les autorités turques se sont ingéniées à faire effacer les inscriptions arméniennes gravées sur les édifices et les monuments d'architecture arménienne ou les signes symboliques qui témoignaient de l'identité arménienne de ceux qui les avaient construits ou qui les avaient financés.

Ainsi satisfaites et fières d'avoir effacé les traces de la culture arménienne, après avoir massacré le peuple qui l'avait créée au cours des siècles, les autorités turques croyaient pouvoir réécrire l'histoire en leur faveur. Elles en sont arrivées même à attribuer certains monuments d'art arméniens à l'architecture médiévale turque seldjoukide comme, par exemples, les églises de Kars, d'Aghtamar, d'Ani, qu'elles ont tenté de présenter comme des oeuvres d'architectes turcs seldjoukides mais ces églises, malheureusement pour les falsificateurs turcs de l'histoire, avaient été construites avant l'avènement des Seldjoukides.

Il faudrait aussi ajouter à ce lourd bilan de génocide culturel les nombreuses biliothèques, les milliers de manuscrits anciens, de collections d'art, de reliques, d'ornements sacerdotaux, qui ont été pillés, incendiés, jetés à l'eau, détruits à jamais par les Turcs.

Cette négligence voulue et sciemment entretenue par le Gouvernement turc pour la protection des monuments arméniens est pratiquée non seulement dans les provinces mais elle prévaut également dans les grandes villes comme Istanbul, par exemple, où il est interdit de restaurer les monuments arméniens, de procéder à des travaux de réfection ou de réparation des monuments arméniens.

D'aucuns pensent que l'UNESCO pourrait et devrait assumer la sauvegarde de ces monuments et veiller à leur conservation, mais la constitution de cet organisme international est conçue de telle sorte qu'il ne peut prendre aucune initiative de ce genre, dans aucun pays, si le gouvernement du pays concerné ne le lui demande officiellement.

« Nous aimerions que les monuments arméniens de la Turquie orientale soient mieux entretenus, mais nous conseillons à tous les gouvernements occidentaux (et à l'UNESCO) de ne pas insister auprès des Turcs pour faire adopter, sur cette question, des actions qui ne

seraient que susceptibles d'accélérer la destruction des monuments encore existants. », lisons-nous dans le Rapport de Minority Rights.[103]

Voilà le hic!

Et dire que la Turquie est signataire:

1. du Traité de Lausanne dont les articles 38 à 44 garantissent formellement les droits de ses minorités et leurs libertés de culte, de circulation, de propriété et autres;

2. de la Charte des Nations-Unies qui reconnaît les droits culturels des minorités et leurs libertés fondamentales;

3. du Traité de la Haye de 1945 auquel elle a souscrit en 1965, qui concerne la conservation des monuments culturels même en temps de guerre;

4. du Traité international (7 janvier 1969) relatif à la conservation des monuments culturels, qui stipule des dispositions spéciales pour les soins à accorder aux monuments culturels des minorités.[104]

Mais qui, aujourd'hui, pense à demander des comptes à la Turquie, grande partenaire de l'OTAN, pour toutes ses violations flagrantes des traités internationaux au bas desquels elle a solennellement apposé sa signature?

Le génocide culturel des Arméniens n'a pas épargné les établissements scolaires aussi.

D'après les statistiques officielles du Patriarcat arménien de Constantinople (Istanbul) établies en 1901-1902, on comptait dans l'Empire ottoman:

803 écoles avec une population masculine de 59513 élèves et féminine de 21713 élèves et 2088 enseignants au total.[105]

D'après A. Der Khatchadourian, les Arméniens auraient environ 2300 écoles en Arménie occidentale en 1914 alors que l'historien Kévork Mesrob n'en relève que 2000 (Hayasdani Gotchnag, 1931, p. 810).

M. Der Khatchadourian fait observer que Kévork Mesrob attribue 60 écoles seulement à la Fondation Miatzial alors que celle-ci en comptait 101 et 350 écoles seulement à la Communauté arménienne évangélique alors que le Révérend Adanalian en dénombre au moins 452 dans un ouvrage édité à Fresno en 1952. (cf. les deux articles d'A. Der Khatchadourian dans Haïrenik Daily du 11 juillet 1987).

---

[103] Londres, Minority Rights Report N° 32, 1976, p.20.

[104] Chroniques de l'UNESCO, Vol.15, p.235, 1969.

[105] Voir en annexe la liste complète des établissements scolaires arméniens avec leurs effectifs. Les écoles arméniennes catholiques et protestantes ne sont pas incluses dans ces statistiques.

Certains de ces établissements scolaires ont été transformés en casernes ou en hôpitaux militaires selon les besoins de l'armée ottomane. Beaucoup d'autres ont été réquisitionnés pour être confiés aux Conseils d'Administration de l'Éducation et affectés à l'usage des élèves musulmans, comme l'ordonnait la note circulaire 583 du 8 septembre 331 (1915) du Ministère de l'Intérieur. Cette note qui portait la signature de Mouhammed Soubhi, conseiller adjoint au Ministère de l'Intérieur, était adressée à la présidence de la Commission des biens abandonnés de Kayséri et demandait avec insistance la réquisition de tous les établissements scolaires arméniens ainsi que du matériel pédagogique qu'ils possédaient.[106]

Le réseau scolaire arménien aussi si florissant, était ainsi démantelé sournoisement.

D. Apostasies forcées

Le chapitre des conversions forcées constitue l'un des plus émouvants mais aussi des plus édifiants du génocide des Arméniens.

Joanny Bricaud a noté en 1916 que « *l'extermination des Arméniens se produit par trois moyens: l'abjuration, la transportation et le massacre. Il résulte de témoignages incontestables,* écrit-il,[107] *que depuis le mois d'avril dernier, plus de cent mille Arméniens ont été convertis de force à l'Islam...* »

Ces conversions forcées étaient déjà pratiquées depuis longtemps. Le Livre Jaune Français abonde en renseignements précieux sur ce problème douloureux. Un rapport de P. Cambon, Ambassadeur de la République française à Constantinople, adressé à G. Hanotaux, Ministre des Affaires étrangères, confirme « *qu'il s'est produit, à la suite des massacres d'Arméniens, de nombreuses conversions de chrétiens à l'Islamisme.* » Puis M. Cambon explique: « *Ces conversions forcées, inspirées par la terreur, non autorisées et non reconnues légalement jusqu'à ce jour, sont maintenues à peu près partout par les Musulmans qui continuent à exercer sur les malheureux convertis une pression violente et menacent de traiter en renégats ceux d'entre eux qui voudraient revenir à leur foi première...* » et le rapport conclut: « *Au total, pendant le cours de sa mission, le vice-consul anglais a noté dans le district de Biredjik 4300 conversions, à Ourfa, 500, à Sévérek, 200, à Adiaman et aux environs, 900, plusieurs centaines enfin en Albistan et dans les environs de Maraché.* »

M. de la Boulinière, chargé d'Affaires de France, dans un rapport

---

[106] Voir en annexe le fac-similé de ce document et sa traduction. cf. Aris Kalfayan, Tchomakhlou, New York, 1930, pp.128-140.

[107] L'Arménie qui agonise, Paris, 1916, pp.12-13.

qu'il a soumis le 1er mars 1896, à M. Berthelot, Ministre des Affaires étrangères, souligne que «*pendant les massacres, de nombreuses conversions à l'islamisme se sont produites sous la pression de la peur, que parmi ces apostasies beaucoup ont été dues à des actes formels d'intimidation. Les musulmans ont parfois même poursuivi la réalisation de leur plan avec tant de méthode qu'ils ont eu soin d'exiger le divorce des Arméniens mariés; la femme arménienne était remariée à un Turc et une musulmane était donnée pour femme à son ancien mari...*»

La situation empira sous le régime «*constitutionnel et libéral*» des Jeunes-Turcs. À Termeh, entre Samsoun et Ounieh, après avoir transformé l'église en mosquée, on enroula un turban autour de la tête du prêtre arménien, puis il fut contraint de faire le «*namas*» c'est-à-dire la prière rituelle musulmane. L'église catholique d'Erzeroum a été également transformée en mosquée tandis qu'à Erzinguian, on fit de l'église arménienne catholique des lieux d'aisance publics. À Husni-Manzour, l'église fut saccagée et le calice fut jeté dans les toilettes; les gendarmes se vêtirent des habits sacerdotaux et parodièrent la messe. Le prêtre de la paroisse fut soumis à la torture. À Angora (Ankara), on célébra le jour anniversaire du Sultan en opérant la circoncision sur cent enfants chrétiens, la plupart catholiques, convertis de force à l'islamisme.

Un décret publié en date du 26 octobre 1915 réglementa la conversion à l'Islam des Arméniens de Turquie et arrêta les dispositions relatives à la gérance de leurs biens immeubles. Voici la teneur de ce décret élaboré selon les données fournies par la Direction de la Sûreté Générale:

Art. 1er - L'apostasie des Arméniens non-déportés est agréée dans leurs lieux de résidence.

Art. 2 - Est agréée de même la conversion de ceux qui, lors de leur déportation, ont été mis à l'écart sur le chemin de leur exil ou ont été renvoyés dans leurs domiciles ou dirigés vers un endroit quelconque.

Art. 3 - Les Arméniens dont la conversion a été agréée dans les conditions sus-mentionnées, recouvreront leurs biens ou, s'ils ont été vendus, ils en percevront la contrevaleur.

Art. 4 - Il a été jugé à propos de donner aux femmes et aux jeunes filles mariées avec des musulmans, lors de leur déportation, dans leur lieu de séjour, des maisons prises dans les bâtiments abandonnés.

Art. 5 - Lorsque les habitants des districts, des villages et des quartiers, présentent une requête individuelle ou collective pour se convertir, il faut accomplir les formalités de l'apostasie, après les avoir répartis dans les villages turcs, à condition que leur nombre ne dépasse pas les 5% de la population en proportion de la population musulmane.

Art. 6 - Si les recettes de la vente des biens des enfants autorisés à demeurer dans un endroit désigné ont été entièrement ou partiellement attribuées à couvrir les dettes de leurs parents, il sera donné à ces enfants, à titre de compensation, une partie des effets enregistrés au nom de l'État.[108]

Maccolm et Dillon estiment que selon les données du Livre Jaune, il y a eu 290300 conversions forcées à l'islamisme.[109]

On usa de différentes pressions pour provoquer l'abjuration: la faim, la torture et les menaces de mort. « *Pour voiler le caractère forcé des conversions,* commente le Dr Johannes Lepsius, *on présentait souvent aux convertis des documents où ils devaient attester, par leur signature, qu'ils avaient accepté de plein gré de passer à l'Islam.* »[110]

Le P. Parsegh Sarkissian, de la Congrégation Mekhitariste de St-Lazare (Venise), a publié, en arménien, une monographie approfondie sur les conversions forcées dans l'Empire ottoman, qui a paru en 1919 sous le titre de « *Une étude statistique en faveur de l'Arménie indépendante.* » Il évalue à un million le nombre des Arméniens convertis de force à la religion musulmane. Un autre moine érudit de la Congrégation Mekhitariste de Vienne (Autriche), le P. Hagopos Dashian, a consacré à ce problème un ouvrage qui a été traduit en français par l'arménologue Frédéric Macler et qui parut à Vienne, en 1922, sous le titre de « *La population arménienne de la région comprise entre la Mer Noire et Karin (Erzeroum).* » Lui aussi se situe loin de l'estimation hâtive de Maccolm et Dillon.

Tout récemment, le Père Harouthioun Bzdikian, un autre docte moine de St-Lazare, se servant des études antérieures du P. Tchamtchian Ghougas, tout particulièrement de sa *Géographie de la Nouvelle Arménie,* a fourni des données nouvelles sur le problème[111] et en a élargi l'horizon.

Il a donné, documents à l'appui, des chiffres alarmants pour certaines villes et certaines régions de l'Arménie, où les apostasies forcées ont connu des proportions effarantes. Il a esquissé par endroits, les contraintes des Turcs et des Kurdes, qui ont entretenu le phénomène

---

[108] Le texte turc de ce décret a été publié dans le numéro du 11 janvier 1919 du journal Stamboul. Voir aussi le N° 50 du Djagadamard du 13 janvier 1919.

[109] G. Tchalkhouchian, Le Livre Rouge, Paris, 1919, p.9.

[110] Joh. Lepsius Rapport secret, p.282.

[111] Haïrenik du 21 août 1986.

de l'abjuration forcée à l'état endémique durant des siècles, sur toute l'étendue de l'Empire ottoman, pour conclure:

« *Les massacres incessants, la déportation et le Grand Désastre de 1915, ont anéanti le peuple chrétien de la patrie des Arméniens, mais qu'est-il advenu à plus d'un million d'Arméniens turquisés et kurdisés... Se sont-ils multipliés? Ils ont triplé sans doute et aujourd'hui, inconscients de leurs frères et de leurs soeurs, ils foulent la terre de la patrie et le patrimoine spirituel de leurs ancêtres... tels des voleurs intrus pour que les Arméniens ne viennent un jour s'approprier leur patrie...* »

Pertinente réflexion!

E. La confiscation des biens

La confiscation des biens arméniens constitue une étape décisive dans la perpétration du génocide dont le peuple arménien a été victime en 1915.

Il s'agit là d'une escroquerie à grande échelle conçue et inaugurée sous le régime Jeune-turc, institutionnalisée avec raffinement par la République kémaliste et continuée subséquemment par tous les gouvernements qui se sont succédé à la tête de l'État turc jusqu'à date.

Une Réglementation (Talimatnamé) de 34 articles a été promulguée le 25 mai 1915, par le Ministère de l'Intérieur. Elle avait pour but de réglementer la prise en charge, par les autorités compétentes, et la gérance, par les diverses commissions administratives prévues dans la réglementation, des biens des déportés arméniens.

Tout dans ce texte législatif portait à croire qu'il s'agissait d'une loi provisoire qui devait perdre sa raison d'être à la fin de la guerre, avec le retour des déportés.

D'après les mesures prévues dans la Réglementation, des commissions ad hoc prendraient en charge la gérance des biens des Arméniens déportés, avec l'obligation de tenir des comptes spéciaux en banque, au nom des propriétaires absents, jusqu'à leur retour.

En effet, l'article premier de la Réglementation définit le pouvoir et les prérogatives de ces commissions, «*qui agiront selon ces instructions relatives aux propriétés et aux biens immobiliers abandonnés par les Arméniens déportés.*»[112]

L'article 2 précise certaines modalités administratives:

«*Après qu'un village ou une ville aura été déporté, les maisons et tous les biens immeubles appartenant à la population déportée, y compris les effets qu'ils contiennent, seront fermés et immédiatement*

---

[112] Voir en annexes le texte intégral de cette Réglementation.

mis sous scellés par les employés autorisés par les Commissions Administratives puis ils seront pris sous protection. »

Il s'agit donc, comme on le constate à première vue, purement et simplement d'une protection à apporter aux biens et aux immeubles des absents, durant leur absence, et il n'est nullement question de confiscation ni de réquisition.

Mais, a-t-on suivi ces directives? Si non, pourquoi le Gouvernement n'a-t-il pas réagi et n'a-t-il pas sévi contre les fonctionnaires défaillants? Si oui, les biens et les effets des déportés arméniens ont-ils été inventoriés et mis sous scellés et ont-ils été pris sous protection? Si non, pourquoi? Si oui, où sont ces registres aujourd'hui?

L'article 3 ordonne des mesures plus strictes encore:

« *La qualité, la quantité et les prix estimatifs des effets pris sous protection ainsi que les noms de leurs propriétaires seront inscrits en détails dans un registre; ensuite les effets seront transportés à l'église, à l'école, au khan et aux entrepôts, et seront conservés séparément de telle sorte que le propriétaire de chaque effet ne soit pas confondu. Un rapport sera rédigé au sujet des propriétaires ainsi que des marchandises pour vérifier leur origine et leur destination. L'original de ce rapport doit être remis aux autorités locales et la copie certifiée exacte, aux Commissions Administratives des biens abandonnés.* »

A-t-on rédigé ces rapports? Les originaux en ont-ils été remis aux autorités locales et les copies certifiées exactes aux Commissions Administratives? Si oui, où se trouvent ces rapports aujourd'hui? Si non, pourquoi le gouvernement n'a pas réagi contre cette défaillance?

L'article 5 demande encore plus de vigilance et montre plus de conscience: « *Les biens mobiles qui, avec le temps, se détériorent, ou les animaux domestiques seront vendus aux enchères publiques par l'entremise des sous-commissions désignées par la Commission et les recettes en seront remises, en dépôt, à la caisse du Ministère des Finances, au nom des propriétaires...* »

Plus encore: « *La qualité, la quantité, la valeur, le nom du propriétaire, celui du client, le prix d'achat, seront inscrits en détails dans un registre et seront approuvés par la Commission qui aura dirigé les enchères...* »

Quel État-providence serait-on porté à croire!?

Les biens périssables et les animaux domestiques ont-ils été vraiment vendus aux enchères publiques et les recettes en ont-elles été remises en dépôt à la caisse du Ministère des Finances au nom des propriétaires?

Si oui, où se trouvent ces registres et les recettes qui devaient être déposées en banque au nom des propriétaires?

Le gouvernement turc peut-il exhiber ces registres et dévoiler la liste des prétendus bénéficiaires des recettes réalisées par la vente aux enchères publiques des biens et des animaux en question?

Que pense le Gouvernement turc du témoignage d'Ahmet Refik Altinay,[113] historien turc, auteur de nombreux ouvrages socio-historiques, qui atteste:

Texte turc:

« *Sahipsiz kalan evler göya polisler tarafindan muhafaza olu-nuyordu. Halbuki geceleyin halilar ve davarlar kiymettar eşya kâmilen çaliniyordu.* »

Traduction littérale:

« *Les maisons laissées sans propriétaires étaient prétendument pro-tégées par la police, tandis que les tapis, le bétail et les mobiliers de valeur étaient entièrement volés de nuit.* » Il s'agit ici d'Eskişehir. Puis l'auteur turc ajoute:

Texte turc:

« *Ayni hal Izmit, Adapazarin tahliyesi esnasinda vukua gelmiş, eşyalar çalindiktan sonra izi belli edilmemek için evlere ateş de verilmişti.* »

Traduction littérale:

« *La même situation s'était produite à Ismidt, Adapazari, lors de l'évacuation. Après que les mobiliers étaient volés, pour effacer les pistes, ils avaient mis le feu aux maisons.* »

Conformément à l'article 7, la qualité et la quantité de chaque propriété et de chaque bien abandonné devaient être enregistrées dans un registre avec leur valeur au nom des propriétaires et une liste devait être dressée des biens immobiliers abandonnés de chaque village et de chaque ville et remise aux Commissions administratives.

Où se trouvent présentement ces registres et ces listes? Où se trouvent les archives des commissions administratives des biens abandonnés qui fonctionnaient selon les directives du Ministère de l'Intérieur, en collaboration avec le Ministère des Finances?

En vertu des articles 8 et 9, les recettes réalisées par la vente des récoltes et des denrées, des produits agricoles et des productions viticoles, devaient être remises provisoirement à la Caisse du Ministère des Finances au nom des propriétaires pour leur être transmises à leur retour.

Le gouvernement turc peut-il publier la liste des bénéficiaires

---

113 Ahmet Refik, Iki Komite iki kital, Istanbul, 1919 p.31.

absents au nom desquels ces recettes auraient été remises provisoirement à la Caisse du Ministère des Finances?

Si personne n'a pu bénéficier de ces dépôts provisoires, c'est que personne des déportés n'est revenu vivant pour faire valoir ses droits. Le gouvernement turc accepterait-il alors le fait que tous les déportés ont été massacrés et qu'il n'y a eu aucun survivant?

Dans ce cas, que serait-il advenu de cette fameuse Caisse du Ministère des Finances où auraient été consignées toutes les recettes réalisées soit disant pour le bénéfice des absents?

Les articles 12-22 prévoient que des maisons d'habitation, des terrains, des boutiques, des vignes, peuvent être vendus ou loués à des réfugiés turcs ou à des immigrants mais exigent que les noms des propriétaires, ceux des acheteurs ou des locataires, le prix d'achat ou de la location, la superficie, la localité, la qualité, des biens vendus ou loués soient inscrits en détails dans un registre, que les recettes en soient mises en dépôt à la Caisse du Ministère des Finances au nom des propriétaires absents (déportés) supposément bénéficiaires de ces transactions. (art. 22)

Le gouvernement turc peut-il rendre publique la liste de ces locataires ou de ces acheteurs et exhiber les pièces justificatives de ces opérations immobilières?

L'article 13 précise même que les réfugiés seront tenus solidairement responsables de la protection des maisons et des arbres dans les villages et que le montant des dommages occasionnés sera encaissé de la population entière du village et ceux qui auront occasionné ces dommages en seront éloignés et seront, de ce fait, privés des avantages accordés aux réfugiés.

Le gouvernement turc peut-il affirmer que de tels cas se sont produits à l'époque et, dans l'affirmative, peut-il rendre publique la liste -ne serait-ce que partielle- des réfugiés locataires qui auraient payé des dommages pour réparer les dégâts qu'ils auraient causés aux biens et aux propriétés des déportés arméniens?

L'article 20 autorisait les Commissions Administratives à donner ces terres et ces maisons en location pour une durée ne dépassant pas deux ans.

Y-a-t-il eu des gens qui ont loué des terres et des maisons arméniennes selon les dispositions de cet article 20?

Si oui, qu'ont fait ces locataires à l'échéance du délai maximal de deux ans?

Le gouvernement turc peut-il rendre publique la liste de ces locataires éventuels et expliciter les mesures qu'il aurait prises à leur endroit, après l'expiration du délai prévu par l'article 20?

Le gouvernement turc ne peut en aucun cas se soustraire à sa responsabilité dans la protection et la gérance des biens et propriétés de ses citoyens arméniens qu'il a déportés car c'est lui qui réglementa l'administration de leurs biens, c'est lui qui surveilla de près son application et c'est lui qui nomma et contrôla les commissions administratives chargées par lui de diriger toutes ces transactions pour le moins crapuleuses.

D'ailleurs, conformément à l'article 27 de la Réglementation, «*les commissions étaient tenues de présenter, au moins une fois par quinzaine, un rapport succint de leurs activités avec leurs observations, leurs conclusions, leurs décisions, au Ministère de l'Intérieur et au gouvernement.*» Donc, c'est sous son impulsion et sa supervision que se déroulait la tragédie et c'est à lui que revient l'entière responsabilité de tous ces crimes.

La guerre se termina par la victoire des Alliés. On crut un moment que le peuple arménien était enfin arrivé au terme de ses tribulations. La Paix fut rétablie en Occident; l'ordre revint progressivement en Turquie aussi, mais les biens arméniens pris en charge provisoirement par le Gouvernement turc ne furent jamais restitués à leurs propriétaires légitimes.

Il est vrai qu'une grande partie de ces propriétaires ne revinrent pas de leur exil. Un million et demi d'Arméniens, sur une population totale de trois millions, avaient été sommairement exécutés pendant leur déportation. Mais aux rares survivants ou aux héritiers et ayants-droit des victimes, les autorités turques ne reconnurent point le droit à l'héritage de leurs parents massacrés. La gérance changea sans aucune forme de procès en confiscation.

Cette attitude déloyale et malhonnête du Gouvernement turc ne nous surprend pas, car, trois mois avant la promulgation de la Réglementation du 15 mai 1915, l'«*Autorité responsable*» turque avait intimé à Djémal Bey, délégué d'Adana, une note secrète dans laquelle on pouvait lire entre autres:

«*Les effets abandonnés seront provisoirement confisqués par le Gouvernement de la manière qu'il jugera la meilleure et seront gardés par lui à la condition d'être plus tard vendus au profit de l'extension de l'organisation du Djémièt et des buts patriotiques.*»[114]

Une preuve irréfutable de la mauvaise foi du gouvernement turc qui,

---

[114] A. Andonian, op. cit. p.98.

avant même la promulgation de la Réglementation des biens et propriétés arméniens, en avait décidé la confiscation et l'utilisation aux fins de l'extension du Djémièt.

La note envoyée le 15 septembre par le Mutessaruf (Préfet) du Sandjak de Kayseri à la Commission des biens abandonnés abonde aussi dans le même sens et explicite les vraies intentions du Gouvernement turc au sujet des confiscations.

La note que nous reproduisons ci-dessous est rédigée comme suit:

Traduction littérale:
« Mutessarifat du Sandjak de Kayseri
Reg. gén. 9635
Spécial 1886
À la haute présidence de la Commission B des biens abandonnés
Excellence,
Conformément aux ordres supérieurs du Ministère de l'Intérieur, les effets et les meubles abandonnés par les Arméniens seront achetés au nom du Gouvernement et seront appropriés. Une loi est en prépara-

tion au sujet de la vente de ces effets par le Gouvernement...
Le 15 septembre 1915
Enreg. 105»
La signature du Mutessarif est illisible.[115]

Cette détermination de rapine, cette envie de spoliation germaient depuis déjà longtemps dans l'esprit des dirigeants turcs. Une autre loi publiée en 1912 était de mauvais augure:

« En 1912, le Gouvernement ottoman avait obligé par une loi toutes les communautés de dresser la liste de tous les biens fonciers qu'elles possédaient sur toute l'étendue de la Turquie et de la présenter dans un délai de six mois au service compétent de Defteri Hakkani Emaneti. », lisons-nous dans un journal arménien d'Istanbul.[116]

C'était déjà un prélude à l'escroquerie de grande envergure que les Jeunes-Turcs planifiaient. Les circonstances pourraient arranger les choses; la conjoncture s'y prêtait. Ils étaient convaincus d'avoir réussi à exterminer les propriétaires, il fallait aussi liquider leurs biens, voire leurs primes d'assurances, leurs dépôts en banque, leurs obligations.

L'Ambassadeur Henry Morgenthau des États-Unis, rapporte qu'un jour, lors d'un entretien avec Talaat, alors ministre de l'Intérieur, celui-ci lui demanda une chose que l'Ambassadeur considère comme *« la chose la plus étonnante du monde. »* *« Je voudrais, lui dit-il, que vous fassiez avoir par les compagnies américaines d'assurances sur la vie une liste complète de leurs clients arméniens, car ils sont presque tous morts maintenant, sans laisser d'héritiers; leur argent revient par conséquent au Gouvernement; c'est lui qui doit en bénéficier. Voulez-vous me rendre ce service? »*[117]

N'est-il pas téméraire pour Talaat d'affirmer avec autant de certitude que les Arméniens assurés dans les compagnies américaines sont presque tous morts **sans laisser d'héritiers?** N'est-ce pas une nouvelle preuve accablante contre lui et ses collaborateurs criminels qu'ils sont sûrs et certains d'avoir massacré non seulement les parents -adultes- mais aussi et même les enfants -leur progéniture, leurs descendants, leurs héritiers?

Quoiqu'il en soit, cette démarche de Talaat est corroborée par un document en provenance du Ministère du Commerce et d'Agriculture turc puisé aux Archives du Ministère des Affaires Etrangères de France que voici:

---

[115] Kalfayan, Aris, Tchomakhlou, 1930, p.130 (en arménien).

[116] Journal arménien Jamanag du 22 janvier 1964.

[117] H. Morgenthau, op. cit. p.292.

« *La Fédérale* », *Compagnie anonyme d'assurances,*
à M. Carnik Asfazadour
Zurich, le 10 mars 1916
   « *Nous apprenons par hasard que le gouvernement ottoman a publié une circulaire de laquelle nous vous donnons copie ci-dessous, à titre d'information:*
   « *Circulaire lancée par le Ministère du Commerce ottoman à toutes les compagnies d'assurances fonctionnant en Turquie et concernant le compte courant des Arméniens transportés ailleurs.*

   « *Par ordre du ministère de l'Intérieur, vous êtes tenues à nous remettre une liste où figureront les dépôts, créances et les gages des Arméniens auprès de votre compagnie et se rapportant aux provinces de Rodosto, Adana, Djébeli Berekel (Béreket), Kozan, Jozgat (Yozgad), Angora, Erzeroum, Bitlis, Haleb, Antalia, Guemleik (Guemlik), Biledjik, Sivas, Mergoufour (Merzifon), Tokat, Samsoun, Ardou (Ordou), Trébizonde, Konia, Mamuret-ul Azise, Ismidt (Izmid), Adapazar, Sivri-Hissar, Egkoschehir (Eski Chéhir), Césares (Césarée), Dévéli, Nigdé, Afion-Karahissar, Ourfa.*

   « *Ces listes seront remises par vos agents dans lesdites provinces aux commissions de liquidation, en cas d'absence de ces commissions, les listes sont à remettre aux autorités civiles. Les listes, pour les provinces où vous n'avez pas d'agents, sont à remettre par vous directement à notre ministère.*

   « *Au nom du ministère du Commerce et d'Agriculture*
                                                              Le conseiller
                                                        Signé: Mustafa
Constantinople
le 29 décembre 1915. »[118]

   Il suffirait de prendre connaissance de l'histoire tragique vécue par la famille Emmian d'Aïntab, pour comprendre le sort qui a été réservé à tous les déportés arméniens -massacrés ou survivants- qui possédaient des titres de banque, des obligations ou d'autres effets de diverses espèces.

   Dicran Emmian raconte:

   « *La direction de la Banque Ottomane d'Aïntab publia un communiqué selon lequel ses clients en partance pour leurs lieux de déportation pouvaient lui confier leurs effets qu'elle se chargerait de vendre ultérieurement. Elle s'engageait à en transférer les recettes aux*

---

[118] Archives du Ministère des Affaires Etrangères de France, Guerre 1914-1918, Turquie, tome 888, f.16.

comptes des propriétaires.

« *Le directeur de la Banque ottomane à Aïntab, Léon Daher, remettait à chaque client la clef de la chambre réservée dans une auberge où seraient aménagées ses marchandises.*

« *La chambre assignée à mon père portait le numéro 24 au Saboun khan.*

« *Les effets que nous y avions consignés se composaient de:*
— *100 balles de tissus (il y avait 150 ballots dans chacune)*
— *50 sacs d'amande écalée en provenance de Malatia*
— *10 balles de laine lavée*
— *30 grands et petits tapis*
— *environ 1200 kilos de cuivrerie.*

« *Nos effets ont été estimés à 4500 LT or. La direction de la Banque a scellé la porte sur laquelle ils ont collé une étiquette avisant que la chambre appartenait à la Banque ottomane. Ils ont délivré à mon père un récépissé pour 4500 LT or, payable plus tard.*

« *Les deux chambres voisines à la nôtre étaient mises à la disposition de Nersès Agha Sulahian et de ses enfants, qui les ont remplies de tapis, de ceintures et d'autres marchandises. Eux aussi ont reçu des récépissés qui garantissaient que les recettes des ventes leur seraient remises quand les marchandises seraient vendues.* »

Dicran Emmian, qui relate ces détails, poursuit son récit en ces termes:

« *Deux mois après notre déportation, nos économies étaient épuisées et notre sort restait inconnu. Nersès Agha Sulahian et mon père Haroutioun Emmian adressèrent une lettre à Léon Daher, directeur de la Banque ottomane à Aïntab, pour demander un versement à valoir sur leurs dépôts de marchandises prises en charge par la Banque.*

« *Deux semaines plus tard, ils reçurent d'Aïntab une réponse qui se lisait à peu près comme suit:*

« *Nous avons reçu votre lettre. Une recommandation amicale: cachez votre identité et le lieu de votre résidence. Si le Gouvernement apprenait où vous êtes, cela pourrait vous être désastreux. N'écrivez plus rien à la direction.* »[119]

Des dizaines de milliers de familles arméniennes comme les Emmian et les Sulahian ont été ainsi escroquées, dupées par les institutions officielles turques. Ce n'était évidemment pas l'unique méthode employée par le Gouvernement turc pour déposséder ses sujets armé-

---

[119] Haï Aïntab, 1966, vol. VII, N° 2 pp. 8-10.

niens déportés. Ils usait de nombreux autres moyens pour les dépouiller en leur présence comme en leur absence. Nous en avons signalé quelques-uns quand nous avons parlé des déportations. Nous en indiquerons d'autres au cours de cette étude.

Mais les confiscations ne se limitèrent pas à des propriétés privées; elles se sont étendues aussi avec la même cupidité aux biens communautaires laïcs et religieux.

Après avoir noté « *qu'au cours de cette guerre mondiale, nulle part on n'a mis plus d'acharnement à incendier, à dévaster, à piller, et nulle part on n'a suivi un système officiel d'anéantissement comme on l'a fait en Arménie; que nulle part on n'a officiellement donné à une partie de la population faculté et liberté complète de massacrer et de piller, comme le Gouvernement turc l'a permis aux Turcs et aux Kurdes de le faire dans les régions arméniennes... »*, A. Aharonian, président de la Délégation de la République Arménienne à la Conférence de la Paix et Boghos Nubar, président de la Délégation Nationale Arménienne, ont soumis conjointement à la Conférence de la Paix, le Tableau Approximatif des réparations et indemnités pour les dommages subis par la Nation Arménienne en Arménie de Turquie et dans la République Arménienne du Caucase.[120]

Ils avancent pour les dommages subis par les 83 sièges épiscopaux, 1860 églises et chapelles, 229 couvents, 26 lycées et séminaires, 1439 écoles, 42 orphelinats totalement ou partiellement détruits, la somme de 75.000.000 de francs 1919.

À notre avis, ce montant ne répond pas à la masse monétaire des revendications que les Arméniens devraient formuler. Les dégâts sont considérables, souvent irréparables, et, par voie de conséquence, les indemnités et les réparations en seront beaucoup plus substantielles.

Pour nous en faire une idée, prenons, par exemple, la liste des biens appartenant à la Communauté arménienne d'Adana. Nous y relevons 8 églises et écoles occupant une surface de 14.400m^2 avec une valeur estimative de 46.400 LT or de l'époque. Nous y relevons aussi 56 bâtiments et terrains avec une superficie de 16.488m^2 représentant une valeur estimative de 43.785 LT or de l'époque. Nous y relevons également quatre vignes et champs avec une superficie de 117.000m^2 estimée à 22.110 LT or de l'époque. Il y a à signaler à ce chapitre cinq grands immeubles de rapport qui, à eux seuls, représentent une superficie de 36.650m^2 et une valeur approximative de 105.300 LT or de l'époque.

---

[120] Voir ce document in extenso en annexes.

Ces immeubles de rapport avaient été assurés au nom de la Communauté arménienne d'Adana, en 1921, à une somme de 2.000.000 de francs chez quatre compagnies d'assurances à savoir: L'Union de Paris, La London Corporation, L'Assicurazione Generale et la Société d'Assurances Générales Osmanli Milli. Une autre partie de ces bâtiments avait été assurée chez d'autres compagnies à une somme de 2.065.000 francs.

Pour compléter ce tableau, il faudrait y ajouter l'immeuble servant de magasins aux Établissements Orosdi-Back, à trois étages, sur un terrain de 1127 pics carrés, estimé à 20.000 LT or de l'époque.

Nous voyons donc que la seule Communauté arménienne d'Adana possédait, pour assurer le fonctionnement et la survie de la Communauté, des bâtiments, des terrains, des magasins, des champs de labour et des vignes, légués par ses fidèles ou offerts par des bienfaiteurs au cours des siècles, qui mesuraient au total 185.038m^2 et 1.127 pics carrés et qui représentaient une valeur marchande de 237.595 LT or de l'époque, ce qui équivaudrait à 1.475 kilos d'or.

Les recettes annuelles de la Prélature arménienne d'Adana, en provenance des revenus des biens diocésains étaient de 10.000 LT or, l'équivalent de 62 kilos d'or environ.

Il faudrait noter ici, pour se faire une idée de l'énorme dimension des confiscations, que la Communauté arménienne d'Adana n'était que l'une de nombreuses autres communautés arméniennes organisées comme elle, à travers l'Empire ottoman.

Prenons maintenant un exemple de diocèse, celui de Sis, pour la circonstance. Il comprenait: le siège du Catholicossat de Cilicie avec un couvent qui comptait 50 chambres et des salles; la construction était en pierre. La description des lieux nous apprend que les murs étaient décorés de carreaux en faïence de Kutahia, qu'il y avait une bibliothèque qui contenait plus de 4000 volumes, plus de 400 manuscrits et un musée qui possédait une belle collection d'objets d'art antique. La superficie totale était de 1.250.000m^2. Le tout était évalué à 100.000 LT or de l'époque.

Le diocèse possédait aussi un terrain avec, sur ce terrain, des vestiges d'une église historique et plusieurs bâtiments pour habitation. Le terrain couvrait 14.500m^2 et il valait 2.000 LT or de l'époque.

Des boutiques, des maisons, deux moulins à eau, un jardin de 10.000m^2, un terrain de 30.000m^2, d'autres lots de terrain souvent avec des constructions dessus, une grande ferme avec bâtiments, dépôts, écuries, des parcelles à culture, 80 boeufs, 50 vaches, 30 muffles, un troupeau de moutons et de chèvres, le tout logé sur une étendue immense de 10.000.000m², s'ajoutaient à la liste des biens de ce diocèse. Cela faisait en tout une superficie de 11.687.100m² avec une valeur de 167.520 LT or de l'époque.[121]

Nous nous devons de noter quelques points importants à ce chapitre:

1. Les prix que nous avons puisés aux Archives du Catholicossat Arménien de Cilicie d'Antélias (Liban) ne représentent pas la valeur réelle de ces propriétés, car les valeurs étaient habituellement et intentionnellement sous-estimées par les évaluateurs, de commun accord avec les propriétaires, pour des raisons fiscales.

2. Les biens communautaires que les diocèses et les communautés arméniens-catholiques et arméniens-évangéliques (protestants) possédaient ne figurent pas sur nos listes.

3. Les listes que nous avons reproduites ne couvrent pas tous les diocèses et toutes les communautés que comptait le Catholicossat de Cilicie. Elles ne représentent donc qu'une partie de toutes les richesses spoliées.

4. La valeur totale des biens que nous avons inventoriés -inventaire partiel- représente quand même une valeur approximative de 623.215 Livres Turques or de l'époque, ce qui équivaudrait selon le cours actuel à 9 ou 10 millions de LT or soit 900 à 1000 millions de dollars.[122]

Tous ces biens considérables, toutes ces richesses tant individuelles que communautaires ou diocèsaines, prétendument pris en charge provisoirement par le Gouvernement turc, ont été arbitrairement confisqués par les autorités mêmes qui en avaient «*garanti*» la protection par des lois et des réglementations.

Malgré les interventions réitérées du Comité Central des Réfugiés Arméniens, en dépit des réclamations tant à titre privé que collectif, nonobstant les tentatives de procès, les représentations timides de certaines puissances, le Gouvernement turc n'a jamais voulu reconsidérer la restitution de ces biens qu'il s'est illégalement approprié et a opposé une fin de non recevoir à toutes ces démarches.

---

[121] Voir en annexes la liste détaillée des biens appartenant à la Communauté Arménienne d'Adana et pour certaines régions, au Catholicossat Arménien de Cilicie. cf. Notre Mémoire sur la confiscation des biens arméniens présenté à la Faculté de Droit de Montpellier pour une thèse de doctorat en sociologie juridique en 1968, pp.120-135.

[122] Yéghiayan Puzant, Les «*biens abandonnés*» des Arméniens en Turquie dans l'histoire contemporaine du Catholicossat des Arméniens de Cilicie, Antélias, 1976 (en arménien).

Pourtant, indépendamment des lois que lui-même avait promulguées et qui le mettaient en demeure de restituer à leurs propriétaires, à la fin de la guerre, à leur retour de la déportation, les biens qu'il avait pris sous sa protection pour la durée de la guerre, il avait pris aussi des engagements écrits dans ce sens.

Le 2 avril 1335 (1919), le Gouverneur adjoint d'Adana écrivait ce qui suit au Colonel Brémond, gouverneur de la Cilicie:

« *En réponse au rapport que vous avez présenté le 2 courant, par l'entremise de Kémal Bey, au sujet des sommes d'argent à transférer de Constantinople (Istanbul) pour être remises aux propriétaires par le truchement de la Commission de liquidation, j'ai l'honneur de vous informer que nous avons transmis, en date du 26 février 1335, le communiqué suivant au Ministère des Finances ainsi qu'aux organismes concernés et au Defterdar*[123] *du Gouvernorat:*

« *Il faut que soient rendus immédiatement leurs biens mobiles, les documents et les traites, dans l'état où ils étaient, aux personnes déportées, s'ils ont été conservés.*[124] *Pour les biens vendus, il sera fait un rapport et, contre quittance, les recettes des ventes seront versées aux intéressés, selon la demande des propriétaires et de leurs héritiers ou de leurs représentants, sans contrevenir à la loi qui sera préparée ultérieurement.*

« *Les effets appartenant aux églises et gardés par le Gouvernement, les tableaux, les livres sacrés ainsi que les établissements scolaires, les couvents et le matériel des écoles seront immédiatement remis à leurs propriétaires.*

« *Ces passations se feront sous la surveillance et la responsabilité des hauts fonctionnaires des Finances sur la base des rapports préparés et signés conjointement avec les employés des commissions de liquidation...*

Le 2 avril 1335

signé *Nazim*
gouverneur adjoint. »

Il ressort du document susmentionné que:

1. des biens mobiles, des documents, des traites appartenant aux Arméniens déportés avaient été pris en charge par le Gouvernement;

2. il y a eu des biens arméniens vendus dont les recettes devaient être remises aux propriétaires déportés survivants, à leurs héritiers légitimes ou à leurs représentants c'est-à-dire aux ayants-droit;

---

[123] Mot turc qui signifie Receveur général.

[124] Journal Guiliguia du 25 avril 1919, N° 24.

3. des effets appartenant aux églises, des tableaux, des livres sacrés avaient été confisqués, saisis;
4. des établissements scolaires, des couvents, du matériel aussi avaient été confisqués;
5. tous ces biens devaient être restitués immédiatement, selon le communiqué du Gouverneur adjoint Nazim, à leurs propriétaires ou à leurs héritiers légitimes ou à leurs ayants-droit.

Il n'en a pas été ainsi. Le Gouvernement kémaliste et tous les gouvernements turcs qui se sont succédé depuis à la tête de l'État turc, se sont désistés de ces engagements, ont refusé la restitution des biens arméniens qu'ils avaient accaparés et ils se sont contentés de les confisquer illégalement et injustement!

« *C'est la première fois dans l'histoire que l'on rapporte un fait si cruel: une population entière jetée de son pays avec confiscation pure et simple de tous ses biens, tandis que les hommes sans exception sont massacrés...* », écrira René Puaux.[125]

Pour toute explication et pour toute justification, le Gouvernement kémaliste de la République turque, a prétendu que ces biens arméniens étaient des biens abandonnés et qu'ils revenaient de droit à l'État turc.

Cet argument fallacieux que tous les gouvernements turcs ont essayé et essayent encore aujourd'hui de faire valoir n'est qu'illusoire.

Le fait de considérer ces biens comme «*abandonnés*» ne repose sur aucun fondement juridique.

Si **abandonner** signifie renoncer à ses droits, les Arméniens ne l'ont jamais fait jusqu'ici. Aucun document juridique, aucune pièce justificative n'existent dans ce sens. Au contraire, ils conservent jusqu'à nos jours, avec jalousie et autant de nostalgie, leurs titres de propriété et l'on en compte par dizaines de milliers. Tous ces titres de propriété leur ont été officiellement délivrés par les autorités ottomanes compétentes et dûment enregistrés dans les registres des services fonciers de l'Empire ottoman.

Si **abandonner** devrait dire simplement quitter, nous aurions une réserve de toute importance à formuler: les Arméniens n'ont pas quitté le sol ancestral de leur propre gré, mais ils ont été chassés par les Gouvernements turcs, qui ont intentionnellement créé une ambiance de panique, une atmosphère de terreur et d'intolérance telle que, de l'aveu même des Responsables, les ressortissants turcs minoritaires, spécialement les Arméniens, se sentiront obligés de quitter provisoirement le pays, en attendant des jours meilleurs pour y retourner.

---

[125] La Mort de Smyrne, Paris, 1922.

De toute façon, si le Gouvernement turc kémaliste entendait par «*abandonner*» le fait de quitter, de s'éloigner, il aurait dû alors prendre en charge, comme les décrets et les lois promulgués précédemment par le Gouvernement jeune-turc, l'avaient prévu, la totalité des biens de ses sujets arméniens, les protéger contre les brigands et les pillards pour les restituer à leurs propriétaires légitimes, une fois l'état d'urgence levé dans le pays. La fin de la guerre, le rétablissement de la Paix, enlevaient juridiquement leur raison d'être à tous ces décrets et à toutes ces lois dits provisoires. Les gouvernements qui les ont maintenus ou qui ont institutionnalisé les confiscations par de nouvelles lois ont agi, arbitrairement, injustement, illégalement et les nouvelles lois qu'ils ont votées et appliquées sont **ULTRA VIRES**.

Nous reviendrons aux aspects juridiques du dossier des confiscations.

IV

La version turque

La version turque

A. Pas de massacre, mais...

La thèse turque est diamétralement opposée à la thèse arménienne. Et pour cause.

L'approche du Gouvernement turc pour le Problème arménien a toujours été négative. Tous les criminels essayent de dissimuler les traces de leurs forfaits pour les nier plus facilement et s'en disculper.

Déjà en janvier 1923, Ismet Inönü, alors président de la Délégation turque à la Conférance de Lausanne, déclarait que « *la question d'une Arménie, indépendante doit être considérée comme liquidée.* »[126]

À peine le Traité de Lausanne signé, le même Ismet Inönü renchérissait: « *Les Grecs et les Arméniens doivent oublier leur langue maternelle et devenir turcs, autrement ils doivent quitter le pays.* »[127]

Pourtant c'était le même Ismet Inönü qui avait signé au nom de la République turque cet instrument diplomatique qui garantissait les droits de pratiquer leur religion, d'avoir leurs écoles, le droit de posséder, celui de circuler librement, aux minorités ethniques sur toute l'étendue de la Turquie.

« *Le Turc est le seul maître de son pays. Ceux qui ne sont pas des Turcs purs n'ont qu'un droit dans ce pays,* précisait le Ministre turc de la Justice, *le droit d'être serviteurs, le droit d'être esclaves.* »[128]

« *Il n'y a pas de problème arménien ni en Turquie, ni hors de la Turquie* », écrira plus tard Hüssein Cahit Yalçin, député à la Grande Assemblée Nationale d'Ankara et rédacteur en chef du journal turc *Tanin*.[129]

Suad Hairi Ürgüplü, autre président du Conseil turc, était non moins catégorique: « *Un problème arménien n'a aucun rapport avec la République turque.* », disait-il.[130]

Une autre voix plus autorisée, celle du Président-Général Kenan Evren:

« *Nous n'avons pas de question arménienne. Nous n'avons jamais eu et nous n'aurons jamais une question arménienne.* »[131], a proclamé

---

[126] Le Temps du 9 janvier 1923 et le Journal des Débats de la même date.

[127] Journal turc *Ileri*, organe officieux du Gvnt. turc, août 1923.

[128] Journal turc *Milliyet* du 30 septembre 1930.

[129] *Tanin* du 21 juin 1945.

[130] *Marmara* du 30 avril 1965.

[131] Haïrenik Daily, vol. 84, N° 30688.

solennellement le Président en exercice de la Turquie, lors de sa tournée dans les régions de l'Anatolie orientale du 19 au 24 octobre 1981, en compagnie de son Président du Conseil, des membres du Conseil de sécurité et d'autres dignitaires civils et militaires.

Mais c'est dans la déclaration de Turgut Özal, Premier Ministre de Turquie, que la position officielle du Gouvernement turc trouve sa meilleure formulation, la plus courante.

En réponse à une question que le correspondant de l'hebdomadaire français *Le Point*, lui posait à savoir: «*pourquoi soixante dix ans après, ne pas reconnaître le massacre des Arméniens?*» Turgut Özal répondait en substance le 22 avril 1985: «*Tout simplement parce qu'il n'y a pas eu de massacres... Lors de la Première Guerre mondiale, les Russes ont attaqué les armées turques sur le front est. Les Arméniens des régions limitrophes leur étaient favorables et ils se sont souvent comportés en ennemis. Le Gouvernement turc a donc organisé l'évacuation de la population arménienne vers la Syrie. Certains ont péri de maladie durant l'exode.*»[132]

Les déclarations du Premier Ministre turc reviennent à prétendre que:

1. Il n'y a pas eu de massacres d'Arméniens en Turquie, mais que certains déportés arméniens ont péri de maladie durant l'exode;
2. c'est par nécessité militaire que le Gouvernement turc a évacué vers la Syrie (dans le désert syrien plutôt) les populations arméniennes limitrophes du front de l'Est;
3. les Arméniens se sont comportés en ennemis pendant la guerre, donc ils ont trahi.

Depuis quelque temps, un groupe d'historiens et de diplomates turcs ont publié et continuent de publier de nombreux ouvrages dans des langues étrangères pour défendre solidairement les mêmes points de vue exprimés par le Premier Ministre turc Özal, avec la différence que ces historiens accrédités par Ankara essayent d'abord de minimiser délibérément la portée des mesures de déportation et de massacres édictées par le Gouvernement turc en vue de les «*justifier*» ensuite plus aisément... en falsifiant souvent l'histoire.

Nous avons déjà produit de nombreux documents et fourni suffisamment de preuves à ce sujet que nous ne voudrions pas nous y attarder plus longtemps, mais les déclarations du Premier Ministre turc Özal nous obligent à apporter quelques éclaircissements encore.

Ces nouveaux témoignages ajoutés aux autres, porteraient peut-

---

[132] *Le Point* N° 657 du 22 avril 1985.

être, le Premier Ministre Özal à reconsidérer ses affirmations pour le moins de mauvais goût dans la bouche d'un diplomate de son rang et à reconnaître honnêtement qu'il n'a pas dit la vérité le 22 avril 1985 au correspondant de l'hebdomadaire français Le Point.

Nous nous contenterons de reproduire ci-dessous, à l'intention de Monsieur Özal et de tous les tenants de la thèse turque, un document historique qui constitue l'acte d'accusation le plus formel porté contre la Turquie, que le Premier Ministre turc pourrait facilement consulter au Quai d'Orsay, lors de l'une de ses fréquentes visites de charme à Paris, pour y méditer à tête reposée, sans préjugé, sans passion, en homme d'État réaliste.

« Paris, le 24 mai 1915

Urgent

Depuis un mois environ, la population kurde et turque de l'Arménie procède, de connivence et souvent avec l'aide des autorités ottomanes, à des massacres des Arméniens. De tels massacres ont eu lieu vers la mi-avril à Erzeroum, Dertchun, Eghine, Akn, Bitlis, Mouch, Sassoun, Zeitoun et dans toute la Cilicie: les habitants d'une centaine de villages aux environs de Van ont été tous assassinés, dans la ville même, le quartier arménien est assiégé par les kurdes. En même temps, à Constantinople, le Gouvernement ottoman sévit contre la population arménienne inoffensive. En présence de ces nouveaux crimes de la Turquie contre l'humanité et la civilisation, les Gouvernements alliés font savoir publiquement à la Sublime Porte qu'ils tiendront personnellement responsables desdits crimes tous les membres du Gouvernement ottoman ainsi que ceux de ses agents qui se trouveraient impliqués dans de pareils massacres.

Signé: Millerand. »[133]

Les chefs d'accusation formulés dans cet acte solennel de mise en accusation se résument ainsi:

1. Les Arméniens sont massacrés par les Kurdes et les Turcs en 1915;
2. que les massacreurs ont agi de connivence et souvent avec l'aide des autorités ottomanes;
3. la date et les lieux des massacres sont indiqués avec précision. Cette date (avril) correspond parfaitement aux dates des déportations et des massacres acceptées par tous les historiens qualifiés;
4. que le Gouvernement turc a sévi contre la population arménienne inoffensive;

---

[133] Archives du Ministère des Affaires Etrangères de France Guerre 1914-1918, Turquie, T.887, f.127.

5. que ces actes constituent « *de nouveaux crimes contre l'humanité* », ce qui sous-entend clairement qu'il y avait eu d'autres crimes à l'actif de la Turquie, dans le passé;

6. que ces actes sont considérés comme « *des crimes contre l'humanité et la civilisation.* »

Le terme de génocide n'existait pas encore à l'époque où ces accusations étaient formulées. C'est le prof. Lemkin qui l'a utilisé pour la première fois en 1948, au Procès de Nuremberg. Mais l'expression de « *crime contre l'humanité* » a toujours été jugée conforme à la définition juridique de génocide, en terminologie juridique.

Il ne fait donc aucun doute que la Turquie a été accusée de génocide déjà le 24 mai 1915, par l'ensemble des Pays Alliés, sous la plume de Millerand.

Depuis la Résolution 2391 adoptée par l'Assemblée Générale des Nations Unies du 26 novembre 1968, le crime de génocide est imprescriptible indépendamment de la date à laquelle il aurait été commis et, ironie du sort, la Turquie est signataire de cette Convention internationale.

On remarque d'ailleurs, que le principe de l'imprescriptibilité était présent dans l'esprit de ceux qui avaient formulé l'acte d'accusation précité, car la Note collective du 24 mai 1915, qui met en demeure la Turquie, n'hésite pas à sommer publiquement la Sublime Porte que tous les membres du Gouvernement ottoman ainsi que ceux de ses agents qui se trouveraient impliqués dans de pareils massacres seront mis en accusation, comme stipule la Résolution 2391 de l'ONU.

Cette accusation portée contre la Turquie au nom de tous les Pays Alliés n'a jamais été levée et elle pèse encore aujourd'hui sur le Gouvernement turc malgré l'indifférence révoltante des Puissances qui avaient formulé l'accusation et malgré leur silence complice criminel.

On se demande, non sans raison, si ce document authentique, historique, véridique n'aurait pas suffi à convaincre les Experts de la Sous-Commission de l'ONU à Genève, qui ont perdu des années entières à discuter des paragraphes 30 et 24, pour reconnaître que les massacres des Arméniens, par les Turcs, en 1915, n'étaient pas autre chose qu'un génocide.

Ajoutons pour complément d'information que cet acte de mise en accusation est conservé aussi dans les Archives américaines. Il est côté R.G.59,867.4016/67. Envoyé sous forme de télégramme de Paris au Secrétariat d'État à Washington le 28 mai 1915, il a été reçu le même jour à 11h.

Mais cette accusation de génocide portée contre la Turquie est encore plus explicite, plus évidente dans la Réponse des Alliés réunis à la Conférence de Spa, pour étudier les contre-propositions turques pour la signature de la Paix. En voici un extrait:

« Les Arméniens ont été massacrés dans des conditions de barbarie inouïes. Pendant la guerre, les exploits du gouvernement ottoman, en massacres, déportations et mauvais traitements de prisonniers ont dépassé encore ses exploits antérieurs dans ce genre de méfaits. On estime que depuis 1914, le Gouvernement ottoman a massacré, sous le prétexte insoutenable d'une prétendue révolte, 800 000 Arméniens, hommes, femmes et enfants, et déporté ou expulsé de leurs foyers, plus de 200 000 Grecs et 200 000 Arméniens.

« Le Gouvernement turc n'a pas seulement failli au devoir de protéger ses sujets de race non-turque contre le pillage, la violence et le meurtre. De nombreuses preuves indiquent qu'il a lui-même pris la responsabilité de diriger et d'organiser les attaques les plus sauvages contre les populations auxquelles il devait sa protection... »[134]

Écoutons encore une voix qui est censée être plus familière au Président Özal et à ses acolytes parce qu'elle s'exprime dans leur langue. Il s'agit de l'historien turc Ahmet Refik qui, parlant de ces événements tragiques dont il a été un témoin oculaire, déclare:

Texte turc

« Bu hareket beşeriyet namina cinayetti.

Hiç bir hükümet, hiç bir devirde, bu derece gaddarane bir cinayet ika etmemişti. »[135]

Traduction littérale:

« Ce mouvement était un crime contre l'humanité.

Aucun gouvernement, à n'importe quelle époque, n'avait commis un crime à ce point cruel. »

Et pour conclure: Le 23 décembre 1918, Sa Majesté Impériale le Sultan Mehmet VI Vahideddin a promulgué un Rescrit impérial qui accordait une amnistie générale à tous ses sujets, mais l'article 2 de ce Rescrit qui en comptait trois, excluait des bénéfices de cette mesure de clémence tous les responsables des déportations et des massacres des Arméniens.

(cf. La Renaissance N° 16 du 25 décembre 1918)

N'est-ce pas là une reconnaissance non équivoque des massacres arméniens par la plus haute autorité ottomane et une mise en accusation formelle de ceux qui les avaient perpétrés?

---

[134] Extrait de la Réponse des Alliés remise à la Turquie le 17 juillet 1920, sous la signature de Millerand.

[135] Ahmet Refik, op. cit., p.42.

B. Nécessité militaire

Que penser maintenant de la **nécessité militaire** derrière laquelle s'abritent les tenants de la thèse turque pour justifier les déportations des Arméniens?

« *Une partie des Arméniens habitant les lieux proches de la zone des opérations gêne les mouvements de l'Armée impériale, agit en accord avec l'ennemi et, surtout, rejoint les rangs de l'ennemi... Certaines dispositions ont donc été prises afin d'écarter de la zone des opérations de tels germes de troubles et l'on a entrepris de faire évacuer les villages servant de base d'opérations et de refuge aux insurgés... Cette mesure a été jugée nécessaire pour les intérêts fondamentaux de l'État.* », lisons-nous au procès-verbal du Conseil des Ministres ottoman du 30 mai (17 mai 1331).

« *C'était une nécessité militaire d'éloigner les Arméniens de leur demeure* », avait expliqué quelques jours plus tôt Talaat au Correspondant à Constantinople (Istanbul) du Berliner Tageblatt.[136]

Dans un mémoire publié le 9 juin 1915 dans Norddeutsche Allgemeine Zeitung, sous le titre de « *Le Gouvernement ottoman répond aux accusations ennemies* », le Gouvernement turc a affirmé:

« *S'il a fallu déplacer temporairement certains Arméniens en d'autres régions de l'Empire, c'est parce qu'ils résidaient dans des zones de combat...* »

Notons tout de suite qu'il ne s'agissait pas de certains Arméniens, mais de tous les Arméniens qu'on a déportés sans distinction aucune d'âge ou de sexe.

« *Comme nous allons le voir*, écrira Kâmuran Gürün,[137] *ce qui était envisagé était le transfert des Arméniens habitant les provinces voisines du théâtre des opérations et de ceux habitant à proximité de la Méditerranée.* »

« *Les Arméniens des régions limitrophes leur étaient favorables (aux Russes) et ils se sont comportés en ennemis. Le Gouvernement turc a donc organisé l'évacuation de la population arménienne vers la Syrie...* »[138]

Des ambassadeurs, des consuls et d'autres personnalités de la plus haute crédibilité sont unanimes à rejeter l'allégation tendancieuse de la **raison militaire** et de la **sécurité de l'État** que les auteurs turcs s'évertuent à faire valoir.

---

[136] Berliner Tageblatt du 4 mai 1916.

[137] Kâmuran Gürün, op. cit. p.252.

[138] Le Point du 22 avril 1985.

« *On ne peut pas justifier ces mesures par des considérations militaires, puisqu'il n'est pas question de révolte chez les Arméniens de la région et que les gens que l'on déporte sont des vieillards, des femmes et des enfants...* », télégraphiait Scheubner, le Consul d'Allemagne d'Erzeroum, à son Ambassadeur à Constantinople le 2 juin 1915.

Le 26 juin, il revenait à la charge pour affirmer que « *cet ordre n'a aucune justification militaire et qui, à mon (son) avis, ne s'explique que par le racisme...* »

Rössler, consul d'Allemagne à Alep, câblait le 30 juillet 1915 à l'Ambassade de son pays à Constantinople:

« *À présent, le gouvernement a ordonné que les Arméniens évacuent aussi bien la région côtière du vilayet d'Alep que Ayntab et Killis, ainsi, vraisemblablement, que Marache -villes qui ne sont situées ni dans la zone de combat, ni sur la route stratégique...* »[139]

Le Dr Johannes Lepsius est aussi catégorique que les autres témoins. « *Dans les communiqués officiels turcs*, écrit-il, *on a déclaré à plusieurs reprises que les Arméniens ont été déportés seulement des régions frontières stratégiquement menacées. Le vilayet de Kharpout est situé complètement en dehors de tout théâtre de guerre, au coeur du pays, entouré de puissantes chaînes de montagnes élevées, qui rendent presque impraticable l'intérieur de l'Asie-Mineure. Aucun Russe, ni aucun Anglais n'aurait certes la prétention d'arriver jusque-là.* »[140]

Mais déjà le 7 juillet 1915, l'Ambassadeur d'Allemagne Wangenheim, avait prévenu le Chancelier Impérial von Bethman Hollweg, sur le but réel du Gouvernement turc. « *Jusqu'à il y a environ deux semaines, l'expulsion et la déportation de la population arménienne se cantonnaient aux provinces proches de la zone est des opérations et à quelques secteurs de la province d'Adana. Depuis lors, la Porte a décidé d'étendre cette mesure aux provinces de Trébizonde, Mamouret-ul-Aziz et Sivas, et en a commencé l'application bien que, pour l'instant, ces régions ne soient pas menacées par l'invasion ennemie.*

« *Cette décision et les conditions dans lesquelles s'effectue la déportation, montrent bien que le gouvernement poursuit très réellement le but d'exterminer la race arménienne dans l'Empire ottoman...* »[141]

Il suffirait de jeter un coup d'oeil sur la carte des zones d'opérations militaires pour se rendre compte de l'incrédibilité de la **nécessité**

---

[139] Archives du génocide des Arméniens, Paris, 1986, document N° 125.

[140] Rapport secret, p.94.

[141] Archives du génocide des Arméniens, document 106.

militaire que les agents de la machine de propagande turque essayent de faire valoir.

En décembre 1914, sur le front est, les combats se déroulaient sur une ligne qui partait de Batoum et qui passait par Ardahan, Kars, Sarikamich, Sartarabad...

Dans la région de Batoum, quatre bataillons sous les ordres du général Liakhoff, couvraient le flanc droit et assuraient l'ordre dans le district de Djorokh. Les vingt-quatre bataillons du général Berkhman, avec 92 canons, combattaient dans la région de Sarikamich, dans la vallée de Passèn-Erzeroum. C'était le général Abatsieff, avec ses quatorze bataillons, qui défendait la ligne de communications Erévan-Dilidjan-Tiflis et le général Tchernozouboff, avec ses sept bataillons, défendait le front de l'Azerbaidjan persan et couvrait le flanc gauche de l'armée.[142]

En décembre 1915, les opérations se déroulaient plutôt dans les régions d'Olti, Erzeroum, le lac de Van... (Voir le tracé sur la carte).

Enver pacha a été nommé vice-généralissime le 21 octobre. Il gagna le Quartier Général de la Troisième Armée à Erzeroum au début de décembre et prit en main les opérations militaires dans le Caucase. La Troisième Armée était placée sous le commandement d'Izzet Pacha et d'un officier supérieur allemand, le major Guse. Elle comptait 90 000 hommes.

Le 11e corps de la IIIe Armée combattait sur le front d'Erzeroum-Sarikamiche; le 9e corps était posté sur les arrières; le 10e corps posté devant Olti, marchait sur Kars et Ardahan tandis que le premier corps se dirigeait sur Ardahan.

Dans ces conditions, comment pourrait-on accorder quelque crédit à l'argument ridicule de nécessité militaire, quand le Gouvernement turc déracine les populations arméniennes de Kharpout, de Malatia, de Yozghad, d'Ankara, de Konya, d'Eskichéhir et de nombreux autres villes et villages situés à des milliers de kilomètres de distance des zones de combat, dépourvus de port, d'aéroport et de toute importance stratégique, qui ne représentaient aucun danger ni pour la sécurité de l'État turc, ni pour ses armées?

L'historien turc Ahmet Refik Altinay lui-même signale cette distorsion historique et la déplore:

---

[142] Pour les détails de ces opérations militaires sur le front est, on aurait intérêt à consulter le livre du Général G. Korganoff « *La participation des Arméniens à la Guerre mondiale sur le front du Caucase* » (1914-1918), Paris, 1927

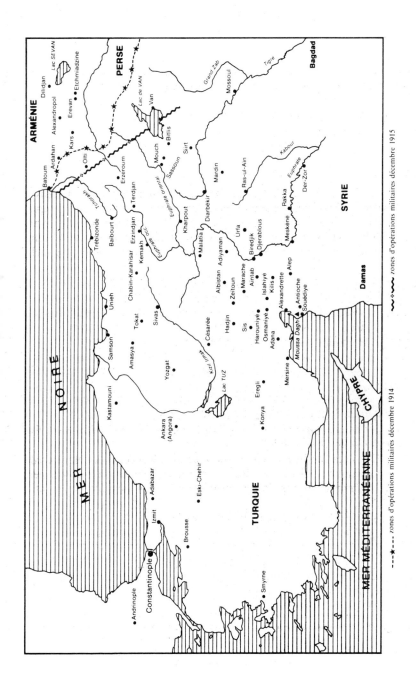

ARMÉNIE

PERSE

MER NOIRE

TURQUIE

SYRIE

MER MÉDITERRANÉENNE

CHYPRE

Bagdad

Damas

Lac SEVAN
Dilidjan
Etchmiadzine
Erevan
Alexandropol
Ardahan
Batoum
Kars
Olti
Erzeroum
Baibourt
Terdjan
Erzindjan
Kemakh
Chabin-Karahsar
Trébizonde
Uneh
Tokat
Amasya
Samson
Kastamouni
Sivas
Cesarée
Yozgat
Ankara
(Angora)
Esk-Chehir
Brousse
Izmit
Adabazar
Constantinople
Smyrne
Andrinople
Konya
Eregli
Mersine
Adana
Osmaniyé
Harouniyé
Sis
Hadjin
Zeitoun
Marache
Aïntab
Kilis
Islahiyé
Alexandrette
Antioche
Souediye
Moussa Dagh
Alep
Meskéné
Rakka
Der-Zor
Ras-ul-Ain
Mardin
Mossoul
Van
Lac de VAN
Bitlis
Siirt
Mouch
Sassoun
Diarbékir
Kharpout
Malatia
Adiyaman
Albistan
Urfa
Biredjik
Djerablous
Grand Zab
Tigre
Euphrate
Kabour
Euphrate oriental
Euphrate occ.
Tchorok
Tchorokh
Kizil Irmak
Lac TUZ

------·-----· zones d'opérations militaires décembre 1914

------★----- zones d'opérations militaires décembre 1915

------∿∿∿ zones d'opérations militaires décembre 1915

Texte turc

« Fakat en mâsum, en bigünah, hiçbir cürümleri olmadiği halde tehcir felâketlerine düçar olan Ermeniler Bursa, Ankara, Eskişehir ve Konya vilayetlerinde yaşayanlardi. »

Traduction littérale:

« Mais les Arméniens les plus innocents, les plus sans péché, qui ont subi les calamités de la déportation furent ceux qui vivaient dans les provinces de Bursa, Ankara, Eskişehir et Konya. » [143]

N'est-ce pas avec raison que l'Ambassadeur d'Allemagne à Constantinople, Wangenheim, écrivait au Chancelier Impérial Bethman Hollweg:

« Il est évident que l'expulsion des Arméniens n'est pas motivée par le seul intérêt militaire. Le ministre de l'Intérieur, Talaat Bey, a récemment déclaré sans détours au Dr Mordtman, actuellement en poste à l'Ambassade impériale, « que la Porte voulait profiter de la Guerre mondiale pour en finir radicalement avec ses ennemis intérieurs (les chrétiens de Turquie) sans être gênée par l'intervention diplomatique de l'étranger... » [144]

À la même époque, l'historien Arnold Toynbee aussi abondait dans le même sens et démasquait les fausses excuses des massacreurs:

« Ces Arméniens n'habitaient pas une zone militaire, écrivait-il. *Aucune des villes, aucun des villages dont ils ont été arrachés systématiquement pour être conduits à la mort, ne se trouvait près du siège des hostilités. Villes et villages étaient tous dans l'intérieur de l'Anatolie, aussi loin également de la frontière du Caucase que de celle des Dardanelles... L'on doit répéter ici que ces Arméniens, habitant des villes, étaient un peuple essentiellement pacifique, laborieux, aussi inhabile au maniement des armes, et aussi ennemi de toute violence que la population urbaine de l'Europe occidentale. »* [145]

Toynbee note au bas de la page 87 de son livre que *« depuis des années le gouvernement avait pris les mesures les plus rigoureuses pour empêcher les Arméniens de posséder des fusils. »*

C. Révoltes et trahison

Nous en arrivons à la légende des révoltes et de la trahison des Arméniens.

---

[143] Ahmet Refik, op. cit. p.23.

[144] Archives du génocide des Arméniens, document 81.

[145] Les massacres arméniens, Paris, 1916, pp.86-87.

« *La presse n'a pas suffisamment approfondi les affaires armé-niennes. Il faut savoir qu'il n'y a pas eu de massacre arménien. Les Arméniens ont frappé, par surprise, notre armée dans le dos, ont coupé les routes, ont rendu les communications difficiles ainsi que le ravitaillement des armées. N'importe quelle armée aurait, dans ces conditions résisté...* »[146] déclarait le président-général Gürsel. Et le tour est joué.

En une seconde, le président Gürsel croit avoir ainsi convaincu le monde entier que tous ces massacres, toutes ces déportations, toutes ces contraintes morales et physiques imposées aux Arméniens étaient bien méritées. Dans son raisonnement et celui de ceux qui pensent comme lui, il s'agissait de châtier des traîtres, de punir des rebelles.

Kâmuran Gürün aussi insinue le même grief et «*justifie*» le verdict cruel.

« *Toutefois, étant donné l'attitude qu'ils adoptèrent pendant la Pre-mière Guerre mondiale,* écrit-il, *fallait-il les considérer comme des sujets ottomans ou comme des sujets russes? Je ne pense pas que l'on puisse répondre immédiatement à cette question. Mais une chose est certaine. Même si les Arméniens étaient, juridiquement parlant, des sujets ottomans, ils agirent en fait comme des ressortissants russes.* »[147]

Gürün, qui a le courage de parler de justice et de juridiction, ne sait-il pas qu'en Droit le châtiment est personnel?

Même si nous voulions accorder à Gürün le bénéfice du doute pour l'opinion qu'il exprime quant aux agissements des Arméniens -il devrait préciser et dire «*de certains Arméniens* »- comme des ressortissants russes, aurait-il l'honnêteté de reconnaître que tel n'était pas le cas de tous les Arméniens déportés, molestés, massacrés sauvagement mais qu'une poignée d'hommes arméniens seulement auraient agi de la sorte? Alors, pourquoi donc le Gouvernement turc qu'il cherche à blanchir n'a-t-il pas réagi contre eux c'est-à-dire contre ceux qui auraient agi en ressortissants russes, ne les a-t-il pas arrêtés, ne les a-t-il pas inculpés, ne les a-t-il pas déférés devant la Cour Martiale, ne les a-t-il pas jugés et, s'ils étaient reconnus coupables de trahison, ne leur a-t-il pas infligé les peines requises par le Code ottoman, et a-t-il préféré taper dans le tas, arracher les femmes à leurs foyers, les enfants à leurs parents, sans ménager le moindrement possible les malades, les infirmes et les impotents?

L'Évêque de Sivas aurait-il, lui aussi, agi comme un ressortissant

---

[146] *Marmara* du 1er mai 1965.

[147] K. Gürün, op. cit. p.245.

russe pour avoir été «*ferré comme un cheval, prétextant qu'on ne pouvait laisser un dignitaire ecclésiastique aller nu-pieds*»?[148] Quel sarcasme!

Même l'historien turc Ahmet Refik est sidéré devant l'ampleur des horreurs qui frappèrent les populations arméniennes dans leur ensemble et il s'écrie:

Texte turc:

«*Ah, ne kadar yazik, bu yavrulardan, bu mâsumlardan, bu biçare kadinlardan bilmem ne istiyorlar? Kimler cinayet yapmişsa onlari tecziye etsinler... Asil kafalari kesilecekler, o Talat, o Enver, o zalim kabine.*

«*Dereler insan gövdeleri, çocuk başlari taşiyor. Bu manzara yürekler parçaliyor. Fakat bir gün bunun hesabi sorulmayacakmi...?*»[149]

Traduction littérale:

«*Ah, quel dommage! Je ne sais ce qu'on veut à ces petits enfants, à ces innocents, à ces malheureuses femmes. Qu'on punisse ceux qui ont commis des crimes. Ceux qui mériteraient qu'on leur coupe la tête sont ce Talaat, cet Enver, ce Cabinet cruel. Les vallées portent des cadavres humains, des têtes d'enfants. Cette scène déchire les coeurs. Mais ne demandera-t-on pas des comptes de tout celà un jour...?*»

Ces enfants innocents et ces femmes sans défense, ces vénérables vieillards édentés aussi auraient-ils agi en ressortissants russes pour payer de leur sang des crimes qu'ils n'avaient pas commis, qu'ils n'auraient pas pu commettre? Aucun accusateur n'a osé formuler jusqu'à date une accusation quelconque à l'endroit de ces victimes. Les massacreurs auraient-ils suivi fidèlement la logique criminelle de leur grand maître Talaat, qui avait déclaré un jour au reporter de Berliner Tageblatt:

«*... les innocents d'aujourd'hui seront, peut-être les coupables de demain.*»[150]

Comment expliquer cette volte-face subite des Autorités à l'égard de la nation arménienne, naguère fidèle et si loyale, qu'on accuse aujourd'hui d'infidélité voire de trahison?

Djémal Bey, gouverneur militaire de Constantinople, n'hésitait pas à déclarer que «*le Gouvernement doit être fier de posséder en son sein un élément aussi précieux... que la nation arménienne est l'élément le*

---

[148] Arnauld Hamelin et Jean-Michel Brun, La mémoire retrouvée, Paris, 1983, p.43.

[149] A. Refik, op. cit. p.34.

[150] Morgenthau, H. op. cit. p. 290.

plus fidèle et le plus solide de l'ottomanisme. Je me sens d'autant plus fier de la nation arménienne, disait-il, *que j'ai eu à constater pendant la présente guerre l'héroïsme des soldats arméniens placés sous mes ordres et les combats qu'ils ont menés pour la défense de la patrie commune.* »[151]

Cette déclaration date du 27 août 1913.

Un peu plus tard, un communiqué diffusé par le Bureau d'Information ottoman le 8 janvier 1915 -donc pendant la guerre- ne tarissait pas d'éloge sur la population arménienne de Turquie:

« *Nos compatriotes arméniens de Turquie n'ont jamais cessé de servir leur patrie ottomane et parmi toutes les nations qui se dévouent pour l'amour de la patrie, la grande contribution des Arméniens, concrétisée par des actes, mérite une mention spéciale.* »

Et ces actes concrets se sont avérés si nombreux: la population arménienne de Tokat a offert à l'armée ottomane mille kherka (gilet matelassé), celle d'Erzinguian trois cents édredons et trois cent dix oreillers pour un hôpital militaire. Les veuves arméniennes de la Cilicie -pour la plupart celles dont les maris avaient péri dans les massacres d'Adana, en 1909- firent parvenir à l'État-Major dix mille paires de chaussettes de laine tricotées de leurs propres mains. La colonie arménienne de Constantinople a affecté cent cinquante lits aux blessés de guerre de l'armée ottomane à l'Hôpital arménien de Constantinople et elle a ouvert une souscription pour fonder un hôpital ambulant. À Kadi Keuy, les élèves des Écoles arméniennes Aramian et Oundjian se cotisèrent pour offrir dix mille bandages à l'armée. Inutile d'allonger la liste.[152]

À la même époque, S.B. Mgr. Zaven, patriarche arménien de Constantinople, n'avait-il pas fait parvenir à tous ses diocèses le télégramme -circulaire suivant, qui ne laisse planer aucun doute sur l'attachement de la nation arménienne au trône ottoman et qui met en relief le loyalisme indéfectible de la Communauté arménienne?

« *La nation arménienne, dont la fidélité plusieurs fois séculaire est connue, accomplira son devoir dans le moment actuel où la patrie est en guerre avec plusieurs puissances et consentira à tous les sacrifices pour augmenter la gloire du trône ottoman, auquel elle est fortement attachée et pour la défense de la Patrie.* »[153]

Enver Pacha, alors ministre de la Guerre de l'Empire ottoman,

---

[151] Journal Stamboul du 27 août 1913.

[152] cf. Notre Thèse de doctorat en sociologie juridique, Montpellier, 1969, p.165.

[153] Lepsius, op. cit. p.183.

encore plus éloquent que le Gouverneur militaire de Constantinople, a catégoriquement démenti les accusations mensongères quant à l'infidélité et à l'hostilité des Arméniens. À son retour du front du Caucase, il exprima «*sa satisfaction particulière au sujet de la tenue et de la vaillance des troupes arméniennes, qui s'étaient battues parfaitement.*»[154]

Répondant à une lettre du Père Karékine, Prélat arménien de Konia, le même Enver Pacha, ministre de la Guerre et vice-généralissime de l'Armée Impériale, écrivait:

«*Je regrette de n'avoir pu durant mon court séjour à Konia, m'entretenir avec Votre Révérence. J'ai reçu depuis l'écrit que vous avez eu la bonté de m'adresser et dans lequel vous m'exprimez votre reconnaissance. Je vous en remercie de mon côté et profite de l'occasion pour vous dire que les soldats arméniens de l'armée ottomane accomplissent consciencieusement leur devoir sur le théâtre de la guerre, ce dont je puis témoigner pour l'avoir vu moi-même. Je vous prie de présenter à la nation arménienne, dont le complet dévouement à l'égard du gouvernement impérial est connu, l'expression de ma satisfaction et de ma reconnaissance.*»[155]

L'empressement a été général dans toutes les fractions de la Communauté arménienne. Voici une circulaire qui en dit long sur toutes les autres contributions que les Arméniens ottomans s'apprêtaient à apporter encore pour soutenir le Gouvernement et ses armées.

«*Patriarcat Arménien Catholique
N° 7593
Constantinople, le 6 mai 1915
Honorable Monsieur,*

Son Excellence Mgr. Dolci, Délégué Apostolique de Constantinople, a, avec la haute satisfaction du Gouvernement Impérial, formé, au nom de la Catholicité, une commission pour soigner les blessés de notre vaillante armée ottomane. Pour accomplir de notre côté nos devoirs sacrés envers notre bien-aimé Gouvernement, nous prendrons part à cette charitable entreprise et pour que notre concours puisse se faire dans les conditions voulues, nous vous invitons à la réunion qui se tiendra dans notre Patriarcat, aujourd'hui, jeudi, à 6 heures de l'après-midi.

---

154 Lepsius, op. cit. p.184.
155 Osmanischer Lloyd du 26 janvier 1915.

Veuillez agréer...
Votre dévoué

> *(S) Paul Pierre XIII Terzian, Patriarche*
> *des Arméniens Catholiques. »*[156]

Après tant de dévouement à la cause ottomane et tant de solidarité aux efforts de guerre de l'Empire, comment le président Gürsel, le Premier Ministre Özal, l'historien Gürün et tant d'autres auteurs et diplomates turcs se permettent-ils d'accuser les Arméniens d'avoir ourdi des complots contre la sécurité de l'État turc, d'avoir trahi la patrie ottomane et d'avoir collaboré avec l'ennemi?

Mais personne ne prend au sérieux ces accusations sans fondement et ces calomnies odieuses.

« Puisque rien ne permet de croire à une révolte chez les Arméniens de la région, cette cruelle mesure de banissement est sans fondement et suscite la colère... », écrit le Consul d'Allemagne Scheubner, le 16 mai 1915, dans un télégramme envoyé à l'Ambassade d'Allemagne à Constantinople.[157]

« Pour autant que j'ai pu apprendre à connaître depuis mon arrivée ici la mentalité et les occupations de la petite population de la région, je ne pense pas qu'elle puisse se livrer à des actes de trahison contre le pays. » avait rapporté le 7 mars 1915, le Consul d'Allemagne à Alexandrette Hoffmann.

Le Consul Rössler en poste à Alep, affirmait le 12 avril: *« La population de Marache est pacifique et ne songe pas à se soulever contre le gouvernement. »*

Et le Dr Lepsius d'enchaîner:

« Dès 1916, avant même d'avoir eu connaissance des documents allemands, j'ai apporté la preuve qu'il n'y avait jamais eu ni préparatifs ni plans de révolte chez les Arméniens et chez leurs dirigeants et que l'idée même en était totalement exclue. À un moment où les chrétiens, contrairement aux musulmans, étaient désarmés et où la population masculine des villes et des villages arméniens avait été réquisitionnée pour travailler sur les routes et envoyée loin de toute agglomération, dans des endroits perdus et impraticables, il était difficile d'imaginer des circonstances moins propices à un soulèvement et à une entreprise à laquelle nul autre qu'un fou n'aurait pu penser... ».[158]

---

[156] Archives du Patriarcat Arméniens Catholique, VIII/3.

[157] Archives du génocide des Arméniens, document N° 53.

[158] Lepsius, Archives du génocide des Arméniens, p.40.

Mais les Turcs persistent à répéter sans cesse que les Arméniens se sont révoltés à Van et que n'était cette insubordination, le Gouvernement turc n'aurait pas procédé aux déportations pour empêcher la répétition de pareils actes dans d'autres régions, que les massacres ne se seraient pas généralisés et que la confiance des autorités n'aurait pas été ébranlée envers ses sujets arméniens.

« Bien que ces intrigues fussent ourdies au vu et au su du Gouvernement Impérial, celui-ci s'abstint d'exercer une pression quelconque ou d'adopter des mesures répressives contre les Arméniens jusqu'au jour où éclata la révolte de Van vers la mi-avril de l'année 1331 de l'Hégire... », lisons-nous dans le pamphlet intitulé « *La vérité sur le mouvement révolutionnaire arménien* ».[159]

« La prétendue rébellion de Van constitue, avec la présence de volontaires arméniens dans l'armée russe, l'argument choc de la justification turque », dira plus tard Yves Ternon.[160]

Au juste, il n'y a pas eu de révolte arménienne à Van, mais une légitime défense du quartier arménien de la ville quand celui-ci a été attaqué par les troupes turques à l'instigation du gouverneur turc de la région, Djevdet Bey. Celui-ci exigea des Arméniens de la Région, au printemps de 1915, trois mille soldats. Les Arméniens ne refusèrent pas sa demande, mais, entretemps, une querelle ayant éclaté entre Arméniens et Turcs dans la périphérie de Chatak, Djevdet Bey pria Ichkhan, le leader tachnak bien connu de Van, de se rendre sur les lieux pour rétablir l'ordre. Ichkhan acquiesça à l'offre, mais en cours de route, il fut traîtreusement assassiné avec trois de ses compagnons. Alors Djevdet convoqua Vramian, un autre chef tachnak et député au Parlement ottoman, sous prétexte de conférer avec lui sur la situation et il le fit déporter sans explication.

Sur ces entrefaites, les Arméniens perdirent confiance dans le gouverneur Djevdet. Ils lui proposèrent quand même de lui fournir 400 hommes, au lieu de 3.000 exigés par lui et de payer pour le reste la taxe d'exemption militaire en usage dans l'Empire. Le gouverneur refusa la contre-proposition et menaça de détruire Chatak d'abord et Van ensuite.

Djevdet était le beau-frère d'Enver Pacha, membre influent du Triumvirat Talaat-Enver-Djemal omnipotent. Il avait été surnommé « *le maréchal ferrant de Bachkalé* », bourgade où il avait fait ferrer de nombreuses victimes.

---

[159] Vérité sur le mouvement révolutionnaire arménien et les mesures gouvernementales, Constantinople, 1916, p.11.

[160] Ternon, Yves, Les Arméniens. Histoire d'un génocide, Paris, 1977, p.227.

Les hostilités commencèrent quand des soldats turcs se mirent à la poursuite d'une femme arménienne le mardi 20 avril 1915, vers les six heures du soir et, surpris par des soldats arméniens qui les interpelèrent, ils tirèrent sur ces derniers et les tuèrent.

« Depuis le 1er avril, des convois arrivaient déjà de Zeitoun et des environs et se dirigeaient vers le Sud, vers les steppes de la Mésopotamie. En ne comptant que ceux qui ont traversé notre ville, le nombre des déportés s'élève à 6.700. Fournouz, Guében, Alabach et toute la région de Zeitoun ont été évacués... La population arménienne de Zeitoun a été annihilée, à l'exception d'un ou deux villages. Nous apprenons que 150 Arméniens de Deurt-Yol et 1.500 de Hassan-Beyli ont été déportés à Alep... », lisons-nous dans un rapport du Comité Américain de Secours pour les Arméniens et les Syriens.[161]

Comme on le constate, bien avant la prétendue rébellion de Van, les déportations et les massacres avaient déjà commencé et qu'on voyait les premiers convois traverser Van et se diriger vers le Sud, le 1er avril. Ils avaient dû quitter leurs lieux de résidence bien avant le 1er avril pour atteindre la région de Van à cette date.

Notons que les Turcs avaient massacré des Arméniens dans la région de Van déjà en février-mars 1915. Ils avaient massacré des Arméniens à Akhlat le 6 avril 1915 et à Adiljevaz, le 8 avril. Donc avant le mouvement de défense organisé plus tard par les Arméniens.

Plus tôt, des bandes turques et kurdes avaient semé la terreur en massacrant des Arméniens et en mettant à sac certaines régions de Van et d'Urmia... déjà en décembre 1914 et en janvier 1915, donc bien avant la-prétendue rébellion- des Arméniens de Van.

N'oublions pas que le Sultan avait proclamé en novembre 1914, l'état de guerre en même temps que le Jihad c'est-à-dire la guerre sainte...

Les escarmouches du 20 avril et les fourberies du gouverneur Djevdet avaient provoqué la méfiance des Arméniens qui ne tardèrent plus à s'interroger sur le sort que leur réservaient les autorités. Ils réussirent à armer 1500 des leurs avec des moyens de fortune. Ils arrivèrent même à construire trois mortiers avec des méthodes primitives. Ils manquaient de munitions: ils fabriquèrent de la poudre; ils firent fondre du plomb et en fabriquèrent des cartouches. Aram prit la direction de la lutte héroïque qui s'annonçait difficile. Enfin le combat inévitable s'engagea. La ville de Van fut enlevée au contrôle des Turcs. Ce n'est que le 18 mai 1915 qu'arriva à Van l'avant-garde des volontaires

---

[161] Rapport du Comité Américain de Secours aux Arméniens et aux Syriens, cité par Lord Bryce, op. cit., p.479.

arméniens du Caucase.

« Les Arméniens ont partout fait preuve, à l'égard des prisonniers turcs, d'un empire sur eux-mêmes digne d'admiration, quand on songe comment se conduisaient les Turcs envers eux. Un soldat turc, blessé, qui fut porté à l'hôpital turc chez nous, se vantait d'avoir tué vingt Arméniens. Ils nous l'abandonnèrent, mais ne lui firent plus rien. »,[162] rapporte le Dr Johannes Lepsius.

Il ressort donc de ces explications que la prétendue révolte de Van n'a été qu'un acte de légitime défense, un épisode héroïque dans l'histoire des massacres et non point une trahison comme le prétendent les Turcs. Par ailleurs, l'occupation de Van par les Arméniens a été une étape dans le cadre des opérations des troupes russes et non point une action concertée en faveur des Arméniens de Van. Par conséquent, les deux événements, celui de la légitime défense des Arméniens de Van contre un massacre inévitable qui pesait sur leur tête comme l'épée de Damoclès et celui de la marche en avant des Russes, n'ont aucun rapport de cause à effet entre eux, comme cherchent à le faire croire les Turcs.

L'historien turc Ahmet Refik éclaire bien ce point:

Texte turc

« Nihayet Ermenilerin Van Kitali askeri hareketlere engel teşkil etmeleri Ittihadcilarin millî gayeleri için mühim bir firsat vücude getirdi. Adil ve kuvvetine güvenir bir hükümetin böyle bir vaziyet karşisinda yapacaği şey, hükümet aleyhine isyanlari tahrik edenleri tezciye etmekti. Fakat Ittihadcilar Ermenileri imha etmek ve bu suretle vilayeti şarkiye meselesinde ortadan kaldirmak istediler. »

Traduction littérale:

« Finalement l'obstacle que la tuerie de Van a constitué aux mouvements militaires a créé une occasion importante pour les objectifs des Ittihadistes. Ce qu'un gouvernement juste et sûr de sa force devrait faire devant une situation pareille serait de punir ceux qui incitaient à la rébellion. Mais les Ittihadistes ont voulu annihiler les Arméniens et, de cette manière, liquider la question des provinces orientales. »[163]

Voilà le mot de l'enigme de la *« révolte »* de Van que nous livre l'historien turc!

Il y eut aussi d'autres cas de défense légitime:

Les Arméniens de Mouch résistèrent quand ils furent attaqués par les hommes de Djevdet Bey, qui avaient contraint les Arméniens de

---

[162] J. Lepsius, op. cit. p.111.

[163] A. Refik, op. cit. p.23.

Van à l'auto-défense, mais qui avaient réussi à massacrer ceux de Siirt et de Bitlis.

Les Arméniens de Sassoun résistèrent lorsque les Kurdes eurent massacré leurs parents dans la plaine de Diarbékir. Ceci se passait en juin 1915.

Les Arméniens de Chabin-Karahisar se défendirent quand ils apprirent avec stupéfaction les déportations et les massacres de Trébizonde.

La résistance de Chabin-Karahisar a commencé le 2 juin 1915 alors que les décrets de déportation et des massacres sont datés de mars, d'avril et de mai 1915.

La défense héroïque du Djebel Moussa, qui a inspiré le magnifique roman de Franz Werfel -Les Quarante Jours du Musa Dagh- a eu lieu en août-septembre 1915.

La défense d'Ourfa se situe à la même époque.

Tous ces faits que nous avons relatés ne peuvent pas constituer **la cause** des massacres -du génocide- mais bien leur **conséquence**. Dans tous les cas que nous avons exposés, **le châtiment a précédé le prétendu crime** inventé, par la suite, de toutes pièces pour la circonstance, pour justifier le châtiment devant l'Histoire et échapper aux responsabilités.

L'historien turc Ahmet Refik nous aidera encore une fois à démasquer les dessous de cette honteuse campagne de calomnies tramées minutieusement contre les Arméniens par ceux-là mêmes qui ordonnaient et coordonnaient tous ces actes criminels.

Ahmet Refik écrit:
Texte turc:
« Istanbulda, bu muazzam cinayeti hakli göstermek için lâzim gelen propagandalar tamamen hazirlanmişti:

« Ermeniler düşmanla ittifak etmişler, Istanbulda isyan çikaracaklar, Ittihad ruesasini öldürecekler, Boğazi açmağa muvaffak olacaklardi.

« Bu âdi tezvirler ancak acliğini bile idrak edemeyen avam kismini ikna edebilirdi. »

Traduction littérale:
« À Istanbul, pour justifier ce crime énorme, on avait planifié ponctuellement la propagande nécessaire:

« Les Arméniens se sont entendus avec l'ennemi, ils veulent fomenter une révolte à Istanbul, ils veulent assassiner les chefs de l'Ittihad, ils auraient réussi à ouvrir les Détroits.

« *Ces calomnies vulgaires ne pouvaient convaincre que les masses qui n'étaient même pas capables de réaliser leur faim.* »[164]

D. Le trafic de documents

Les historiens et les porte-paroles turcs ont peur des lourdes responsabilités qui incombent au Gouvernement jeune-turc dans le génocide des Arméniens et ils falsifient l'histoire pour l'en disculper. Au fond, c'est de la désinformation qu'ils propagent à grands frais et à grand tapage pour déformer la dimension réelle des actes de barbarie qui ont été commis contre le peuple arménien en 1915.

Cette campagne de désinformation est enregistrée à Ankara et les productions sont diffusées à travers le monde par le truchement des Ambassades et des Consulats turcs à l'étranger, les Bureaux de tourisme, les Compagnies d'aviation et de voyages, les Services économiques turcs et les Agences spécialisées.

Mais déjà dès le départ, les dirigeants ittihadistes au pouvoir, s'étaient particulièrement préoccupés des conséquences que leurs crimes devaient inévitablement entraîner en Occident et auprès des Instances internationales. C'est pourquoi, ils avaient joué double jeu. D'un côté, ils avaient envoyé des ordres secrets et même, assez souvent, ils avaient dépêché des émissaires spéciaux sur les lieux des crimes pour organiser les déportations et orienter les massacres, pour réaliser sans scrupules l'extermination totale des Arméniens planifiée en haut lieu et, de l'autre, ils avaient publié dans les journaux ou ils avaient adressé aux Ambassades étrangères des communiqués et des décrets diamétralement opposés aux directives confidentielles qu'ils faisaient parvenir clandestinement aux exécutants.

Depuis quelques années, Bilâl N. Şimşir, membre de la Société turque d'histoire, le professeur Dr Türkkaya Ataöv, directeur de la division des relations internationales de la Faculté de Science Politique à l'Université d'Ankara, Şinasi Orel, ex-ambassadeur de Turquie en Syrie, au Pakistan et au Brésil, ancien ministre de l'Éducation nationale de Turquie, Süreyya Yuce, économiste, directeur de la Fondation de Recherche Économique d'Ankara et tant d'autres encore font partie de cette équipe de désinformation et publient de nombreux ouvrages en français, en anglais et en allemand.

---

[164] A. Refik, op. cit. p.40.

Le dénominateur commun de toutes ces publications parues à date est que le Gouvernement jeune-turc n'a pas perpétré de génocide contre le peuple arménien, que les sujets ottomans arméniens ne se sont pas comportés en citoyens fidèles, qu'ils ont mis en danger la sécurité de l'État turc et que celui-ci a pris un certain nombre de mesures de précautions pour déplacer les populations arméniennes des zones militaires névralgiques. Le reste serait de la pure fantaisie inventée malicieusement par les Arméniens.

Dans le cadre de dénigrement entrepris par ce groupe de propagandistes turcs, Şinasi Orel et Süreyya Yuce se sont attaqués aux documents publiés par Aram Andonian, très compromettants pour le Gouvernement jeune-turc, auteur du génocide des Arméniens en 1915.

Dans leur étude « *The Talât Pasha Telegrams. Historical fact or Armenian fiction?* », paru à Oxford en 1983, ils se sont efforcés de neutraliser les documents de Naim-Andonian publiés à Paris en 1920, qui avaient mis en évidence la responsabilité du Gouvernement de l'Union et Progrès avec des télégrammes, des communiqués et des notes officiels à l'appui.

Le professeur Dr Türkkaya Ataöv est venu à la rescousse. Il a publié une étude à titre trilingue anglais-français-allemand intitulé: « *Les 'documents' d'Andonian attribués à Talat Pacha sont des faux!* »

Il a fait référence au livre de Şinasi Orel et de Süreyya Yuce pour lequel il a écrit: « *Ce livre capital, d'une érudition particulièrement compétente, examine de façon critique tous les documents présentés dans les éditions française et anglaise du livre d'Aram Andonian, documents qui jusqu'aujourd'hui ont servi de base aux arguments de quelques Arméniens et d'auteurs étrangers qui partagent leurs vues...* »[165]

Il est allé jusqu'à mettre en doute l'existence de Naim Bey qu'il a qualifié d'« *obscur fonctionnaire* ».

Après avoir sévèrement critiqué Aram Andonian, ses méthodes de recherche, son manque d'éthique professionnelle, il a abouti à la conclusion que « *les 'documents' d'Andonian sont remplis de diverses erreurs factuelles, d'omissions et de contradictions qui le trahissent.* »[166]

Kriguer avait, pourtant, dans un long article bien documenté, bien étoffé paru dans le Mémorial de Kersam Aharonian en 1965,[167] établi

---

[165] Les « *documents* » d'Andonian attribués à Talat Pacha sont des faux! p.15.

[166] Türkkaya Ataöv, op. cit. p.20.

[167] Mémorial 1915-1965, Beyrouth, pp. 221-258 (en arménien).

l'authenticité des documents Naim-Andonian. Il avait conclu sa recherche avec une grande assurance et certitude: « *Aucun doute sur l'authenticité des documents officiels turcs qu'avait publiés Aram Andonian.* »

Tout récemment, le professeur Dr Vahakn Dadrian, dans une étude magistrale bourrée de documents officiels qu'il a puisés aux Archives allemandes, autrichiennes, britanniques, françaises... et même aux sources turques de première main, souvent inédits, a démontré, sans l'ombre d'un doute, l'authenticité de ces documents. Il s'agit en l'occurrence d'une monographie d'une cinquantaine de pages parue dans le très sérieux International Journal of Middle East Studies[168] qui, avec des méthodes scientifiques, des recherches approfondies, des preuves irréfutables, a établi que les documents en question dont les historiens turcs contestent la véracité sont des documents authentiques incontestables.

Mais, pourquoi donc les auteurs turcs s'acharnent-ils contre les documents publiés par Aram Andonian? Après tout, même si ces documents n'avaient pas existé, les Chancelleries ne sont-elles pas pleines d'autres documents tout aussi compromettants pour les Turcs? N'y a-t-il pas de nombreux Turcs notoires -historiens, diplomates, politiciens- qui ont porté témoignage? Tous sont unanimes à reconnaître les crimes que le groupe des propagandistes turcs refuse catégoriquement, mais vainement, de reconnaître.

Écoutons quelques-uns de ces témoignages.

« *Des milliers et des centaines de milliers de femmes, d'enfants et de vieillards errent aujourd'hui, misérables et perplexes, sur les routes et dans les montagnes d'Anatolie. J'attends de l'esprit de justice du Gouvernement que ces gens soient avant l'arrivée de l'hiver, ou ramenés dans leurs foyers ou domiciliés là où ils le désirent. Pour le cas où la Sublime Porte se joint à mon désir, je prie Monsieur le Président, d'en faire part au Gouvernement.* »[169] déclare le Sénateur Ahmed Riza Bey.

Le Sénateur Ahmed Riza Bey serait-il un imposteur aux yeux des historiens turcs?

« *À vous, Arméniens, citoyens fidèles, loyaux et utiles de l'Empire, la Turquie est redevable des services éminents que vous lui avez rendus tant pour son développement économique et commercial qu'intellectuel et artistique.*

---

[168] The Naim-Andonian Documents on the World War I destruction of Ottoman Armenians: The Anatomy of a genocide, 18, 1986, pp.311-360.

[169] Session du Sénat du 21 Eylül 1331 (4 octobre 1915).

« À l'heure actuelle, une bande d'aventuriers s'intitulant « Jeunes Turcs » détiennent le pouvoir à Constantinople et, pour s'y maintenir, ils ont journellement recours aux moyens les plus sanguinaires qui n'ont jamais été vus, même sous le règne d'Abdul Hamid!

« Et nous avons été témoins impuissants de cette lâche extermination de nos frères Arméniens que ces bandits ont déportés et massacrés par centaines de mille.

« Pour justifier ces crimes, le Gouvernement actuel de Turquie a fait publier plus d'une brochure cyniquement mensongère contre les Arméniens. Après avoir égorgé femmes et enfants, il était nécessaire d'inventer toutes sortes d'accusations contre le malheureux peuple arménien... », lisons-nous dans un manifeste publié dans le Journal de Genève du 1er janvier 1918, sous la signature de Kemal Midhat Bey.[170]

Kemal Midhat Bey serait-il un menteur aux yeux des historiens turcs?

Voici un extrait du procès-verbal dressé lors de la séance du procès des massacres de Yozgad:

Texte turc

« Code chiffré Adet 207

« Ankara Kolordu Komandanliĝina

« Şimdiye kadar Boĝazliyan kasabasiyla, kurasi dahilinde bulunan Ermenilerin Boĝazliyan kaymakami vasitasiyle üç bin alti yüz altmiş Ermeninin katl edilmiş olduĝu şube riyasetinin işari telegrafisinin atfen maruzdur. Firka onbeş komandan vekili

« 23 Temmuz 331 Şahabettin »

Traduction littérale

« Code chiffré N° 207

« Au commandement de l'Armée d'Ankara

« Jusqu'à date, trois mille six cent soixante des Arméniens de Boghazlayan et des environs ont été massacrés sur les ordres du Caïmacam de Boghazlayan selon le rapport télégraphique du Commandant de la Garnison.

« Le 23 juillet 1915

« Le Commandant en second de la 15e division

« Chahabettin. »[171]

Le document précité a été lu lors du procès des massacres de

---

[170] cf. Archives du Ministère des Affaires Etrangères français- Guerre 1914-1918. Turquie, tome 978, folios 249-250.

[171] Takvimi Vekayi, Divani Harbi Örfi Muhakemeti zabit ceridesi N° 3354, p.681.

Yozghad devant la Cour Martiale turque. Serait-il un faux aux yeux des historiens turcs?

« En août 1915, à mon retour de Zaart (Siirt) j'ai vu dans un village, dans la banlieue de Muş, comment 500 Arméniens, la plupart des femmes et des enfants étaient entassés dans une étable et enfermés. Les gendarmes jetèrent des torches enflammées à travers une ouverture du toit. Ils furent tous brûlés vifs. Je ne me suis pas approché mais j'ai vu distinctement les flammes et j'ai entendu les hurlements des pauvres victimes. », témoigne Hasan Maruf, un lieutenant de l'Armée ottomane.[172]

Le 27 janvier 1920, Kurd Mustafa Pacha déclara devant la Cour Suprême de Justice Militaire de Constantinople:

« Les pachas, qui ont perpétré des crimes inouïs et inconcevables et qui ont ainsi entraîné le pays dans sa situation présente pour assurer leurs intérêts personnels, suscitent encore des troubles. Ils ont instauré toutes sortes de tyrannies, organisé les déportations et les massacres, brûlé avec du pétrole les enfants à la mamelle, violé des femmes et des jeunes filles en présence de leurs parents garottés et blessés, séparé les jeunes filles de leurs pères et mères, confisqué leurs biens meubles et immeubles et les ont exilés jusqu'à Mossoul dans un état lamentable en exerçant toutes sortes de violences. Ils ont embarqué à bord des caïques des milliers d'innocents et les ont jetés à la mer. Ils ont fait proclamer par des hérauts la nécessité pour les non-musulmans fidèles au gouvernement ottoman, de renier leur religion pour embrasser l'islamisme; ils les ont contraints à cette conversion; ils ont fait marcher pendant des mois entiers des vieillards affamés; ils les ont astreints à des travaux forcés. Ils ont fait jeter les femmes dans les maisons de tolérance établies dans des conditions épouvantables et sans précédent dans l'histoire d'aucune nation. »[173]

Le professeur Dr Ataöv et ses collègues vont-ils accuser de parjure leur compatriote Kurd Mustafa Pacha?

Ali Kemal Bey, ministre de l'Intérieur de Turquie déclare en substance:

«... Il y a quatre ou cinq ans, un crime unique dans l'histoire, un crime qui fait frémir le monde, se commet dans le pays. Vu la mesure et l'étendue immense du crime, les auteurs n'en sont pas cinq ou dix personnes mais des centaines de mille. Si les massacrés au lieu de 600000 n'étaient que 300000, même 200000 ou 100000, seulement cent,

---

[172] FO 371/2781/264888, Appendice B., p.6.

[173] Paul Du Véou, Le désastre d'Alexandrette, 1938, pp.121-122.

cinq cents et même mille criminels n'auraient pas été suffisants pour exterminer tant de personnes. Il est déjà un fait prouvé que cette tragédie fut projetée sur la décision et l'ordonnance du Comité Central de l'Ittihad. Après que le programme du crime fût arrêté par des formations spéciales, par quelques ministères et quelques ministres, il fut régulièrement mis en exécution par les préfets et les préfectures c'est-à-dire par les fonctionnaires des préfectures, les gendarmes, le peuple. »[174]

Le ministre de l'Intérieur de Turquie, Ali Kemal Bey, aussi serait-il un menteur invétéré pour le groupe des auteurs modernes qui ont pour mission de «*réécrire*» l'histoire de leur pays?

Recevant la délégation arménienne de Tauris venue le saluer et lui présenter les compliments de la colonie arménienne, Ihsan Pacha, commandant en chef des troupes ottomanes en Azerbaïdjan, déclara: «*Je vous remercie de m'apporter l'assurance que les Arméniens de Tauris acceuilleront avec bienveillance les soldats turcs. Sachez que, lors de la venue de mes troupes à Khoy, j'ai fait massacrer, sans distinction de sexe et d'âge, tous les Arméniens de la contrée...*

«*Quelques jours plus tard, à Mgr Nercès, évêque arménien, venu lui faire une visite de courtoisie, purement protocolaire, il dit, entre autres: «J'ai fait massacrer un demi-million de vos coreligionnaires...*»[175]

S'agirait-il encore une fois de faux?

«*... Les déportations, dont l'exécution était confiée à des Ittihadistes fiables et à l'organisation spéciale, étaient destinées à résoudre radicalement la Question arménienne. Elles étaient préconisées dans les conseils internes de l'Ittihad par B. Şakir.*» écrit Doğan Avcioğlu, un auteur turc contemporain,[176] qui a étudié l'histoire de la Turquie. Celui-ci affirme donc sans ambages qu'il y a eu des déportations, sans jouer sur les mots transfert, évacuation, déplacement et autres. Il reconnaît sans réserve que ces déportations étaient destinées à résoudre radicalement la Question arménienne, ce qui veut dire que le but réel de ces déportations n'était pas autre chose que l'extermination totale du peuple arménien.

Doğan Avcioğlu aussi serait-il un faux témoin?

Dans ce cas, le groupe des historiens «*orthodoxes*» qui travaillent

---

[174] Le journal turc *Sabah* du 28 janvier 1919.

[175] Voir en Annexes le texte intégral de ce Rapport puisé aux Archives du Ministère des Affaires Etrangères de France E. Levant 1918-1940. Arménie 4(1919) folios 41-42.

[176] Millî Kurtuluş Tarihi, Istanbul, 1974, Vol. III, p.1135.

sous la direction du professeur Dr Türkkaya Ataöv voudrait-il insinuer que toutes ces personnalités turques que nous avons citées sont des parjures, des falsificateurs de l'histoire? Mais pourquoi agiraient-elles ainsi contre les intérêts de leur propre patrie, pourquoi la discréditeraient-elles à ce point, seraient-elles toutes des traîtres et des agents à la solde de l'ennemi?

La réponse devrait venir des historiens «*orthodoxes*».

Nonobstant tous ces témoignages et de nombreux autres encore qui détruisent les fondements même de la thèse turque, les historiens turcs de la onzième heure ne cessent pas pour autant de nous inonder de faux documents ou de documents fabriqués pour la consommation extérieure par les auteurs du génocide.

Le Dr Salahi R. Sonyel a publié récemment, dans le cadre des publications pour lavage de cerveau, une plaquette à titre trilingue anglais-français-turc où il reproduit certains «*documents*» relatifs à la déportation des Arméniens.[177]

À la page 4 de cette brochure, nous trouvons le document N° 170 en provenance de la Préfecture de Hüdavendigâr, qui se lit comme suit:

«*9. Interdiction de déplacer les députés arméniens et leurs familles.*

«*Le 2 août 1915, Le Ministre de l'Intérieur, Talât.*»

Comment pourrions-nous faire foi à l'authenticité de ce document quand nous savons pertinemment que les députés arméniens ont été arrêtés les premiers à Constantinople (Istanbul) sans aucune procédure, arbitrairement, nonobstant leur immunité parlementaire, et ont été massacrés avec plus de barbarie encore que leurs congénères.

Le député arménien Krikor Zohrab, criminaliste notoire, l'une des plus authentiques sommités du Barreau ottoman, professeur de droit criminel à la Faculté de Droit de Constantinople, écrivain-journaliste, a été arrêté sous prétexte d'être traduit devant le Tribunal Militaire de Diarbékir et il a été lâchement assassiné en cours de route par des tueurs à gage à la solde du Gouvernement ottoman, qui lui fracassèrent le crâne à coups de pierre.

Un autre député arménien Vartkès, intellectuel de grosse valeur, homme public, a été assassiné par les mêmes tueurs, dans la même localité, à coups de pistolet.

Le Dr Sonyel reproduit à la même page de son livre un autre décret signé le 2 août 1915 par le Ministre de l'Intérieur Talât qui stipule:

«*Parmi les Arméniens qui doivent changer de résidence, exception*

---

[177] Le déplacement des populations arméniennes. Documents (Extrait du Bulletin de l'Institut turc d'histoire).

sera faite des familles de soldats, officiers et médecins militaires, qui pourront rester sur place. »

En réalité, non seulement on n'épargna pas les familles de soldats, d'officiers et de médecins militaires mais les militaires eux-mêmes qui étaient sous les drapeaux pour servir l'Empire ottoman, furent envoyés au front où ils furent désarmés sur les ordres du Commandement suprême, affectés aux durs travaux de refection des routes et, un jour, on leur a fait creuser des « *tranchées* » où ils furent enterrés, fusillés par leurs « *frères d'armes ottomans* ».

« *Au début de 1915, les soldats arméniens furent soumis à un nouveau régime dans l'armée turque. Jusqu'alors, la plupart d'entre eux étaient des combattants; mais à présent, on les dépouilla de leurs armes et ils ne furent plus que des ouvriers. Au lieu de servir leur patrie dans l'artillerie et à la cavalerie, ils furent transformés en cantonniers, voire en bêtes de somme* », rapporte l'Ambassadeur H. Morgenthau.[178]

« *Les soldats arméniens subirent, eux aussi, le même sort. On les désarma d'abord et on les mit à construire des routes. Nous savons d'une source absolument sûre que les soldats arméniens de la province d'Erzeroum, qui travaillaient sur la route Erzeroum-Erzinguian, ont tous été massacrés. Les soldats arméniens de la province de Diyarbekir ont tous été massacrés sur la route Diyarbekir-Ourfa et sur la route Diyarbekir-Kharpout. Quoiqu'il en soit, 1800 jeunes Arméniens furent envoyés comme soldats de Kharpout à Diyarbekir pour y travailler. Ils furent tous massacrés dans le voisinage d'Arghana...* », lisons-nous dans le Rapport du Comité Américain.[179]

« *Les Turcs avaient enrôlé, dans différents régiments, les jeunes Arméniens en âge du service militaire. Quand le Gouvernement décida de déporter les Arméniens pour les anéantir*, écrit Faïz El-Ghocein, avocat de son état, arabe, musulman de surcroît et ancien haut fonctionnaire dans l'administration ottomane,[180] *des ordres furent donnés aux officiers de rassembler les jeunes Arméniens des différentes unités de l'armée pour en former des régiments distincts qui seraient chargés de la réparation des routes et des travaux municipaux. On les occupa à ces travaux pendant huit mois jusqu'à l'époque des pluies et des grandes neiges, où il n'était plus possible de les utiliser. Le Gouvernement les envoya alors d'Erzeroum, de Trébizonde et d'autres localités éloignées vers Diyarbekir, dénommée par les exilés 'la citadelle du*

---

[178] H. Morgenthau, op. cit., p.261-62.

[179] American Committee Report cf. Toynbee, Les massacres arméniens, 1916, pp.102-103.

[180] Les massacres en Arménie turque, nouvelle édition, Beyrouth 1965, p.39.

sang'. *Une dépêche avisa les autorités de cette ville de l'arrivée de ces jeunes gens. Elles envoyèrent à leur rencontre des gendarmes tout armés, qui les reçurent à coups de fusil. Le dernier convoi ainsi expédié à Diyarbekir était composé de 840 jeunes gens qui furent tous fusillés non loin de la ville.* »

Et les familles des soldats?

« *Les familles des soldats ne font pas exception, contrairement aux ordres qui ont été donnés. Même les grands malades sont impitoyablement évacués...* » lisons-nous dans le télégramme que le Consul d'Allemagne Rössler envoie à l'Ambassade d'Allemagne à Constantinople, le 18 septembre 1915.[181]

Dans ces conditions, on s'interroge sur la valeur des documents que reproduit le Dr Sonyel.

Celui-ci a reproduit aussi le Document N° 189 émanant de la Préfecture de Hüdavendigâr, qui nous donne à lire ce qui suit:

« *2.-... Parmi ceux qui sont rassemblés dans les gares, s'il en est qui ont une pièce justificative officielle stipulant que le chef de famille est soldat, les femmes et les enfants sans familles et les Arméniens catholiques et protestants qui ne voudraient pas se rendre au lieu mentionné, tous ceux-là seront séparés du groupe et seront répartis dans les villages des districts ou des préfectures où se trouvent les gares...* »

« *3.- Resteront en place les familles des soldats, les protestants et les catholiques...* »

« *11.- Renoncer au transfert des Arméniens protestants qui n'auraient pas été déplacés et nous communiquer le nombre des transférés et de ceux qui restent dans la province.* »[182]

« *... À l'automne 1915, un décret amnistiant les Arméniens protestants et catholiques a été publié, probablement à l'instigation des Ambassades d'Allemagne et d'Autriche. Mais ce décret, qui était censé leur épargner la déportation et les laisser en possession de leurs biens, a été un coup d'épée dans l'eau...* », écrit E.J. Christoffel, directeur de l'institution pour aveugles de Malatia.[183]

E.J. Christoffel a vu juste. En effet, pour ce qui est d'épargner les femmes et les enfants, il suffit de lire le témoignage de l'historien turc pour nous convaincre qu'il s'agit là aussi d'une autre illusion que les fabricants de faux documents turcs cherchent à vendre:

---

[181] Archives du génocide des Arméniens, Document N° 175, p.145.

[182] Dr Sonyel, op. cit. p.8.

[183] Archives du génocide des Arméniens, p.257.

Texte turc

« *Köylerden verem döşeğinde yatan, ihtizar halinde bulunan hastalar, alil, mecnun, yaribelinden aşağisi tutmayan dilenciler bile çikarilmişti.* »[184]

Traduction littérale:

« *Les tuberculeux qui dormaient dans leurs lits, les malades à l'agonie, les invalides, les fous, même les mendiants à moitié paralytiques étaient déportés.* »

Quant aux prétendus privilèges accordés aux Arméniens catholiques et protestants, qui auraient bénéficié d'un traitement de faveur, d'après les documents produits par le Dr Sonyel, tous les témoignages recueillis et tous les faits rapportés démentent catégoriquement cette assertion gratuite.

Neuf Évêques, cent vingt-sept Prêtres et cinquante-sept Religieuses de la Congrégation des Soeurs arméniennes de l'Immaculée Conception ont été massacrés sans égard pour leur état. Martyrs pour la Foi, martyrs pour la Patrie![185]

Mgr André Tchélébian, évêque arménien catholique de Diarbékir, a été enlevé de son Évêché avec les Religieuses arméniennes de son diocèse et déporté.

« *Arrivé au bord du Tigre, on l'a enterré vivant jusqu'aux bras dans une fosse, la tête à fleur du sol et on l'a assommé à coups de pierre, qui finirent par l'ensevelir sur place. Par un raffinement d'ironie barbare, pendant ses tortures et son agonie, qui dura plusieurs heures, les assassins l'invitèrent à bénir les siens pour une dernière fois avec le bras droit laissé libre hors de l'amas de sable et de pierres; et, pour comble de cynisme, ils ont poussé les Religieuses et quelques fidèles, qui devaient subir un sort analogue, à venir baiser son anneau en défilant devant ses yeux mourants... C'était le 18 septembre 1915.* »[186]

Aux Pères Saraïdarian et Dayian, du diocèse arménien catholique de Tokat, on a désarticulé les membres en commençant par les ongles...

Mgr Mikayel Khatchadourian, évêque arménien catholique de Malatia, alors âgé de 79 ans, fut convoqué à la Préfecture. Il fut grossièrement insulté par le Commissaire de la Police, qui lui arracha l'anneau épiscopal et ordonna à ses agents de le conduire en prison. Arrivés au palier de l'escalier, les agents précipitèrent le vénérable

---

[184] Ahmet Refik, op. cit. p.29.

[185] La Revue arménienne Pazmaveb, 1965, N° 4-7 pp. 76-77.

[186] Mgr. Jean Naslian, Mémoires, Vienne, 1955, Tome I pp.313-314.

Prélat du haut des marches. Celui-ci s'évanouit. Il fut quand même tiré par une corde au cou et la chaîne de sa croix pectorale. « *On le réveilla à coups de gifle et de bastonnade et par de l'eau froide qu'on versa sur lui. Ensuite, on le dépouilla de ses vêtements ecclésiastiques, on l'étendit sur le dos pour le soumettre à des tortures plus inhumaines encore* », relate Mgr J. Naslian.[187] Les tortionnaires proposèrent à l'Évêque d'apostasier et, sur son refus, ajoute Mgr Naslian, « *on allume du feu sur sa poitrine et l'on y prépare le café avec mille insultes et moqueries. Suffoqué par la fumée et torturé par ses brûlures, le pauvre Prélat avait de la peine à pousser même un gémissement...* » Puis les assassins essayèrent d'étrangler Mgr Khatchadourian à l'aide de la chaîne de sa croix pectorale, mais la chaîne se brisa. Une corde acheva le martyr.

Dans la Communauté arménienne protestante, relativement moins nombreuse, on a enregistré une cinquantaine de pasteurs martyrs sans compter les prédicateurs.

La population arménienne du village de Stanoz, près d'Ankara, presqu'entièrement du rite protestant, a été massacrée avec son pasteur le Révérend Hayrabed Odian.

« *Nous avions 155 églises structurées, 281 centres de missions et 452 écoles, sans compter les institutions étrangères et américaines. Les deux tiers de notre Communauté sont tombés martyrs lors des grands massacres, nos églises et nos écoles ont été détruites de fond en comble...* », rapporte le Révérend Hovhannès Agnerian, présentement pasteur de l'Église arménienne évangélique de Montréal.[188]

Le Pasteur de Tokat, le Révérend Avédis Kévorkian, celui d'Aintab, le Révérend Krikor Der Boghossian, celui de Chabin-Karahissar, le Révérend Yervant Kassabalian celui d'Ourfa, le Révérend Sétrak Etmekdjian, celui de Yerzenga, le Révérend Hagop Israelian, celui de Kharpout, le Révérend Guiragos Gulesserian et tant d'autres encore sont parmi les martyrs.

À l'instar du Dr Sonyel, Kâmuran Gürün aussi a reproduit un certain nombre de décrets et de communiqués du même goût, prétendument en provenance du Ministère de l'Intérieur signés souvent par Talât ou du Ministère de la Guerre signés par Enver, pour tenter de nous convaincre que les Autorités turques, pleines de bienveillance, avaient pris toutes les mesures nécessaires pour assurer le confort et la sécurité des populations arméniennes « *transférées* » comme il se plaît à

---

[187] Mgr. Naslian, op. cit., p.254.

[188] La Revue arménienne Tchanasser, avril, 1965.

répéter et non pas déportées comme l'affirment tous les témoignages et le bon sens.

« *En réalité, les seuls moyens mis à la disposition des Arméniens furent d'immenses camps de concentration à l'air libre, à Meskéné, Rakka, Deir-ez-Zor. Là, les Arméniens succombèrent rapidement à la famine ou au climat* », affirme le Livre Bleu Britannique (Blue Book)[189]

« *Moi aussi, j'étais attaché au Père Babadjan; ils serrèrent tellement la corde que nous avions les mains et les bras enflés; nous n'en pouvions supporter le mal. On enleva tout ce qu'il nous restait: sacs, paquets, pain, argent, tout a été confisqué...* », écrit Mgr Grégoire Bahaban, lui-même déporté.[190]

Et Kâmuran Gürün révèle avec fierté que « *dans un rapport présenté par le Ministère de l'Intérieur au Grand Vizir le 7 décembre 1916, il était indiqué que 702900 personnes avaient été transférées, qu'à cette occasion 25 millions de piastres avaient été dépensées en 1915, 86 millions encore jusqu'en octobre 1916 et que 150 millions seraient nécessaires jusqu'à la fin de l'année 1916.* »[191]

Mais Kâmuran Gürün et le Rapport qu'il cite se gardent d'indiquer à quelles fins ces sommes fabuleuses ont été dépensées. Au bien-être des déportés, à leur entretien, à leur ré-installation, à leurs besoins sanitaires? Il ne peut en être question puisque les déportés étaient empêchés à coups de fouet même de boire sur le chemin de l'exode forcé, ils manquaient de toute nourriture, ils ne recevaient aucun soin médical et aucun logis, ne serait-ce qu'une cabane de fortune, n'avait été construite pour les abriter.

Certains documents, cependant, nous aident à comprendre l'usage qui était fait de ces millions dont fait mention Kâmuran Gürün.

Nous relevons dans le télégramme N° 344 du 20 janvier 1916 un passage très significatif où Abdulahad Nouri, sous-directeur général des déportés à Alep, demande à Moharrem Bey, alors chef du service de la déportation à Bab: «... *Vous devez néanmoins avoir soin de ne pas laisser de cadavres sur les routes. Faites-moi savoir au plus tôt le maximum de salaire qu'il faut donner aux hommes désignés par vous pour accomplir cette besogne.* »[192]

Nous remarquons aussi que des sommes importantes avaient été

---

[189] cf. Le Crime de silence, Paris 1984, p.93.

[190] Une page sur mille, Venise, 1976, p.64.

[191] Genel Kurmay ½ KLS, dossier 1445 F.15-22 cité par Gürün, op. cit. p.260.

[192] Aram Andonian, op. cit. p.72.

allouées aux enfants arméniens en bas âge enlevés à leurs parents pour être confiés à des familles turques chargées de les éduquer dans les traditions et les croyances musulmanes pour en faire des Turcs.

«... *Une indemnité de 30 piastres sera versée chaque mois pour chaque enfant à ces familles. On inscrira sur un tableau le nom de l'enfant et celui de la famille à laquelle il a été confié et on enverra la copie de ce tableau au chef-lieu*», lisons-nous dans une Note codée du Ministère de l'Intérieur à la Préfecture de Mamuretelaziz, envoyée le 27 juin 1331.[193]

On voit bien maintenant à quoi étaient affectées les sommes dont fait état le Rapport du 7 décembre 1916. Elles servaient:
- à armer, à entretenir et à payer les massacreurs que le Gouvernement avait engagés;
- à rémunérer les fossoyeurs qui devaient faire disparaître les cadavres;
- à verser des allocations aux enfants arméniens à turquiser.

D'ailleurs, le renflouement si rapide de ce budget qui, de 25 millions en 1915, monte à 150 millions en 1916, correspond parfaitement à la croissance des malheurs qui frappaient les déportés arméniens.

En effet, plus les mois s'écoulaient, plus le Gouvernement turc mettait de l'empressement à liquider le problème arménien donc, les massacres prenaient plus d'ampleur. Le nombre des victimes par le fer, par le feu, par la famine, augmentait considérablement. Alors le nombre des massacreurs à gage et des brigands tortionnaires devait augmenter aussi automatiquement. Par voie de conséquence, le nombre des cadavres à faire disparaître aussi augmentait en proportion des tueries. Par le fait même, les besoins en fossoyeurs de circonstance devait s'accroître. Enfin, dans le même ordre d'idée, le nombre des enfants arrachés à leurs familles pour être turquisés devait logiquement se multiplier à la même cadence. Cercle vicieux où les éléments destructeurs sont interdépendants de leurs victimes.

Les trafiquants de documents peuvent produire et reproduire de nombreux «*documents*» favorables à leur thèse. À quoi bon? Que valent les documents conçus et rédigés pour l'Occident puisqu'ils sont contredits par les actes authentiques, des télégrammes confidentiels, des notes codées ou des directives verbales?

Nous lisons dans un document diplomatique qui émane de l'Ambassade Impériale d'Allemagne à Péra (Istanbul), daté du 4 septembre 1915 et signé Hohenlohe, ce qui suit:

---

[193] Dahiliye Nezareti Ev. Oda, chiffrée, Kal. dossier 53, 925/92.

« *Talaat Bey m'a remis le 2 septembre la traduction en allemand (dont copie jointe) de différents télégrammes par lesquels il adresse aux autorités provinciales concernées des ordres relatifs aux persécutions des Arméniens. Il voulait par là apporter la preuve que le Gouvernement central est très réellement soucieux de mettre un terme aux excès dont les Arméniens sont victimes et d'assurer le ravitaillement des déportés pendant leur voyage. Invoquant cela, Talaat Bey m'avait déclaré quelques jours auparavant: La question arménienne n'existe plus...* »[194]

La portée de la démarche hypocrite de Talaat auprès de l'Ambassadeur d'Allemagne n'échappe à personne. Il est fortement décidé à faire publier dans la presse occidentale ses décrets déformés afin de cacher ses vraies intentions criminelles à l'égard du peuple arménien aux yeux du monde occidental.

Le diplomate allemand est loin de lui faire confiance. Il a bien saisi les attentes de son interlocuteur. Le Ministre de l'Intérieur venait le rassurer de sa bienveillance et du comportement humanitaire de son Gouvernement envers les déportés arméniens quand, « *quelques jours auparavant* », il lui avait déclaré: « *La question arménienne n'existe plus.* »

Mais le jeu est vite démasqué. Dans un télégramme envoyé d'Adana le 10 septembre 1915, donc huit jours après la démarche de Talaat, le Consul Général d'Allemagne à Adana, informe son Ambassadeur à Constantinople:

« *La communication que la Porte a faite le 31 août à l'Ambassade Impériale au sujet des Arméniens n'est rien d'autre qu'une tromperie éhontée, car la Porte a révoqué presque aussitôt ces consignes sous la pression de l'inspecteur qui a été envoyé ici, An Munif Bey. Il va sans dire que les autorités s'en tiennent à la deuxième directive et qu'elles continuent d'expulser les Arméniens quelle que soit leur confession...* »[195]

Le télégramme est signé Büge.

Voilà comment agissait le Gouvernement turc:

D'un côté, il publiait des décrets demandant de la clémence, de la bienveillance et de l'humanitarisme envers les déportés et, de l'autre, il dépêchait des émissaires spéciaux munis de pouvoirs extraordinaires, qui ordonnaient des mesures les plus barbares et demandaient des agissements les plus inhumains contre les victimes.

---

[194] Archives du génocide des Arméniens, Document 160, p. 144.

[195] Archives du génocide des Arméniens, Document 165, p. 145.

Le lieutenant Said Ahmed Moukhtar Baaj et le lieutenant Hassan Maarouf, témoins oculaires, fournissent des témoignages très intéressants à ce sujet. Ils indiquent que le Gouvernement émettait des ordres à deux niveaux; des commandements publics, à titre de propagande et des commandements privés, en vue d'accomplir ses intentions véritables.[196]

Le Livre Bleu Britannique (Blue Book) apporte un témoignage plus explicite encore:

« Ici, les tchétés avaient l'ordre officiel de prendre des groupes d'Arméniens des deux sexes, de les amener vers différentes destinations, mais ils avaient des instructions secrètes de liquider les hommes, les enfants et les femmes âgées et de répartir les femmes jeunes entre les villageois de la plaine d'Urfa... L'un des gendarmes admit avoir tué lui-même 100 Arméniens, au cours des différents voyages auxquels il avait participé. »[197]

Ce sont ces documents fabriqués pour la circonstance, pour les besoins de la cause, que les trafiquants de documents diffusent à profusion dans leurs publications.

Mais qui aujourd'hui croit Talaat?

Dans son télégramme chiffré du 18 novembre 1915, il avait demandé à ses subalternes d'être plus circonspects:

«... Au point de vue de la politique actuelle, il est d'une importance capitale que les étrangers qui circulent par là soient convaincus que cette déportation ne se fait que dans un but de changement de séjour. Pour ce motif, il est provisoirement important d'étaler pour la frime une conduite délicate et de n'appliquer les moyens connus que dans les endroits propices... »[198]

Il avait déclaré aussi à Henry Morgenthau, avec une fierté propre au tyran:

« J'ai plus fait en trois mois pour résoudre le Problème arménien qu'Abdul Hamid en trente ans. »[199]

Et il croyait avoir réglé définitivement le Problème arménien quand il déclarait à l'Ambassadeur H. Morgenthau:

« À quoi bon reparler d'eux, nous les avons liquidés. C'est fini. »[200]

---

[196] FO 371/2781 cité dans Le Crime de silence, Paris, 1984, p.95.

[197] cf. Le Crime de silence, Paris, 1984, p.95.

[198] A. Andonian, op. cit., pp.101-103.

[199] H. Morgenthau, op. cit., p.294.

[200] H. Morgenthau, op. cit., p.334.

Mais, dans le dernier discours qu'il livra le 1er novembre 1918, devant le Congrès du Parti Union et Progrès, il a tenu un langage tout différent. En parlant des déportations, il a reconnu que «*beaucoup d'affaires tragiques sont effectivement survenues lors du transfert, mais qu'aucune de celles-ci ne s'est produite sur un ordre donné par la Porte.*» Et il a ajouté:

«*... Certains fonctionnaires ont manifesté une violence et une cruauté excessives. J'avoue également que, dans de nombreux endroits, beaucoup d'innocents ont été injustement sacrifiés...*»[201]

Quelle ambiguïté! Qui des deux Talaat croire? Celui qui dit avoir liquidé définitivement le Problème arménien, d'avoir plus fait en trois mois que le Sultan Rouge en trente ans ou celui qui se décharge lâchement de toute responsabilité sur le dos des fonctionnaires subalternes?

S. Sazanov, alors ministre des Affaires Étrangères de Russie, a déjà répondu à la question:

«*J'eus ainsi l'occasion d'être constamment en contact avec Talaat Bey et son compagnon pendant les deux jours que dura leur visite. Cela me permit d'observer cet homme qui peut être considéré sans exagération comme un des plus grands scélérats de l'histoire du monde. M. de Giers, notre Ambassadeur à Constantinople, venu à Yalta à cette occasion, le connaissait bien à cause des relations d'affaires qu'il avait avec le Cabinet Jeune-Turc où, aux côtés d'Enver, Talaat jouait un rôle de premier plan. Il m'avertit que je ne devais pas croire un seul mot de tout ce que pourrait me dire ce personnage.*»[202]

Sans commentaire!

La fin de la guerre a coincidé avec la fin de la campagne de dévastation et de destruction, de carnage et de pillage entreprise par le Gouvernement Jeune-Turc contre le peuple arménien de l'Empire ottoman, mais les potentats ittihadistes, avant leur fuite, ont trouvé le temps et les moyens de couvrir les traces de leurs crimes: ils ont volé des archives et ils ont détruit de nombreux documents susceptibles de les compromettre devant l'Histoire et devant la Cour Martiale qu'ils voyaient venir.

Qui brûle des documents?

Certainement ceux qui ont peur de la Vérité, ceux qui appréhendent le verdict de la Justice. Ce fut le cas des criminels ittihadistes.

Trois personnalités turques ont joué un rôle important dans le vol

---

[201] Le Journal turc Vakit du 12 juillet 1921.

[202] S. Sazanov, Les années fatales, 1927, pp. 141-142.

des documents compromettants pour le Gouvernement et l'Administration Jeune-Turc:

Aziz Bey, ancien directeur de la Sûreté Générale, le Dr Nazim, éminence grise de l'Union et Progrès, le lieutenant-colonel Hüsameddin, l'un des chefs influents de Teşkilati Mahsuse.

« ... Ont été volés des télégrammes, des documents, une partie importante des communiqués du Techkilati Mahsoussé, ainsi que tous les documents du Centre général. De même, ont disparu les communiqués et les circulaires importants du directeur de la Sûreté Générale Aziz Bey, avant la démission du Cabinet Talaat, le 15 septembre 1918... »[203]

« ... Il ressort de l'enquête effectuée qu'une importante partie des documents et dossiers du siège central du Comité ont été dérobés. La teneur du Tezkéré du Ministère de l'Intérieur (série 31) et les témoignages dignes de foi prouvent de même que les dossiers relatifs aux renseignements et correspondances importantes que l'ancien directeur de la Sûreté Générale Aziz Bey avait retirés de l'Organisation avant la démission de Talaat (ex-pacha en fuite) n'ont pas été rendus par lui après qu'il eût quitté son poste... »[204]

Le Ministre de l'Éducation Midhat Chukru, à son tour, avait activement participé à la disparition d'une grande partie des documents relatifs aux massacres des Arméniens.

Le résumé hebdomadaire de l'Ambassade Britannique à Constantinople du 4 mars 1920 indique par ailleurs que Raouf Bey « avait demandé de façon urgente la destruction des documents incriminants. Il est évident que Raouf Bey avait déjà organisé la disparition des documents l'impliquant lui-même ainsi qu'Enver Pacha... »[205]

Il a été question de la disparition et de la destruction de documents devant la Cour Martiale turque, lors de l'interrogatoire de Midhat Chukru et de Ziya Gökalp, qui ont reconnu le bien fondé de l'accusation.

Le lieutenant-colonel Hüsameddin a rapporté dans ses Mémoires qu'il a confié un jour à Ismet, alors conseiller auprès d'Enver, qu'il avait caché des documents dans une cachette de la Mosquée Fatih à Istanbul et qu'Ismet avait souri de son exploit.[206]

---

[203] Journal officiel turc, Procès-verbal du 24/4/1919.

[204] cf. L'acte d'accusation au procès des Unionistes à la Cour Martiale du 10 Redjeb et du 12 avril 1337 (1919).

[205] FO 371/5166.3206.

[206] Hüsameddin, Iki devrin perde arkasi, cité par H. Ghazarian, Le Turc génocide, Beyrouth, 1968, pp. 58-61 (en arménien).

Lors de son interrogatoire devant la commission d'instruction de Constantinople, le 18 décembre 1918, Kemal Bey, caïmacam de Boĝazlayan et préfet intérimaire de Yozgad, a déclaré:

«... *Je sais qu'une partie des documents relatifs à la déportation se trouve à Yozgad. Ne sont pas conservés seul les ordres qui devaient être brûlés après leur lecture, conformément aux directives de l'expéditeur.*»

À la question «*qui vous ordonnait de brûler les documents après les avoir lus, comme vous venez de déclarer?*» Kemal Bey a répondu: «*C'était des ordres expédiés par le Ministère de l'Intérieur et de la Préfecture.*»[207]

Le trafic de documents -soit la fabrication sur demande, la falsification selon les besoins, la destruction, en cas de danger- était de pratique courante en Turquie avant, pendant et après le génocide.

Dans son télégramme N° 563 du 12 octobre 1915, Talaat ordonnait: «*Préparez et envoyez d'ici une semaine les papiers demandés par l'ordre secret N° 1923 en date du 25 septembre 1915.*»

Naim Bey dévoile le secret de ces papiers demandés par Talaat.

«*Dans cet ordre secret*, écrit-il, *il était recommandé de trouver quelques Arméniens de Hadjin, de Deurt-Yol et de Mersine, de les combler d'honneurs, de les choyer et de les décider à écrire de leurs propres mains et sous leurs signatures un document dans lequel ils déclareraient que le Dachnaktzoutioun faisait des préparatifs pour faire éclater une révolte au moment de la guerre et qu'il avait partout pourvu aux besoins indispensables de cette révolte. On recommandait de plus que les signataires de ce papier fussent des personnes ayant une situation en vue.*»[208]

Ce n'est pas tout. Faïez El Ghocïen, l'avocat arabe, ancien haut fonctionnaire ottoman, que nous avons cité à d'autres occasions, rapporte à ce sujet:

«*Le Gouvernement turc pensa que les gouvernements européens ne tarderaient pas à apprendre l'extermination des Arméniens et que la nouvelle en serait publiée dans le monde entier, ce qui ne manquerait pas de soulever l'opinion publique contre les Turcs. Aussi ses agents, ayant massacré un certain nombre d'Arméniens, travestirent les cadavres en Kurdes, couvrant leurs têtes de turban et firent venir des pleureuses Kurdes qui entourèrent les cadavres en poussant des lamen-*

---

[207] Archives du Patriarcat Arménien de Jérusalem, M.489-M.494 cf. Kriguer, Le génocide de Yozgad, New York, 1980, p.417.

[208] A. Andonian, op. cit., p.153.

tations. Un photographe engagé à cet effet, photographia ces scènes dans le but de faire croire plus tard à l'Europe que c'étaient les Arméniens qui, les premiers, avaient attaqué les Kurdes et en avaient tué un grand nombre et qu'alors seulement les tribus Kurdes, exaspérées, s'étaient vengées des Arméniens sans que le Gouvernement turc eût trempé en quoi que ce soit, dans le massacre de ces derniers. »[209]

« *C'est un procédé courant pour les autorités turques que d'attribuer leurs propres barbaries à leurs victimes et de convaincre les étrangers et les journalistes que telle est la vérité* », écrivait tout récemment un journaliste bulgare Dimitr Chichmanov et il citait à l'appui de son assertion le professeur Miletich. Celui-ci, parlant des massacres bulgares de la Thrace perpétrés en 1913 par les Turcs, disait:

« *Il a été recommandé aux agents turcs de ramasser les cadavres des femmes et des hommes massacrés par les Turcs, de changer leurs habits, de les revêtir à la turque. L'opération était supervisée par l'Imam Ismail, membre du Conseil municipal d'Andrinople, qui plus tard, s'est confié à moi...* »[210]

N'est-ce pas le même procédé que pratiquent encore de nos jours les autorités turques qui découvrent des ossements « *turcs* » dans les ravins, dans les vallées, dans les cavernes près d'Erzeroum, de Bitlis, de Mouch, de Trébizonde, de Van... où, loin des regards indiscrets, ils avaient massacré en 1915-1916 des centaines de milliers d'Arméniens déportés. Ils rougissent encore aujourd'hui, après 72 ans, de leurs crimes abominables et, pour effacer cette honte, ils ramassent les ossements des martyrs arméniens jetés en pâture aux bêtes fauves, ils les présentent avec arrogance comme les ossements des « *martyrs turcs* » -deuxième génocide des Arméniens- et érigent à leur mémoire « *des monuments de honte* », comme ils les appellent si bien. Honte pour qui? Pour les victimes qu'ils ont massacrées ou pour les bourreaux qui ont perpétré cet holocauste et qui se déguisent maintenant en victimes?

---

[209] Faïez El Ghoceïn, op. cit., pp. 44-45.
[210] Haïrenik Daily du 23 avril 1987.

V
De Talaat à Özal:
continuité

De Talaat à Özal:
continuité

A. La façade réaménagée

À l'avènement des Kémalistes au pouvoir, l'Occident crut trop vite et trop naïvement que le nouveau régime prétendument libéral et démocratique, qui s'installait triomphalement à Ankara, allait corriger les erreurs du passé et réparer les dégâts.

Il n'en a rien été et il ne pouvait en être autrement, car la façade seule avait été relativement réaménagée mais l'intérieur était resté intact.

Kémalistes et Jeunes-Turcs étaient du même bord. Imbus de la même idéologie panturque, guidés par les mêmes principes, ils oeuvrèrent dans le même sens, pour le même but.

D'ailleurs, la plupart des nouveaux dirigeants d'Ankara étaient des anciens membres du Comité Union et Progrès. Les plus hauts postes dans les services publics, les positions-clés dans l'armée, étaient détenus par des Jeunes-Turcs. Même les membres du Gouvernement étaient pour la plupart des Jeunes-Turcs. « *Le président du Parti de la Défense Nationale, fondé récemment par Kémal lui-même, est Serif Bey, l'homme de confiance de Talaat et le bourreau de milliers d'Arméniens. Il est actuellement et, pour ainsi dire, le pivot du Gouvernement d'Angora.* », écrit Omer Kiazim.[211]

L'ex-ministre des Finances jeune-turc, Djavid Bey, fut le plus écouté collaborateur de Bekir Sami à la Conférence de Londres. Yunus Nadi Bey, qui fit aussi partie de la Délégation turque à Londres était alors député de Smyrne; il dirigeait le *Yeni Gün* qui était le principal organe du Kémalisme. Le docteur Ziya Nur, considéré comme le père du néoturquisme était le conseiller privé de Youssouf Kemal, ministre des Affaires Etrangères. Ahmed Nessimi Bey, ministre des Affaires Étrangères sous le ministère Talaat, était hautement coté dans les milieux administratifs. Sami Bey qui figurait sur la liste des détenus de Malte parmi les criminels de guerre, dirigeait le service des postes et télégraphes d'Angora. L'homme qui dirigea la politique extérieure de la Turquie Kémaliste, Youssouf Kemal, avait été l'une des figures marquantes du Comité Union et Progrès. Notons en passant que le Congrès du Parti Jeune-Turc tenu à Lausanne en février 1921 s'était prononcé à l'unanimité en faveur de Mustapha Kemal et avait décidé d'appuyer sans réserve le mouvement Kémaliste. Et Mustapha Kemal

---

[211] L'aventure kémaliste, Paris, 1921, p.37.

ne s'en cacha pas: « *La Turquie aux Turcs, voilà la devise qui fut jadis la doctrine des Unionistes les plus exaltés; elle est encore celle des Nationalistes d'aujourd'hui.* » déclara-t-il au correspondant de l'*Associated Press.*[212]

De nombreuses autres figures de proue du panturquisme se trouvaient dans les rouages de l'Administration Kémaliste tels Youssouf Aktchoura, Aghaoghlou Ahmed, Husseinzadé Ali, Ziya Gökalp, Köprülüzadé Fuat, Mehmet Emin, Hamdullah Suphi, Ali Haidar, Halide Edip, Celal Nuri, Falih Rifki, Yacub Kadri et d'autres encore qui, naguère, étaient les théoriciens les plus exaltés du panturquisme et les précurseurs du pantouranisme.

« *Il n'y a, quant au fond, aucune différence de conception entre les Jeunes-Turcs qui sont partis en exil, après le désastre de 1918 et le Gouvernement d'Angora* », écrivait l'officieux *Deutsche Allgemeine Zeitung* du 29 juin 1921.

Ce journal allemand était très bien placé pour voir le vrai visage de la Turquie Kémaliste. En effet, tous les services techniques de l'État-Major Kémaliste étaient occupés par des officiers allemands, comme aux temps des Jeunes-Turcs. Le lieutenant colonel Widecke, qui faisait partie de l'ancien État-Major du général Liman von Sanders, le major Krauss qui assumait les fonctions de conseiller intime de Mustapha Kemal, le major Dreusen, le Baron von Andretten et bien d'autres encore étaient installés à Ankara. Toutes les usines qui travaillaient pour les besoins de l'armée, se trouvaient sous la direction et la surveillance d'ingénieurs allemands. Les fortifications de Kutahia et d'Eski Şehir, travaux de défense modernes contre lesquels les Grecs devaient se briser, sont un ouvrage entièrement allemand.

« *Et, lorsqu'après les premières victoires grecques il s'est agi de fortifier Angora, c'est encore à des spécialistes allemands que Kemal en remit le soin. Une usine d'aviation chargée de réparer les aéroplanes endommagés a été fondée dernièrement en dehors de la ville; c'est l'ingénieur allemand Engel Scheidemann, qui, pendant la guerre assumait une haute fonction au Ministère de la Guerre à Constantinople, la dirige actuellement. Tous les moteurs d'avion sont de provenance allemande ainsi que tout le matériel technique de l'armée Kémaliste.*

« *Et lorsque Kemal, se sentant des poussées artistiques, conçut l'idée de faire d'Angora une ville moderne, il en confia le soin à un architecte allemand de Budapest, et ce n'est pas sans fierté que les journaux allemands lancèrent la nouvelle, disant que le dit architecte se servirait*

---

[212] Cité par Omer Kiazim, op. cit. p.42.

de la ville de Berlin comme modèle de la cité à bâtir », explique Omer Kiazim.[213]

Donc, soutenu fortement par les Soviétiques, subjugué par les Allemands, fidèles alliés d'hier et collaborateurs dévoués d'aujourd'hui, sollicité chaleureusement par la France, l'Angleterre et l'Italie qui se disputaient jalousement ses faveurs, le Régime Kémaliste suivit avec plus de raffinement et plus d'expérience la voie tracée par les prédécesseurs jeunes-turcs dont il avait hérité les rapines et les larcins.

Les Kémalistes, loin de désavouer les actes criminels et les forfaits des Jeunes-Turcs, ont choisi de *« légaliser »* par des lois illégales toutes les acquisitions, toutes les escroqueries et tous les détournements que ceux-ci avaient réalisés aux dépens de leurs victimes arméniennes.

Ils ont, donc, arbitrairement confisqué tous les biens, tous les trésors que le précédent Gouvernement jeune-turc avait prétendument pris en charge provisoirement pour les restituer à leurs propriétaires ou à leurs héritiers, à leur retour de la déportation.

Mais pour ce qui est de la confiscation des biens, le Droit spécifie divers moyens de les acquérir dont le Gouvernement kémaliste n'a tenu aucun compte:

a) par la **conquête**, à la suite d'une défaite définitive de l'une des parties belligérantes, sanctionnée par la conclusion d'un traité. Mais les biens confisqués aux Arméniens n'appartenaient pas à un État ennemi.

b) par l'**occupation**, quand c'est une propriété considérée comme **terra nullius** c'est-à-dire qu'elle n'appartient à personne. Mais les biens et les terres confisqués aux Arméniens avaient leurs propriétaires légitimes.

c) par la **cession** provoquée à la suite
   1. d'une défaite militaire,
   2. d'un échange,
   3. d'une vente,
   4. d'une location,
   5. d'un plébiscite.
Mais tel n'est pas le cas des Arméniens.

d) par la **prospérité** réalisée par la valorisation d'un terrain, par la découverte d'une île, par l'assèchement de marécages, de fleuves, de mers...
Mais tel n'est pas non plus le cas des Arméniens.

---

[213] Omer Kiazim, op. cit., p.50.

e)   par la **prescription**.

D'aucuns prétendent que l'affaire de la confiscation des biens arméniens tombe sous le coup de la prescription. Ceux-ci fondent leur point de vue sur une simple question de temps seulement sans tenir compte d'autres considérations.

Il est vrai que la prescription ne possède pas encore de code précis en Droit International Public et que les règles relatives à la durée de la prescription ne sont pas encore définitivement arrêtées par les juristes.

Cependant, trois autres conditions essentielles de la prescription acquisitive sont unanimement admises par les juristes:

1.   la possession doit être **nec clam** et **nec precario**, c'est-à-dire non clandestine et non accomplie pour le compte d'autrui.

2.   la possession doit être **nec vi** en ce sens qu'elle ne doit pas être accompagnée de **violence**.

Dans le cas des Arméniens, ces acquisitions (confiscations) ne sont pas paisibles, bien au contraire, elles sont entachées de violence:

a) **faux procès:** entre janvier 1921 et décembre 1923, on a compté plus de 3500 affaires de ce genre, témoignent le Comte R. de Gontaut-Biron et L. Le Révérend et ils citent des noms.[214]

b) **déportation:** un million et demi d'Arméniens ont été déportés et spoliés.

c) **massacres:** un million et demi d'Arméniens ont été tués entre 1915 et 1916.

d) **vandalisme:** destruction et incendie des édifices, des églises, des musées.

3.   La possession doit être **ininterrompue** et non **contestée**.

Dans le cas des Arméniens, la possession a été interrompue du fait des multiples recours aux Instances Internationales et des contestations successives que les Arméniens n'ont pas cessé de faire depuis 1922.

En effet, la Juridiction Internationale a admis qu'une protestation diplomatique était suffisante pour marquer l'ininterruption. Ainsi, le fait pour le peuple arménien, sitôt le coup de force perpétré, de ne s'être jamais incliné devant le fait accompli, d'avoir sans cesse réclamé le retour dans sa patrie, la restitution de ses biens et de ses territoires usurpés, interrompt la prescription même si le facteur durée était pris en considération.

Dans cet ordre d'idée, il faut rappeler que les Arméniens se sont

---

[214] D'Angora à Lausanne. Les étapes d'une échéance. Paris, 1924, p.85.

adressés à l'Assemblée Générale de la Société des Nations déjà le 22 septembre 1922, le président A. Aharonian a protesté officiellement le 8 août 1923. Recours au Président du Conseil de la S.d.N. le 20 août 1925, au Secrétaire Général de la S.d.N. le 5 septembre 1925, le 22 novembre 1925, le 30 décembre 1925, au Conseil de la S.d.N. pour les biens confisqués en décembre 1925, au Secrétaire Général de la S.d.N. le 25 janvier 1926, le 1er juin 1926, le 2 septembre 1926, le 14 septembre 1926, le 8 mars 1927, le 5 décembre 1927, le 8 août 1928, le 2 mars 1929; à la Conférence de San Francisco en avril 1945, à la Conférence de Potsdam en juillet 1945, à la Conférence des Cinq Ministres des Affaires Etrangères réunis à Londres en septembre 1945, aux Ministres des Affaires Etrangères des Trois Grands réunis à Moscou en décembre 1945, à la Conférence de la Paix réunie à Paris en juillet 1946, ainsi qu'aux diverses instances de l'O.N.U. entre 1965 et 1986.

Il suffirait de mentionner, pour constater l'interruption de la prescription dans l'affaire de la confiscation des biens arméniens la journée de deuil et de souvenir que tous les ans, depuis 1918, entre le 15 et le 30 avril, la diaspora arménienne observe à travers le monde.

Ce jour-là, tous les établissements scolaires, commerciaux, industriels, appartenant aux Arméniens ferment leurs portes, toutes les administrations arméniennes chôment. Des affiches rédigées en plusieurs langues sont placardées sur les murs ou contre les portes des établissements fermés pour la circonstance. Tous les Arméniens se rendent à leurs églises pour se recueillir en mémoire de leurs congénères martyrs assassinés par les Turcs en 1915. Dans les écoles, dans les salles de théâtre, dans les clubs, on organise des séances commémoratives pour s'élever contre l'injustice sans nom qui a frappé durement le peuple arménien, pour réclamer que leur Cause soit entendue et que justice leur soit faite. Dans les grandes colonies arméniennes comme au Liban, en Syrie, aux États-Unis, en Amérique Latine, en France, au Canada, des monuments ont été érigés à la gloire et en l'honneur de ces victimes tombées pour le triomphe de la Liberté et du Droit.

Toute cette campagne menée avec persévérance et espoir depuis plus de soixante-dix ans reflète chez l'Arménien le refus catégorique d'avaliser le fait accompli. Ce refus latent a rejailli avec force et vigueur lors des solennités du cinquantième anniversaire du génocide. Des manifestations populaires se déroulèrent pendant plusieurs jours à Erévan, en Arménie même où le Gouvernement et le peuple unis dans le même élan, ont planté à cette occasion un million et demi d'arbres forestiers. Ils ont, par la suite, élevé un monument colossal aux martyrs du génocide où brûle sans cesse la flamme éternelle en mémoire de ceux des leurs qui ont su mourir héroïquement pour assurer la survie des générations à venir.

À Beyrouth, une foule évaluée à 85 000 personnes par le quotidien *L'Orient*[215] s'est inclinée devant le souvenir impérissable des martyrs arméniens. Assistaient à l'émouvante cérémonie S.S. Khorèn I, Catholicos des Arméniens de Cilicie, S.B. Mgr Ignace-Pierre XVI Batanian, Patriarche des Arméniens Catholiques, le Révérend Pasteur Aharonian, Chef de la Communauté Évangélique. Le Ministre de l'Intérieur, alors Takieddine Solh, représentait le Président de la République qui avait bien voulu, par ce geste, s'associer au deuil de ses fils d'origine arménienne et marquer sa participation à leur douleur.

Dans ce contexte et du point de vue juridique, il ne peut être question pour les Arméniens ni de renonciation à leurs droits ni de prescription.

S'agissait-il alors pour le Gouvernement Kémaliste d'une **expropriation**?

Si tel était le cas, toute expropriation requiert:
a)   une preuve de l'utilité publique,
b)   une décision administrative.

La preuve de l'utilité publique nécessite une enquête qui doit apporter tous les arguments et tous les éléments susceptibles de prouver le bien fondé de l'utilité publique invoquée.

Après étude du dossier, si l'Administration compétente est convaincue des preuves fournies, elle publie l'arrêt de la confiscation. Le dossier est ensuite transmis au juge foncier ou au juge de l'expropriation selon les pays, qui statuera en la matière et prononcera son verdict.

L'exproprié jouit même presque dans tous les pays, du droit de pourvoir en cassation pour incompétence, vice de forme, excès de pouvoir.

Le juge de l'expropriation fixe l'indemnité à titre définitif ou à titre provisoire, s'il y a litige sur le fond, quitte à fixer ultérieurement à titre définitif le montant de l'indemnité après avoir complété les éléments d'appréciation.

Le paiement de l'indemnité doit intervenir avant la prise de possession. Des intérêts au taux légal sont dus aux expropriés si ceux-ci n'ont pas été indemnisés, dans un délai légal généralement de trois mois.

---

[215] L'Orient du 26/4/1965.

Les terrains à bâtir, les terrains de culture, les terrains industriels, les vignes, les forêts, les prairies, les vergers... sans exception sont sujets à l'indemnisation.

Le Gouvernement Kémaliste ne peut pas se prévaloir de cette procédure dans le cas des confiscations des biens arméniens.

S'agirait-il pour lui d'une **réquisition**?

La réquisition est une opération par laquelle l'autorité administrative, en la forme unilatérale, contraint les particuliers -personnes physiques ou morales- à fournir des prestations de service, l'usage des biens immobiliers ou mobiliers, en vue de satisfaire des besoins reconnus d'intérêt public.

L'expropriation s'applique donc à la propriété des immeubles et des biens alors que la réquisition ne concerne que leur usage.

La réquisition est une procédure strictement administrative et n'implique aucun recours à l'autorité judiciaire.

Ce n'est point le cas de la confiscation des biens arméniens.

S'agirait-il d'une **nationalisation**?

La nationalisation est réalisée par un acte législatif et non par une procédure administrative conjointement avec l'autorité judiciaire comme dans le cas de l'expropriation.

Ce n'est pas non plus le cas de la confiscation des biens arméniens.

Alors par quels moyens légaux le Gouvernement d'Ankara a-t-il confisqué les biens arméniens sans recourir à aucune forme de procédure et sans verser aucune indemnité aux expropriés?

B. Légalité illégale

La loi provisoire de la gérance, par le Gouvernement ottoman, des biens des Arméniens déportés devenait caduque et juridiquement inopérante à partir de la fin de la guerre et du fait du retour des survivants de leurs lieux de déportation.

L'esprit du décret-loi relatif à cette gérance promulguée par le Gouvernement Jeune-Turc et le texte du législateur ne se prêtent à aucune équivoque là-dessus.

Le législateur Jeune-Turc qui a rédigé ce texte législatif s'est bien gardé de parler de confiscation des biens des Arméniens déportés. Il a mis en évidence, à maintes reprises, le caractère provisoire de sa Réglementation et a clairement laissé voir qu'il s'agissait en l'occurrence de la prise en charge et de la gérance de ces biens par les deux ministères de l'Intérieur et des Finances, par le truchement des commissions et des sous-commissions adéquates comptables de leur gestion aux dits ministères jusqu'à la fin de leur mandat c'est-à-dire jusqu'au retour des propriétaires déportés.

En effet, la Réglementation (Talimatnamé) du 16 mai 1915 publiée le 26 mai 1915, stipule:

« *Après qu'un village ou une ville aura été déporté, les maisons et tous les biens immeubles appartenant à la population déportée, y compris les effets qu'ils contiennent, seront fermés et immédiatement mis sous scellés par les employés autorisés par les Commissions Administratives puis ils seront pris sous protection.* »

On voit bien clairement qu'il s'agit d'abord de dresser un inventaire de ces biens et, ensuite, d'une protection à leur assurer. Il n'est point question de les confisquer ni de les mettre en vente au profit de l'État.

L'article 3 précise que « *la qualité, la quantité et les prix estimatifs des effets pris sous protection ainsi que les noms de leurs propriétaires seront inscrits en détail dans un registre; ensuite, les effets seront transportés à l'église, à l'école, au khan et aux entrepôts et seront conservés séparément de telle sorte que le propriétaire de chaque effet ne soit pas confondu...* »

Là aussi, il n'est point question ni de vente, ni de confiscation. Les effets sont pris sous protection et inscrits dans les registres au nom des propriétaires.

L'article 4 prévoit même que si le propriétaire reste inconnu, les marchandises en seront inscrites et conservées au nom du village où elles se trouvent. Ce n'est donc pas l'État qui les confisque ou se les approprie.

Même s'il se trouvait des biens mobiles qui, avec le temps, pourraient se détériorer ou des animaux domestiques qui nécessiteraient des soins réguliers, ils seraient vendus aux enchères publiques par l'entremise des commissions administratives et les recettes en seraient remises, en dépôt, à la Caisse du Ministère des Finances, au nom des propriétaires absents, s'ils sont identifiés ou au nom du village ou de la ville où ces ventes se déroulent si les propriétaires restent non identifiables.

De nombreux autres articles de cette Réglementation (articles 8, 9, 22 etc.) mettent l'accent sur la mise en dépôt au nom des propriétaires de toutes les recettes qui proviendraient éventuellement de la vente aux enchères publiques de certaines catégories d'objets ou des locations d'autres effets.

L'article 22 précise même que « *les recettes réalisées par la vente ou la location des propriétés seront remises en dépôt à la Caisse du*

Ministère des Finances, au nom des propriétaires et que par la suite, elles seront remises aux propriétaires selon des directives ultérieures. »
L'article 23 mentionne que la restitution de tous les biens des Arméniens déportés des villes et des villages se fera selon les directives de la Commission Administrative alors que l'article 29 définit la responsabilité solidaire et conjointe des membres des commissions administratives pendant la durée de leur exercice pour les opérations financières, l'administration et la conservation des biens des Arméniens déportés et, par voie de conséquence, reconnaît les droits des propriétaires absents.

Il s'agit donc d'une administration provisoire et il n'est fait nulle part allusion à une confiscation, à une expropriation ou à une dépossession.

Dans ce contexte, tout gouvernement qui aurait succédé au gouvernement Jeune-Turc de l'Union et Progrès en défection et en débandade, se trouvait dans l'obligation d'abroger cette Réglementation juridiquement en désuétude, dissoudre la Commission administrative chargée de gérer les biens des Arméniens déportés et restituer aux propriétaires survivants ou à leurs héritiers les biens pris en tutelle provisoire ainsi que toutes les recettes réalisées déposées en banque à leur nom pendant leur absence comme prévu dans la Réglementation du 26 mai 1915.

Cette Réglementation, nonobstant les garanties qu'elle offrait aux Arméniens déportés pour la restitution de leurs biens et en dépit de son caractère provisoire qui la rendait plus acceptable, n'a pas reçu un accueil favorable dans tous les milieux turcs. Le sénateur Ahmed Riza Bey l'a sévèrement critiquée et il a présenté dans ce sens un projet de loi à la session du 28 septembre 1331 (11 octobre 1915) du Sénat ottoman.

Dans les motifs d'amendement qu'il évoquait, il faisait observer que:

1   *« la période de guerre ne donne à personne le droit d'enlever à d'autres des biens meubles ou immeubles. »*

2   *« La loi provisoire qui a été décrétée deux jours avant l'ouverture du Parlement,*[216] *contredit en bien des points la Charte Constitutionnelle. »*

3   *« Elle est également incompatible avec le droit et la justice. »*

4   *« Cette loi doit, par conséquent, passer d'abord par le Parlement et n'entrer en vigueur qu'après la fin de la guerre. »*[217]

---

[216] Il s'agit de la Réglementation du 26 mai 1915.

[217] Compte-rendu de la session du 28 septembre 1331, pp. 305 et suivantes, du Sénat ottoman.

Le projet d'amendement du Sénateur Ahmed Riza Bey mourut au feuilleton du Sénat ottoman et la Réglementation du 26 mai 1915 fut mise en vigueur.

À la chute du Gouvernement ittihadiste, le Gouvernement qui lui succéda a formé une commission mixte composée d'Arméniens, de Grecs, d'Anglais et de Turcs qu'il chargea de lui présenter dans les meilleurs délais un projet de loi relatif à la restitution des biens des Arméniens déportés.[218]

La commission ne tarda pas à soumettre au nouveau Cabinet ottoman un projet de loi de 25 articles. Le Gouvernement le modifia unilatéralement sans même consulter la commission qu'il avait constituée à cette fin et promulgua une nouvelle loi de 33 articles revêtue de la signature des ministres concernés et sanctionnée par Sa Majesté Impériale le Sultan. Elle fut publiée au Journal Officiel du 8 janvier 1336 (1920). Nous en donnons ci-dessous la traduction littérale de quelques articles importants.

L'article premier de cette loi se lisait comme suit:

« *Les biens immobiliers des personnes déplacées qui avaient été enregistrés au nom du Ministère des Finances et du Trésor des Wakfs (fondations pieuses) conformément à la loi provisoire du 13 septembre 1331 (1915) et de la Réglementation du 26 octobre 1331 (1915) et qui se trouveraient encore en leur possession seront remis immédiatement et par voie administrative à leurs premiers propriétaires, s'ils sont vivants et les registres fonciers seront corrigés en conséquence.*

« *S'il y a des effets qui ne sont pas encore enregistrés au nom des caisses susmentionnées, l'enregistrement au nom du premier propriétaire demeurera inchangé et les effets lui seront restitués par les deux caisses.*

« *Si les premiers propriétaires sont morts, les biens immeubles qu'ils soient enregistrés ou non au nom des deux caisses seront remis immédiatement à leurs héritiers ou à ceux qui seront désignés. Ensuite les formalités du transfert se feront à leurs noms.* »

L'article 8 stipulait que « *les recettes réalisées par la location ou par d'autres moyens seront remises à leurs premiers propriétaires.* »

L'article 9 demandait que « *les dégâts causés aux biens, propriétés, soient réparés aux frais de ceux qui les auraient causés ou, au cas où la situation financière de ceux-ci ne le leur permettait pas sur la foi d'une enquête, le Gouvernement devait se charger des frais des réparations.* »

L'article 16 ordonnait que « *si les biens ont été vendus à des prix*

---

[218] La Renaissance N° 30 du 9 janvier 1919.

évalués moins chers que leurs prix réels ou qu'ils ont été usurpés par des individus, le manque à gagner occasionné sera à la charge des usurpateurs et si ceux-ci demeurent inconnus, c'est au Gouvernement de couvrir les dommages. »

L'article 17 était ainsi libellé:

« *Les intérêts des montants remis aux commissions administratives ou de tout autre montant encaissé par le Ministère concerné, à compter du jour du dépôt de la somme jusqu'au jour du remboursement, seront versés aux personnes qui avaient déposé ces sommes, à condition que le taux de l'intérêt fixé ne dépasse la norme légale.* »

L'article 27 arrête que les procédures intentées devant les tribunaux sont exemptes des frais judiciaires d'usage.

L'article 30 abroge la loi provisoire du 13 septembre 1331 (1915) et la Réglementation du 26 octobre 1331 (1915) relatives aux biens, aux dettes et aux droits des personnes déplacées.

L'article 33 ordonne que l'application de ce décret-loi soit confiée aux Ministères de l'Intérieur, de la Justice, des Finances, de l'Agriculture et des Wakfs.

Cependant le Gouvernement ottoman, auteur de ce décret-loi, n'a pas eu la vie longue. Il s'effrita sous la poussée chauviniste des Kémalistes et il n'a pu réaliser les réformes qu'il avait projetées. Les travaux de la Cour Martiale créée par Rescrit impérial pour juger les responsables des crimes perpétrés contre les Arméniens furent suspendus. Le décret-loi aussi qu'il avait promulgué pour la restitution des biens des déportés arméniens n'a pas été appliqué. La Chambre des députés de l'Empire ottoman se dispersa le 16 mars 1920. La Grande Assemblée Nationale de Turquie fut ouverte à Ankara le 23 avril 1920. Mustafa Kemal fut élu à la présidence de l'Assemblée et du gouvernement les 24-25 avril 1920 et il prit en main les destinées de la Turquie.

Le décret du 8 janvier 1920 ne répondait pas à toutes les attentes des Arméniens, mais malgré certaines lacunes, il constituait une amorce de réparations légales susceptible d'enclencher ultérieurement d'autres mesures plus justes et plus complètes.

Nos critiques et nos réserves se rapportent surtout aux formalités des ventes imposées par le gouvernement ittihadiste, aux expropriations arbitraires pour cause d'utilité publique et aux liquidations pour recouvrement de créances hypothécaires, souvent frauduleuses, que le décret du 8 janvier 1920 reconnaît, entérine et ratifie.

Quoiqu'il en soit, les réformes entreprises ou promises par les gouvernements ottomans successifs et éphémères qui se sont succédé après l'Armistice ne furent qu'un écran de fumée que les bourrasques des

Kémalistes panturquistes ont vite fait de dissiper.

Maintenant, deux avenues s'ouvraient devant le Gouvernement Kémaliste formé à Ankara. Il devait choisir entre la légalité et l'illégalité. S'il était honnête et juste, il ne devait pas hésiter à restituer les biens des Arméniens déportés à leurs premiers propriétaires -biens dont le Gouvernement ittihadiste avait pris en charge l'administration provisoire jusqu'à leur retour de la déportation. La justice la plus élémentaire le demandait. C'eût été un acte d'équité et de justice.

Mais il a décidé de s'embourber dans l'illégalité en décidant d'exproprier arbitrairement ses sujets arméniens, de confisquer, d'extorquer les richesses inestimables qu'ils avaient gagnées à la sueur de leur front et se les étaient transmises de génération en génération.

Un gouvernement ne pouvait pas quand même agir comme un gangster, comme un bandit de grand chemin et dépouiller ses sujets de leurs biens dont ils tenaient en main les titres dûment établis par les services fonciers compétents de l'Empire ottoman.[219]

Alors, il crut qu'il pouvait sortir de l'impasse en légiférant c'est-à-dire en s'appropriant tous les biens arméniens en « *légalisant* » l'opération-expropriation par des lois que la Grande Assemblée Nationale vota sans scrupules. Ce fut la **légalité illégale** que le Gouvernement Kémaliste consacra ainsi et derrière laquelle elle s'efforça de s'abriter.

Elle déclara nul et non avenu le décret-loi du 8 janvier 1920[220] et le 20 avril 1922, elle vota une nouvelle loi sur les biens arméniens qu'elle considéra comme «*abandonnés*» pour les confisquer plus facilement.

L'article premier de cette loi était ainsi libellé:

« *Tous les objets restés sans propriétaires, à la suite de leur absence ou de leur fuite lors de l'occupation ennemie, seront mis en vente aux enchères par le Gouvernement; tous les biens immobiles et les récoltes seront gérés par le Gouvernement, leur contrevaleur, les loyers et les autres recettes, une fois les dépenses défalquées, seront mis en dépôt à la caisse de l'État. La contrevaleur des objets et leurs biens ne seront restitués qu'à ceux qui rentreront.* »

Les motifs invoqués par le législateur kémaliste pour opérer les ventes aux enchères publiques par le Gouvernement d'Ankara reposent sur deux «*griefs*»:

---

[219] Voir en annexes deux fac-similés de ces titres, On en trouve par milliers chez des propriétaires arméniens expropriés qui attendent que justice soit faite.

[220] cf. Kavanin Mecmuasi, I, p.482 et Takvimi-vakayi N° 3747.

A. - Biens abandonnés

Le Législateur considère ces biens comme **abandonnés**. Or, les biens en question n'ont jamais été abandonnés par leurs propriétaires arméniens qui n'ont jamais cessé de les réclamer soit par eux-mêmes soit par le truchement de leurs héritiers dans le cas où ils avaient été massacrés. Nous en avons parlé plus haut. Un bien pris en charge par le Gouvernement n'est d'aucune façon un bien abandonné.

B. - Absence des propriétaires

L'absence des propriétaires que le Gouvernement invoque est une absence imposée par le Gouvernement ittihadiste avant et pendant la guerre à cause de la déportation décrétée par lui et, après la fin des hostilités, à cause des obstacles que le Gouvernement a créés intentionnellement pour forcer les survivants à quitter le pays. Cette absence incriminée n'est donc pas un acte librement posé par les propriétaires dans la plupart des cas et pour lequel ils ne peuvent pas être tenus responsables.

D'ailleurs, l'absence a toujours été de droit commun et elle ne peut en aucun cas justifier la confiscation arbitraire par l'État ni par n'importe quel autre organe, sans aucune procédure juridique prévue dans toutes les législations, sans indemnité obligatoirement payable avant l'expropriation ou la confiscation.

Pour ces raisons fondamentales, la loi du 20 avril 1922 que la Grande Assemblée Nationale de Turquie a votée pour s'approprier les biens arméniens qu'elle a faussement considérés comme **abandonnés** est **illégale**.

Dans l'intervalle, le Gouvernement ottoman avait signé le Traité de Sèvres le 10 août 1920.

L'article 144 de ce Traité stipule:

« Le Gouvernement ottoman reconnaît l'injustice de la loi de 1915 sur les propriétés abandonnées (Emvali-Métrouké) ainsi que de ses dispositions complémentaires et les déclare nulles et de nul effet dans le passé comme dans l'avenir.

« Le Gouvernement ottoman s'engage solennellement à faciliter, dans toute la mesure du possible, aux ressortissants ottomans de race non-turque, chassés violemment de leurs foyers soit par la crainte de massacre, soit par tout autre moyen de contrainte depuis le 1er janvier 1914, le retour dans leurs foyers, ainsi que la reprise de leurs affaires. Il reconnaît que les biens immobiliers ou mobiliers, qui pourront être retrouvés et qui sont la propriété desdits ressortissants ottomans ou des communautés auxquelles appartiennent ces ressortissants, doivent être restitués le plus tôt possible en quelles que mains qu'ils soient

retrouvés. Les biens seront restitués libres de toute charge ou servitude, dont ils auraient pu être grevés et sans indemnité d'aucune sorte pour les propriétaires ou détenteurs actuels, sous réserve des actions que ceux-ci pourront intenter contre leurs auteurs.

« *Le Gouvernement ottoman accepte que des commissions arbitrales soient nommées par le Conseil de la Société des Nations partout où cela sera jugé nécessaire. Chacune de ces commissions sera composée d'un représentant du Gouvernement ottoman, d'un représentant de la communauté qui se prétendrait lésée ou dont un membre se prétendrait lésé et d'un président nommé par le Conseil de la Société des Nations. Les commissions arbitrales connaîtront de toutes les réclamations visées par le présent article et les jugeront en suivant une procédure sommaire.*

« *Les dites commissions arbitrales auront le pouvoir d'ordonner:*

1. *la fourniture par le Gouvernement ottoman de la main-d'oeuvre pour tous travaux de reconstruction ou de restauration qu'elles jugeront nécessaires. Cette main-d'oeuvre sera recrutée parmi les individus appartenant aux races habitant le territoire sur lequel la Commission arbitrale jugera nécessaire l'accomplissement desdits travaux;*

2. *l'éloignement de toute personne qui, après enquête, sera reconnue avoir pris part active à des massacres ou expulsions ou les avoir provoqués; les mesures à prendre relativement aux biens de cette personne seront indiquées par la Commission;*

3. *l'attribution de tous biens et propriétés ayant appartenu à des membres d'une communauté, décédés ou disparus depuis le 1er janvier 1914, sans laisser d'héritiers, ces biens et propriétés pouvant être attribués à la communauté aux lieu et place de l'État;*

4. *l'annulation de tous actes de vente ou constitution de droits sur la propriété immobilière conclus après le 1er janvier 1914; l'indemnisation des détenteurs sera à la charge du Gouvernement ottoman sans pouvoir servir de prétexte pour retarder la restitution. La commission arbitrale aura cependant le pouvoir d'imposer des arrangements équitables entre les intéressés, si quelque somme a été payée par le détenteur actuel de la propriété en question.*

« *Le Gouvernement ottoman s'engage à faciliter, dans toute la mesure possible, le fonctionnement des commissions et à assurer l'exécution de leurs décisions, qui seront sans appel. Aucune décision des autorités ottomanes, judiciaires ou administratives, ne pourra leur être opposée.* »

Malgré l'approche positive de l'article 144 et les mesures concrètes qu'il préconise en faveur des Arméniens, André Mandelstam, docteur en droit international et membre de l'Institut de droit international, trouve qu'il présente des «*lacunes importantes.*»

«*L'article 144*, écrit-il,[221] *a malheureusement d'importantes lacunes: il est muet sur les dommages -intérêts que les victimes frustrées de leurs biens meubles ou immeubles, ont certainement le droit de réclamer des détenteurs illégitimes; il est également muet sur la question plus grave encore des indemnités à payer du chef des massacres eux-mêmes qui ont laissé dans la misère de nombreux orphelins et veuves, sans parler du préjudice causé aux nations arménienne et grecque tout entières; en outre, il n'accorde des restitutions et restaurations qu'aux seuls ressortissants ottomans.*»

Cependant, le Gouvernement d'Ankara ne tarda pas à réagir contre le Traité de Sèvres. Il mobilisa toute sa machine de propagande contre la ratification de ce document diplomatique qu'il répudia unilatéralement. La riposte des masses populaires qu'il sensibilisa fut virulente. «*... C'était plus qu'il n'en fallait pour encourager tous les espoirs des Osmanlis et provoquer chez les patriotes sincères, les officiers désoeuvrés et les unionistes impénitents, ce sursaut d'énergie que fut le mouvement nationaliste turc...*», écrit Roger Labonne.[222]

Les voisins soviétiques paraissaient pouvoir être des alliés sûrs et ... intéressés aux yeux des maîtres du Pouvoir à Ankara. Ils leur tendirent une main hésitante et ils rencontrèrent une poignée chaleureuse.

Le 24 août 1920, intervint la conclusion de l'Accord de coopération, à peine deux semaines après la signature du Traité de Sèvres, entre la République Socialiste Fédérative de Russie et la toute jeune République Kémaliste de Turquie.

Cette coopération se transforma bientôt en amitié. Les Gouvernements de la Russie communiste et de la Turquie Kémaliste signèrent à Moscou, le 16 mars 1921, un traité d'amitié et de fraternité, «*animés du désir d'établir entre eux des relations constantes et cordiales d'amitié sincère, fondées sur l'avantage réciproque*», comme indiqué dans le préambule.

L'article premier de ce Traité est très significatif:

«*Les Parties Contractantes s'engagent par principe à ne pas reconnaître les traités ou conventions internationales qui leur seraient imposés contre leur volonté. Le Gouvernement de la République Socialiste*

---

[221] La Société des Nations et les Puissances devant le Problème arménien, Paris, 1926, p.86.

[222] Revue de Paris du 1er octobre 1922, p.484.

Fédérative de Russie s'engage à ne pas reconnaître les conventions internationales concernant la Turquie qui ont été déclarées annulées par le Gouvernement National de la Turquie représenté par la Grande Assemblée Nationale... »

Il s'agissait évidemment du Traité de Sèvres, en tout premier lieu, que les Soviétiques considéraient déjà comme « *un traité de rapine* ». « *Le Traité de paix de Sèvres est un traité de rapine, le plus servile du système de Versailles. Les conditions arrêtées par ce traité ont provoqué la juste colère du peuple turc qui se souleva au nom de l'indépendance de sa patrie...* », écrivait l'Encyclopédie soviétique, 38e volume, p. 362.[223]

Le rapprochement russo-turc accrut les inquiétudes des puissances occidentales, qui n'ignoraient rien des visées soviétiques sur le Proche et le Moyen-Orient et les convoitises de Moscou sur les champs de pétrole étaient loin de s'estomper. La poussée constante de toutes les Russies vers les eaux chaudes de la Méditerranée représentait un danger de plus en plus réel avec la nouvelle alliance Kémaliste. La Turquie de Kémal ne pourrait-elle pas servir de tremplin aux agents du communisme international pour conquérir cette région vitale et névralgique pour les grandes puissances du Monde occidental?

Le spectre du bolchévisme hantait et tourmentait tous ceux qui, retranchés dans leurs chancelleries, forgeaient et façonnaient les destinées du Monde dit libre. D'où leur empressement à gagner les sympathies et la coopération d'Ankara pour endiguer les vagues mugissantes de la Révolution prolétarienne. Surenchères et courbettes honteuses devant le Gouvernement turc. Les dirigeants d'Ankara en étaient conscients. Ils étaient prêts à manger à plus d'un ratelier. Ils ne repoussaient aucune offre et ils ne dédaignaient aucune alliance.

La batterie Kémaliste résonnait très fort en France. La presse française prit majoritairement parti pour la jeune République turque et se déchaîna contre la politique de Sèvres. **Le Temps, Le Gaulois, L'Ère Nouvelle, Paris-Midi, L'Éclair, La Victoire** et tant d'autres encore se déclarèrent partisans d'une entente avec Ankara afin d'empêcher les Turcs de s'atteler au char soviétique.

Et ce fut la conclusion du fameux Accord d'Ankara (Angora), qui, au fond, ne fut pas autre chose qu'une prime au crime. Il a été signé le 20 octobre 1921 entre la France et la Turquie Kémaliste.

M. Froidevaux craignait que cet Accord « *ne soit destiné qu'à préparer de nouvelles revendications des Turcs et l'abandon de la*

---

[223] cf. Le Journal arménien Aztag du 24/2/1965.

région d'Alexandrette par la France. »[224]

Prophétie réalisée depuis déjà longtemps pour ce qui concerne Alexandrette et le Sandjak. Mais il ne s'agissait pas de l'abandon d'Alexandrette seulement. La France s'engageait à évacuer toute la Cilicie, à retirer toutes ses troupes. Elle renonçait ainsi à la protection séculaire qu'elle accordait aux minorités de l'Empire contre le transfert d'exploitation de la Société du chemin de fer ottoman et le monopole des mines et des forêts. (Article 22)

Franklin-Bouillon, le négociateur principal de l'Accord et son patron Aristide Briand croyaient candidement avoir garanti l'expansion de la culture française en Turquie, conformément aux clauses de la quatrième lettre-annexe de l'Accord. Ils n'accordèrent aucun crédit aux nombreuses interpellations au Sénat et à l'Assemblée Nationale et aux nombreuses lettres de protestation qui pleuvaient sur le Cabinet Briand. Ils ratifièrent l'Accord, mais ils n'eurent pas à attendre longtemps pour se rendre compte qu'ils avaient très mal évalué la situation en Turquie et qu'ils s'étaient lourdement trompés dans leurs calculs. Toutes les Missions françaises, toutes les écoles françaises durent plier bagage avant que le coq n'eût chanté trois fois.[225]

Le départ du Gouvernement ottoman de Constantinople, le Pacte d'amitié signé avec les Soviets, la résiliation unilatérale du Traité de Sèvres sous l'oeil complaisant des Puissances occidentales qui l'avaient signé tambour battant, la conclusion de l'Accord d'Angora au grand désespoir des minorités abandonnées et l'abolition de la monarchie ottomane par décision partagée et truquée de la Grande Assemblée Nationale, rehaussèrent considérablement le prestige de Mustafa Kémal tant à l'intérieur du pays qu'à l'extérieur et raffermirent les assises de son Gouvernement.

Désormais, le Maître de la Turquie nationaliste, qui se disait libéral et démocrate, avait les coudées franches pour liquider à sa façon les biens arméniens. Il était convaincu qu'il pouvait compter sur la lâcheté des Puissances alliées en compétition pour gagner les sympathies d'Ankara et en quête des monopoles qu'il distribuait généreusement.

Qui, dans ce contexte, oserait lui demander des comptes pour ses agissements, qui aurait à coeur de défendre les intérêts de ceux qui

---

[224] L'Asie Française, octobre 1921.

[225] Pour évaluer objectivement la situation qui prévalait en Turquie à cette époque, on pourrait consulter avec intérêt: Paul Du Véou, La Passion de la Cilicie, Paris 1954. Du même auteur, Le Désastre d'Alexandrette, Paris, 1938 et Chrétiens en péril au Moussa Dagh, Paris, 1938 ainsi que de Michel Paillarès, Le Kémalisme devant les Alliés, Paris, 1922.

avaient cru en la parole de l'Occident?

Fort du concours des circonstances si favorables, le Gouvernement Kémaliste promulgua le 15 avril 1923 une nouvelle «*loi sur les biens, dettes et créances laissés par les personnes transportées dans d'autres localités.*»[226]

Il s'agissait de nouvelles mesures attentatoires qui s'ajoutaient à la loi provisoire du 13 septembre 1915.

Au début, les mesures édictées par le Gouvernement d'Ankara ne concernaient que les «*biens abandonnés*». On était porté à croire que cela changerait au retour des ayants-droit. Mais, cette nouvelle loi du 15 avril 1923 étendit la confiscation sur toutes les propriétés des absents, quels que fussent la date, le motif et les conditions de leur absence. De surcroit, le droit de se faire représenter par des mandataires était refusé et toute procuration était déclarée d'avance non recevable.

Ainsi donc, en vertu de cette nouvelle loi, le Gouvernement turc mettait-il la main sur les dépôts bancaires, les créances, les obligations, les effets des Arméniens absents -morts ou vivants. Un article additionnel ajouté à la présente loi, après l'abrogation de l'article 9, stipule:

«*Les dispositions de la loi provisoire du 13 septembre 1331 seront également appliquées avec les modifications précédentes aux propriétés mobilières et immobilières, aux dettes et aux créances des personnes absentes ou ayant quitté le pays de quelque manière que ce soit, de celles qui se sont enfuies à l'étranger, dans les pays occupés ou à Constantinople et ses dépendances.*»

Il ressort de la présente loi que tous ceux qui sont absents lors de sa promulgation, qu'ils aient été déportés, qu'ils aient été massacrés durant leur déportation, qu'ils aient quitté le pays de leur propre gré, même en bonne et due forme, prémunis de papiers réguliers (passeports, laisser-passer ...) ainsi que ceux qui ont été forcés de s'enfuir pour une raison ou pour une autre, sont soumis sans distinction aux dispositions de la présente loi.

«*Par extension des dispositions de cette loi, le Gouvernement turc a mis également la main sur les dépôts de ces Arméniens dans les Banques turques*[227] *et les Agences des Banques étrangères et a fait opposition sur leurs dépôts transférés en Europe par ces mêmes Agences, qui, par suite, se croient obligées de ne pas les restituer à leurs légitimes propriétaires.*», lisons-nous dans la lettre que le Comité

---

[226] Voir en annexes le texte intégral de cette loi.

[227] Voir en annexes deux fac-similés de ces dépôts à la Banque Ottomane de Césarée.

Central des Réfugiés Arméniens a adressée au Secrétariat Général de la Société des Nations, le 20 août 1925.

Il est à noter que cette loi irrégulière, injuste et illégale frappait aussi les propriétés et les biens des personnes morales en dépit de l'inviolabilité dont jouissaient ces propriétés conformément à la législation qui prévalait sur toute l'étendue de l'Empire ottoman et des immunités et des privilèges que leur avait reconnus le législateur ottoman depuis des siècles.

En effet, l'article 1er de la présente loi est ainsi conçu:

« *La liquidation des biens, créances et dettes laissés par les personnes physiques et morales transportées dans d'autres localités en vertu de la loi provisoire du 14 mai 1331 (1915), est opérée par les tribunaux sur le procès-verbal qui sera dressé séparément pour chaque personne par les Commissions instituées à cet effet.* »

Étant donné que la présente loi du 15 avril 1923 est fondée sur la loi provisoire du 14 mai 1915,

Étant donné que la loi du 14 mai 1915 était déjà juridiquement périmée et caduque au moment de la promulgation de la présente loi du 15 avril 1923, du fait de la fin des hostilités et du fait du retour des propriétaires déportés survivants,

Étant donné qu'une nouvelle loi ne peut pas être promulguée pour modifier une loi périmée devenue nulle d'effet juridique,

Pour ces raisons, la loi du 15 avril 1923 sur les biens, dettes et créances laissés par les personnes transportées dans d'autres localités est illégale.

Vu que la présente loi du 15 avril 1923 ordonne de liquider les biens des personnes morales (fondations pieuses, institutions charitables, communautés, églises) en violation des lois ottomanes encore en vigueur juridiquement qui les ont constamment reconnus comme biens inviolables,

Vu que la présente loi du 15 avril 1923 porte atteinte aux droits fondamentaux et à la liberté de circulation des citoyens garantis par le Code ottoman encore en vigueur en Turquie,

Vu que la présente loi du 15 avril 1923 décrète des dispositions attentatoires aux droits essentiels des citoyens pour liquider leurs obligations, leurs primes d'assurances, leurs dépôts bancaires et cherche à les dépouiller même de leurs avoirs à l'étranger,

Le Gouvernement passe outre à ses prérogatives et à son pouvoir de légiférer au détriment des libertés et des droits inaliénables de ses citoyens et pour toutes ces raisons, la loi du 15 avril 1923 qu'il promulgue sur les biens, dettes et créances laissés par les personnes transportées dans d'autres localités est **ultra vires.**

Toutefois, le Gouvernement Kémaliste n'a pas renoncé pour autant à appliquer cette autre loi illégale et ultra vires, comme il l'avait fait par le passé.

Et ces illégalités flagrantes *« légalisées »*, ces injustices réitérées à l'endroit des victimes spoliées, n'ont porté aucune atteinte à son crédit à l'étranger!

Ses agents bien rodés ont su désarmer les diplomates occidentaux et désaxer, désorienter leur politique. Et ces hommes d'État qui naguère accusaient la Turquie d'avoir commis des crimes contre l'humanité et s'apprêtaient à lui demander des comptes, oublièrent leurs engagements solennels et révisèrent leur politique. Ils ne se souciaient plus que de barrer la route devant la percée communiste qui les obsédait et de construire un cordon de sécurité entre un communisme agressif et un capitalisme sur la défensive. Il fallait donc éloigner la Turquie de son allié russe et rendre inopérant le pacte d'amitié russo-turc à tout prix. La position stratégique de la Turquie était telle qu'elle pouvait servir de tremplin à la fois à l'impérialisme rouge et au monde capitaliste. Mustafa Kémal pourrait, dans cet état des choses, être un allié agissant ou un adversaire redoutable.

C'est dans cette conjoncture si avantageuse pour la Turquie qu'à son instigation et en collaboration étroite avec la Grande-Bretagne fut convoquée la Conférence internationale de Lausanne (30 janvier-24 juillet 1923).

L'Empire Britannique, la France, l'Italie, le Japon, la Grèce, la Roumanie, l'État Serbe-Croate-Slovène, d'une part, et la Turquie, de l'autre, *« animés du même désir de mettre fin définitivement à l'état de guerre qui, depuis 1914, a troublé l'Orient, soucieux de rétablir entre eux les relations d'amitié et de commerce nécessaire au bien-être commun de leurs nations respectives »*[228] se sont réunis pour régler les problèmes qui avaient découlé de la Guerre mondiale de 1914. Le Problème arménien figurait évidemment au coeur des discussions et pour la Turquie, c'était le point capital, prioritaire. Elle venait à la Conférence dans une position de force et elle était décidée à liquider définitivement ce problème épineux.

Le 17 juillet 1923, Ismet Pacha, président de la Délégation turque, principal artisan du Traité de Lausanne, en a donné un avant-goût:

«... La Délégation turque a exposé au cours des réunions précédentes sa manière de voir au sujet des émigrés arméniens. Elle estime

---

[228] Préambule du Traité de Lausanne.

qu'il n'y aurait pas intérêt à y revenir.

« *Le Gouvernement de la Grande Assemblée Nationale de Turquie, sincèrement désireux de voir la concorde et la bonne entente régner entre tous les éléments de la nation, tient à ce qu'ils jouissent sur un pied de parfaite égalité de tous les droits et libertés que les lois reconnaissent aux citoyens turcs.*

« *... En acceptant de renoncer à toute poursuite, même contre les gens qui ont pris les armes contre leur patrie, le Gouvernement turc considère avoir fait preuve, aux dépens de l'ordre public, d'un esprit de tolérance et de conciliation qui n'est nullement pratiqué par d'autres États...*

« *... Qant au retour des centaines de milliers de personnes émigrées à différentes époques, c'est une question entièrement indépendante de l'amnistie et qui ne rentre pas dans le cadre des problèmes qui pourraient être résolus par la Conférence de la Paix...* »[229]

En dépit de ces déclarations aigres-douces du Chef de la Délégation turque, le Traité de Lausanne n'a pas amélioré le sort des Arméniens ottomans. Le cadre restreint de notre présente étude ne se prête pas à l'analyse détaillée de ce document diplomatique qui compte 143 articles répartis en cinq parties, cinq Conventions, un Accord, quatre Déclarations, six Protocoles et un Acte final, mais nous en retiendrons quelques articles en rapport direct avec la confiscation des biens arméniens et la déchéance civique qui a frappé les sujets ottomans arméniens.

Toutefois, nous nous en voudrions de ne pas souligner d'ores et déjà un point frustrant et juridiquement illégal pour les Arméniens. Il s'agit de l'empêchement imposé à la Délégation arménienne de franchir le seuil de la salle d'attente, où elle a fait le pied de grue longtemps, dans l'espoir d'aller plaider sa Cause devant l'Assemblée générale réunie dans la salle attenante. La Turquie opposa son veto catégorique à la présence arménienne et les Grandes Puissances se plièrent docilement à cette exigence arrogante et injuste. Ainsi l'Arménie qui avait signé le Traité de Sèvres comme puissance alliée fut exclue de cette Conférence qui, pourtant, était appelée à décider de son sort et qui a décidé pour elle mais sans elle en violation des principes sacrés du Droit international.

A. Krafft-Bonnard, parlant du Traité de Lausanne écrit:

« *Le Turc victorieux, allié du bolchévik, obligea les Puissances à*

---

[229] Procès-Verbal N° 13 de la séance du mardi 17 juillet 1923. Voir en annexes le texte intégral de cette déclaration.

capituler devant lui sur toute la ligne, si bien que le nom de l'Arménie ne figura même pas dans les 'Actes et Conventions' signés à Lausanne, les diplomates ottomans ayant refusé non seulement la mention de telle ou telle légitime revendication du peuple arménien, mais même celle de son nom. Les promesses ont été abandonnées, les engagements n'ont pas été tenus, le peuple arménien a été lâchement sacrifié, le contrat a été déchiré. L'injustice est complète. Tel est l'Acte consacré par le Traité de Lausanne. »[230]

Le Comte R. de Gontaut-Biron et L. Le Révérend, considèrent le Traité de Lausanne comme «*un acte de foi aveugle et candide en la bonne volonté turque. Ce papier est un mensonge; ils le savent. Ils savent que la civilisation turque est un mirage, les dispositions conciliantes d'Angora une fumée. N'importe, ils ont signé; eux aussi sont fatigués.* »[231]

Le Comte R. de Gontaut-Biron et L. Le Révérend avaient vu juste. Cette fumée des dispositions conciliantes d'Angora a disparu très rapidement sans laisser aucune trace derrière elle.

Au fait, les illustres diplomates signataires du Traité de Lausanne ont enterré le peuple arménien meurtri mais encore vivant et la Turquie vaincue sur les fronts mais plus victorieuse que jamais derrière les coulisses de Lausanne, où elle marchandait des actions, n'a pas même accepté qu'on inscrive une épitaphe sur la pierre tombale de sa victime. Le nom de l'Arménie n'a pas trouvé de place dans ce Traité de 143 articles. Les Grandes Puissances ont observé un silence complice et ont adopté une attitude lâche devant l'intransigeance de la Délégation turque qui avait réussi à les mettre au pas en les appâtant généreusement. La Turquie était riche en mines et minerais, elle constituait une tête de pont vers les puits de pétrole, une barrière devant le bolchévisme, elle offrait des débouchés immenses pour des investissements.

Pendant ce temps, le Gouvernement Kémaliste ne s'arrêtait pas de promulguer lois sur lois soit pour modifier ou amender des lois qui, déjà, étaient caduques, soit pour arrêter de nouvelles mesures vexatoires visant à empêcher des recours éventuels devant les tribunaux ou des réclamations légales contre ses agissements outranciers et ses actes illégaux.

Par la loi N° 1368 du 18 janvier 1925 amendée par la loi N° 1510 du 5 février 1925, le Gouvernement d'Ankara a décidé qu'après la mise en application, le 6 août 1924, du Traité de Lausanne, plus aucun bien

---

[230] Le Problème arménien, Genève, 1924, p.11.

[231] D'Angora à Lausanne. Les étapes d'une déchéance, Paris, 1924, 4e édition, p.32.

arménien ne serait confisqué et que toute confiscation intervenue après cette date serait restituée à son propriétaire.

Les autorités arméniennes suivaient de près l'évolution critique de la situation.

Le 20 août 1925, Léon Pachalian, au nom du Comité Central des Réfugiés Arméniens, adressait à Son Excellence M. Quinones de Léon, président du Conseil de la Société des Nations, une lettre dans laquelle il écrivait, entre autres:

« *Près d'un an s'est écoulé depuis la mise en vigueur du Traité de Lausanne et l'on constate avec regret que ce Traité qui, tout en omettant les droits vitaux des Arméniens, avait au moins envisagé, dans ses clauses des minorités et d'amnistie générale, une certaine amélioration de leur sort futur, n'a pas été observé. En réalité, leur sort n'a fait qu'empirer...* »

Par ailleurs, le décret N° 3753 du 13 juin 1926 a réitéré clairement qu'à partir de la mise en application du traité de Lausanne et conformément aux articles relatifs aux minorités, plus aucun bien arménien ne serait confisqué.[232]

Il s'agissait en l'occurrence des articles 37 à 44. En effet, par l'article 37 du Traité de Lausanne, « *La Turquie s'engage à ce que les stipulations contenues dans les articles 37 à 44, du Traité de Lausanne soient reconnues comme lois fondamentales, à ce qu'aucune loi, aucun règlement ni aucune action officielle ne soient en contradiction ou en opposition avec ces stipulations et à ce qu'aucune loi, aucun règlement, ni aucune action officielle ne prévalent contre elles.* »

Cependant, pour contourner ces articles qu'il avait reconnus formellement comme lois fondamentales qu'il ne pouvait pas ignorer pas même modifier ni par une loi, ni par un règlement, ni par une action officielle en contradiction avec leurs stipulations, le Gouvernement d'Ankara promulgua en août 1926 un nouveau règlement sur les biens abandonnés dont l'article premier était libellé comme suit:

« *Conformément aux clauses du Traité de Lausanne concernant les minorités, il n'y a plus lieu de pratiquer sur les biens abandonnés aucune main-mise à partir du 6 août 1340 (1924), date à laquelle le dit Traité est entré en vigueur.* »

Cet article établit:

1° qu'avant le 6 août 1924, une main-mise a été pratiquée par le Gouvernement turc sur les biens arméniens dits abandonnés.

2° que le Gouvernement turc est décidé à maintenir la main-mise

---

[232] Loutfig Kouyoumdjian, Almanach Sourp Prguitch, 1939 pp. 36-37, (en arménien).

pratiquée sur les biens arméniens entre 1915 et 1924 (6 août).

3° que le Gouvernement turc n'envisage aucune indemnisation, aucun dédomagement pour les confiscations qu'il a opérées avant l'entrée en vigueur du Traité de Lausanne.

L'article 2 de ce nouveau Réglement ouvre devant le Gouvernement turc une large porte de sortie au cas où il voudrait continuer ses actes de spoliation.

« Si la main-mise a été opérée, c'est-à-dire si l'existence d'un bien abandonné a été portée officiellement à la connaissance du Gouvernement avant le 6 août 1924, les formalités en question seront complétées. » (art. 2)

Remarquons que dans l'optique du législateur Kémaliste la main-mise signifie plutôt le signalement au Gouvernement turc de l'existence d'un bien abandonné **avant le 6 août 1924** et non pas la formalité judiciaire de la main-mise.

La forme du signalement n'est pas précisée et le Gouvernement turc peut prétendre toujours, à l'appui d'une simple dénonciation verbale ou d'une note prétendument confidentielle même anonyme, qu'il avait été informé, **avant le 6 août 1924,** de l'existence d'un bien qu'il tient à confisquer et opérer plus tard les formalités judiciaires de la main-mise.

Le Gouvernement turc serait-il jamais embarrassé de recruter des *«témoins»* ou de fabriquer des *«documents»* pour la circonstance?

Il ne serait pas inutile, croyons-nous, d'analyser sommairement les dispositions de l'article 3 aussi pour nous rendre compte des finasseries trompeuses dont se sert le législateur Kémaliste pour camoufler ses vraies intentions dans la procédure juridique qu'il préconise.

L'article 3 se lit comme suit:

« Si la main-mise a été opérée, c'est-à-dire si l'existence d'un bien abandonné a été portée officiellement à la connaissance du Gouvernement après le 6 août 1924, il sera procédé comme suit:

«a) Si le propriétaire de ces immeubles se trouve là où est situé son bien, ce bien lui sera restitué; s'il n'y est pas et s'il est représenté par un mandataire, le bien en question sera remis à ce mandataire. S'il n'a même pas un mandataire, l'État l'administrera pour compte du propriétaire d'après le droit commun. »

Pourquoi conditionner cette restitution à la résidence obligatoire du propriétaire dans la localité où se trouve sa propriété?

Est-ce interdit -alors en vertu de quelle loi?- à un citoyen turc domicilié à Adana, par exemple, de posséder des biens à Mersine, à

Kayseri, à Istanbul ou ailleurs?

« *Si le propriétaire n'y est pas et s'il n'est pas représenté par un mandataire,* dit la loi, *l'État administrera le bien pour compte du propriétaire d'après le droit commun.* »

Que signifie l'expression « *s'il n'y est pas* » dans l'esprit du législateur Kémaliste? Les motifs de l'absence ne sont pas spécifiés. S'agirait-il d'une absence définitive due au décès du propriétaire déporté et massacré ou d'une absence due au fait qu'il ne réside pas dans la localité où se trouve sa propriété?

S'il s'agit d'un propriétaire massacré ou « *disparu* », il se trouve dans l'impossibilité de désigner un mandataire. Alors, c'est l'État qui automatiquement prend en charge l'administration des biens du propriétaire « *absent* » pour les gérer, « *pour compte du propriétaire d'après le droit commun.* »

Si le législateur Kémaliste n'avait pas d'arrière-pensée, il aurait dû parler d'héritiers et d'ayants-droit au lieu de brouiller les cartes avec une exigence fantaisiste de mandataire.

Si, au contraire, il s'agit d'un propriétaire vivant, la loi en question, ni aucune autre loi, ne peuvent l'obliger à habiter la ville ou le village où est située sa propriété. Un habitant de Montréal ne pourrait-il donc pas posséder des propriétés à Toronto ou à Vancouver ou n'importe où ailleurs au Canada? Et que ferait-il alors s'il possédait plusieurs propriétés dans plusieurs localités? Quelle loi pourrait-elle l'obliger et comment à habiter toutes les villes où il est propriétaire pour lui reconnaître le droit de jouir de ses droits de propriété?

L'absence est de droit commun. La liberté de circulation est inaliénable et le législateur Kémaliste, en imposant cette exigence attentatoire de résidence ou cette contrainte de présence obligatoire se met en contradiction avec les principes essentiels du Droit international qu'il viole, il outrepasse les pouvoirs de légiférer reconnus à un Gouvernement et, de ce fait, il rend cette loi **ultra vires.**

Enfin, si, faute de mandataire, c'est l'État qui administrera le bien « *pour compte du propriétaire d'après le droit commun* », comme le stipule ce paragraphe **a**), nous sommes alors en droit de demander des comptes à l'État turc sur sa gestion de tous les biens arméniens qu'il a administrés « *d'après le droit commun* » depuis le 6 août 1924 jusqu'à nos jours et pour savoir l'usage qu'il a fait de tous ces revenus.

Le paragraphe **b** de l'article 3 dispose:

« *Si de tels immeubles abandonnés ont été réservés ou alloués aux émigrés, le prix de ces biens à la date à laquelle il en a été disposé, évalué par le Conseil Administratif en tenant compte du prix pratiqué au lieu où le bien est situé, pour les ventes au comptant des immeubles, sera versé au propriétaire.* »

Il ressort de ce paragraphe que le Gouvernement turc, au moment de la promulgation de cette loi, est en possession de registres fonciers où le Conseil Administratif a inscrit la valeur des biens en question et que ces évaluations ont été faites d'après les prix pratiqués au lieu où est situé le bien lors de la saisie, de la confiscation ou de la main-mise, en 1915-1916, avant et pendant les déportations.

Le Gouvernement turc devrait rendre publics tous ces registres, toutes ces listes afin que les transactions immobilières prescrites par cette loi fussent transparentes et que, fondées sur des estimations imaginaires et fictives que les tribunaux reconnaissent et obligent les parties à reconnaître, elles ne soient pas entachées d'illégalité.

Enfin le paragraphe **c** de l'article 3 arrête:

« *Si ces immeubles ont été vendus, le propriétaire ne peut toucher le prix de vente que dans les conditions où cette vente a été effectuée. Si le propriétaire n'y consent pas, il a la faculté de s'adresser aux Tribunaux pour obtenir un jugement en conformité du droit commun.* »

Pour donner une idée des conditions de vente des biens arméniens, il suffit de reproduire le témoignage du Consul d'Autriche à Boursa. Il s'agit d'un rapport que celui-ci a adressé à son Ambassadeur à Constantinople le 23 août 1915. Le document, inédit à notre connaissance, porte la cote Haus-Hof-und-Staatsarchivs de Vienne et il est conservé dans le karton PA-XII-209.

Le Consul écrit:

«... *Les ventes forcées se déroulèrent de la manière suivante:*

« *En dû temps, on somma les Arméniens de déclarer sitôt arrivés devant le Defterhané, qu'ils vendaient leurs maisons ou leurs terrains volontairement et que la somme qui leur était offerte correspondait à la contre-valeur de l'objet vendu.*

« *Dans le bureau où se trouvaient les fonctionnaires et quelques témoins, il y avait sur une table un sac avec de l'argent, lequel était remis au vendeur une fois les formalités remplies. L'acquéreur devait compter l'argent, signifier que tout était en règle et, selon une consigne dictée à l'avance, remettre l'argent dans le sac.*

« *À peine sorti du bureau, le vendeur se voyait délesté de son argent par des Turcs qui attendaient à l'entrée et le même sac contenant l'argent allait de nouveau servir aux ventes forcées subséquentes.*

« *Les ventes furent menées de façon si artificieuse qu'avant même d'être sortis de l'immeuble de la Defterhané, les Arméniens se retrouvaient non seulement dépouillés de leurs biens immobiliers, mais aussi de la contre-valeur minimale qui leur avait été payée...* »[233]

Il est évident que nous nous trouvons devant des ventes **querela non numeratae pecuniae** c'est-à-dire des ventes forcées à des prix imposés qui ne sont même pas payés aux propriétaires-vendeurs. Toutes ces transactions foncières grossièrement frauduleuses sont entachées de vices de forme et de vices de fond.

Juridiquement, ces actes sont illégaux, caduques et nuls d'effet. Si l'acte de vente est exécuté dans ces conditions illégales, il ne peut être question de vente légale mais plutôt d'escroquerie avalisée par les autorités turques.

Quant à la faculté de s'adresser aux Tribunaux que le paragraphe **c** de l'article 3 reconnaît aux propriétaires mécontents,[234] elle s'avère aussi illusoire. Voici un témoignage qui en dit long sur ce chapitre:

«... *Bientôt paraît dans le 'Yeni Adana' le texte d'une loi d'Angora prononçant, en réalité, la confiscation des biens des émigrés: autre application de la méthode turque. L'Accord d'Angora assurait la protection des biens des Chrétiens (Art. VI relatif aux droits des minorités), et Franklin-Bouillon forma lui-même une commission, dont je fais partie, pour la protection des biens des émigrés; et voici une loi qui arrive avec des airs de bonhomie et qui ignore notre commission ou qui lui dit:*

-Allez-vous en, nous confisquons tous les biens des Chrétiens que vous êtes chargés de protéger. Du reste, cette commission n'a jamais eu la faveur des Turcs. Un jour, pendant que nous siégeons, une vingtaine d'énergumènes se présentent, déblatèrent grossièrement contre la commission qui a le grand tort de ne pas admettre leur principe, à savoir que les biens des Chrétiens appartiennent aux Turcs. Ils font plusieurs réclamations, demandent, entre autres, la destitution d'un membre arménien, celui dont nous sommes le plus contents. L'un d'eux ajoute même, en face de 'l'inculpé', que si cet Arménien n'est pas destitué, sa vie sera en danger. Et à la fin, le directeur du 'Yeni Adana', chef de la meute, proclame avec éloquence qu'en ce moment, la population est calme, mais que, si on ne satisfait pas à leurs réclamations, ils ne répondent pas des troubles qui s'en suivront: Hamid Bey eut la faiblesse de nous imposer cette destitution. Les autres réclamations furent considérées comme non avenues; c'est alors qu'Angora répondit à notre désinvolture par la loi de confiscation.

---

[233] Voir en annexes le texte intégral de ce document rédigé évidemment en allemand.

[234] Voir en annexes le texte intégral de ce nouveau Réglement sur les biens abandonnés de 1926.

« *Du reste, comme la police ne nous aide nullement, contrairement à ce qui avait été réglé, les résultats obtenus par nos efforts sans cesse entravés sont très minimes: pour cent locations effectuées par nous, il y a des milliers de maisons occupées illégalement par les Turcs. De plus, à Tarsous, à Djihan etc... aucune commission ne fonctionne, de sorte que les Turcs ont pu, sans difficulté, s'emparer des maisons chrétiennes. Aussi cette commission n'est qu'un trompe-l'oeil pour l'Europe.* »[235]

Il y a mieux encore.

La Société Orosdi-Back dont le siège social se trouvait à Paris, avait loué en 1911 à S.S. Sahag II, Catholicos des Arméniens de Cilicie, le terrain appartenant à l'Église St Sdépanos incendiée par les Turcs en 1909, pour une durée de 25 ans en vue d'y construire des magasins d'une valeur de 6000 Livres Turques or. La Société Orosdi-Back devait payer un loyer symbolique de 100 Livres Turques or au Catholicos et les édifices construits devaient revenir au Catholicossat de Cilicie au terme de vingt-cinq ans d'exploitation par Orosdi-Back.

Il était également prévu qu'en cas d'incendie, les dégâts seraient réparés aux frais de la Société Orosdi-Back.

Or, depuis la première Guerre mondiale (1915), la Société Orosdi-Back n'avait payé aucun loyer au Catholicossat.

Par ailleurs, le complexe d'Orosdi-Back avait été incendié et la Société avait touché 25000 Livres Turques or de primes d'assurances.

Le Catholicossat réclamait:

1. les loyers cumulatifs impayés depuis des années;
2. sa part dans les primes d'assurances touchées entièrement par Orosdi-Back.

À cette fin, le Catholicossat avait retenu les services de Me André Boursier, 45, rue de Lyon, Paris.

Aucune suite n'a été donnée aux démarches réitérées du Catholicossat. Après quelques tentatives d'instruction, l'affaire a été renvoyée aux calendes grecques.

Un autre procès-test.

«... *Une famille syrienne, les També, possédait dans la banlieue d'Adana une propriété d'environ 2000 hectares, excellentes terres à coton et à céréales, valant quelque 150000 Livres turques papier.*

« *Depuis son départ, au moment de l'évacuation, le domaine était convoité par un riche musulman d'Adana, bosniaque d'origine, Bos-*

---

[235] Lettre du P. Alban de Lavernette, supérieur de la Mission Jésuite à Adana cf. Paul Du Véou, La Passion de la Cilicie, Paris, 1954, pp. 330-331.

nali Saleh efendi, l'un des massacreurs de 1909.

« Ce dernier se jugeait cependant trop en vue pour user personnellement du subterfuge habituel. Il s'entendit donc avec un commis greffier du tribunal, qui poursuivit les També en remboursement de 9000 Livres turques.

« Le tribunal, ainsi qu'il était prévu, fit vendre aux enchères la propriété des També que Bosnali efendi put acquérir au prix de 10000 Livres turques. »[236]

Un autre cas de **querela non numeratae pecuniae**. Pas de commentaire!

Quand le Haut Commissariat annonça que le Gouvernement turc allait accorder des compensations pour les biens des ressortissants libanais et syriens, anciennement ressortissants ottomans, M. Kamil Turkmène, alors directeur du Cabinet de Sami Solh, alors Premier Ministre du Liban, part pour Ankara en 1928 et entreprend des démarches officielles pour récupérer les biens que sa famille possédait à Adana et qui totalisaient une trentaine de titres de propriété.

Après avoir rempli toutes les formalités d'usage à Ankara, il se rend à Adana en compagnie du Premier Ministre libanais.

Quelle n'a été la surprise... désagréable de M. Kamil Turkmène quand les fonctionnaires lui montrèrent les registres fonciers et lui expliquèrent que la valeur immobilière totale de ses propriétés ne suffirait pas à acquitter les arriérés des taxes foncières que son père n'avait pas payées depuis qu'il avait quitté le pays.

Mais ces fonctionnaires bien rodés à ce genre de détournements se gardèrent certainement de dire à M. Turkmène si son père avait été légalement mis en demeure de régler ses taxes en temps dû. Ils se gardèrent certainement de dire à M. Turkmène que son père avait été empêché de payer ses taxes foncières parce que les autorités turques ne lui permettaient pas et n'avaient pas permis de rentrer à Adana, de résider à Adana, sa ville natale, et de gérer ses propriétés conformément aux lois du pays.

M. Turkmène ne se dit pas pour autant convaincu des explications que lui avaient fournies les préposés au Service foncier. Il se rendit au bureau du directeur de l'administration foncière. Celui-ci, pour compléments de commentaires, lui apprit que selon la législation mise en vigueur par la République turque, toutes les propriétés pour lesquelles les propriétaires ne payent pas de taxes pendant dix ans, sont saisies

---

[236] Gontaut-Biron, Comte R. de et Le Révérend, L. D'Angora à Lausanne, Paris, 1924, pp. 85-86.

par le Gouvernement et sont vendues aux enchères publiques.

Et le Directeur d'ajouter:

« *Je vous recommande en tant que de vieux amis, de ne pas vous fatiguer beaucoup. Retournez au Liban et acquérez de nouvelles propriétés...* »[237]

Dans de nombreux cas, les autorités turques n'ont même pas respecté le délai de dix ans et ont mis en un simulacre de vente aux enchères publiques et à de vils prix beaucoup de propriétés appartenant aux Arméniens.

Léon Pachalian, secrétaire général du Comité Central des Réfugiés Arméniens, a adressé au Secrétaire général de la S.d.N., le 5 septembre 1925, la lettre de protestation véhémente que nous reproduisons ci-dessous, contre cette injustice flagrante.

« *Genève, le 5 septembre 1925*

« *Monsieur le Secrétaire Général,*

« *Comme suite à notre lettre du 20 août dernier accompagnant notre mémoire au sujet du traitement infligé par le Gouvernement d'Angora aux Arméniens de Turquie se trouvant à l'étranger, nous avons l'honneur de vous envoyer ci-inclus la liste, parue jusqu'à ce jour dans les journaux turcs, de toutes les propriétés appartenant à ces Arméniens, lesquelles ont été mises en vente aux enchères publiques dans différentes villes de la Turquie.*[238]

« *Le silence gardé jusqu'à présent par la Société des Nations dans une affaire qui, conformément au Traité de Lausanne, relève de sa juridiction, sert d'encouragement au Gouvernement d'Angora à persévérer dans sa politique de spoliation envers nous et à l'achever par des mesures définitives.*

« *Nous vous prions donc instamment encore une fois de porter la question devant le Conseil de la Société des Nations qui est en session en ce moment à Genève.*

« *Veuillez agréer, Monsieur le Secrétaire Général, l'assurance de notre haute considération.*

Le Secrétaire Général
(Signé) *L. Pachalian*

Sir James Eric Drummond
Secrétaire Général de la S.d.N. à Genève. »

---

[237] P. Yéghiayan donne des détails intéressants sur la question dans son Histoire moderne du Catholicossat des Arméniens de Cilicie (en arménien), Antélias, 1976 pp.269 et suivantes.

[238] Voir en annexes la lettre manuscrite de L. Pachalian et la liste en question puisées aux Archives de la S.d.N., à Genève, cl.41, doc., 46089, Dos. 37912.

Ces listes non limitatives des propriétés arméniennes vendues aux enchères publiques généralement fictives représentent quand même des sommes considérables:

Smyrne	334643	LTq
Rodosto	17800	LTq
Saroukhan	54823	LTq
Trébizonde	14936	LTq
Keskine	4950	LTq
Angora	10100	LTq
Marache	12670	LTq
Total	449922	LTq

soit 4499220 frs de l'époque.

Pour avoir une idée des ventes aux enchères publiques qui se pratiquaient à l'époque et que nous avons appelées fictives, nous recourons encore une fois au témoignage du Comte Gontaut-Biron et de L. Le Révérend qui disent:

« *La bande noire ne se mit guère en frais d'imagination. Elle usa presque partout du même procédé très simple que voici: de petites gens, connues en général pour n'avoir jamais possédé quoique ce soit, déposent au tribunal une plainte en recouvrement de créance contre un chrétien émigré. Il leur suffit de jurer sur le Coran que la somme qu'ils réclament leur est réellement due, pour que le tribunal condamne sur-le-champ l'absent. Le remboursement, comme on peut le croire, se fait attendre; aussi, peu de temps après, le tribunal ordonne-t-il la vente par licitation des biens du prétendu débiteur.* »[239]

Ce témoignage accablant pour les autorités judiciaires turques est corroboré par celui de l'avocat arabe musulman Faïez El-Ghoceïn qui écrit:

« *Après l'exécution des Arméniens, le gouvernement mit la main sur tous leurs meubles et les différents objets qu'on put trouver dans leurs logis ou dans leurs magasins. Le tout fut déposé dans les églises ou dans les grandes habitations et des commissions furent formées pour procéder à la vente des objets, comme on vend les biens des personnes décédées, à la seule différence que le prix de ces biens est ordinairement remis aux héritiers alors que le prix des biens des Arméniens revient au Trésor turc.*

« *La vente eut lieu à des prix dérisoires: un tapis qui pouvait valoir une trentaine de Livres était adjugé 4 ou 5 Livres; les objets d'art étaient cédés presque pour rien. Quant à l'argent et aux bijoux, ils*

---

[239] Gontaut-Biron, Comte R. de et Le Révérend L., op. cit. p.85.

151

*furent réunis par les soins du Commandant Ruchdi Bey et du Vali
Rachid Bey; ce dernier les emporta avec lui à Constantinople pour les
remettre en personne à Talaat Bey.* »[240]

Enfin, pour ce qui est de la loi qui impose un délai de dix ans aux
propriétaires (chrétiens) absents pour régler leurs taxes foncières au
risque de voir leurs propriétés confisquées, dont faisait cas le directeur
des services fonciers turcs à Kamil Turkmène, nous affirmons qu'elle
est illégale, inconstitutionnelle et contraire aux dispositions des articles du Traité de Lausanne que le Gouvernement turc avait reconnus
comme lois fondamentales. Nous en discuterons plus loin au chapitre
de la déchéance civique.

Cette illégalité n'a pas pour autant empêché les autorités turques de
la mettre en application. Il fut un temps où les Ambassades et les
Consulats turcs ont exigé des Arméniens qui demandaient un visa de

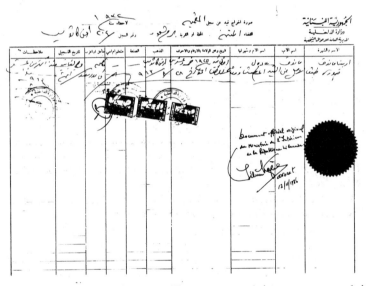

tourisme pour la Turquie un certificat comme celui que nous reproduisons ci-dessus délivré par les services compétents du liban attestant
que le requérant réside au Liban depuis plus de dix ans, qu'il a donc
quitté la Turquie depuis plus de dix ans, qu'il est citoyen libanais, sans
quoi le visa turc lui était refusé.

---

[240] F. El-Ghoceïn, *Les massacres en Arménie*, 1917, p.28.

152

Cette formalité discriminatoire avait pour but de rassurer les autorités turques que le visiteur en question ne pouvait «*juridiquement*» introduire aucun recours en justice et formuler aucune réclamation en vue de recouvrer ses propriétés.

Au fond, c'était une espèce d'acte de renonciation à ses droits fonciers que les autorités turques demandaient, par ce détour sournois, au visiteur arménien de signer!

Nous ne voudrions plus nous attarder sur l'inefficacité des tribunaux turcs de l'époque ni expliciter davantage leur partialité scandaleuse et révoltante.

Une dépêche d'Angora de l'Agence télégraphique officielle datée du 22 novembre 1927 et publiée par les journaux de Constantinople en dit suffisamment:

« *Le Gouvernement, informé que certains tribunaux donnent des arrêts favorables aux Arméniens absents, s'est assuré l'assentiment du Ministère de la Justice pour que les tribunaux ne rendent plus de telles sentences.* »[241]

Nous nous en voudrions, cependant, de ne pas mentionner un procès exceptionnel qui s'est déroulé à Ourfa ayant pour objet la récupération des domaines d'un Arménien-turc à Viranşehir et qui, comme il fallait s'y attendre, n'a pas eu la couverture qu'il méritait.

Le 6 novembre 1975, le fils de Archag Baghdassarian dénommé Saïd Yünkes en vertu de la loi turque de 1934 qui imposait la turquisation des noms de famille, a intenté un procès devant la Cour criminelle d'Ourfa pour récupérer 3240 arpents de terrain composés de quarante titres de propriété à Viranşehir, évalués aujourd'hui à 750-800 millions de Livres turques.

Viranşehir est situé au Sud de Diarbékir, à l'Ouest de Mardin et à l'Est d'Ourfa, non loin de la frontière syro-turque.

Le requérant Orhan Yünkes était dentiste de son état.

Le procès dura une dizaine d'années. Le Service foncier avait déjà reconnu au Dr Orhan Yünkes le 6/6/78 le droit de propriété sur les terrains en litige. Mais il y avait eu opposition.

Ces terrains avaient été occupés par des usurpateurs contre lesquels Orhan Yünkes avait intenté un procès.

Question d'hypothèque, question d'occupation illégale, grave litige entre le propriétaire arménien et les occupants turcs. Le tribunal a finalement tranché en faveur du requérant arménien le 20 août 1985 et

---

[241] Lettre de Léon Pachalian, secrétaire général du Comité Central des Réfugiés Arméniens adressée le 5 décembre 1927 à Monsieur le Secrétaire Général de la S.d.N.

ordonné le retour à Orhan Yünkes de ces domaines ancestraux avec les corrections requises en sa faveur dans les registres fonciers.

Le Tribunal avait rendu pour une rare fois un arrêt favorable au requérant arménien. Mais le jour même où celui-ci avait gagné sa cause, il avait été abattu par un certain Ahmet Özkan prétendument âgé de 13 ans, qui lui avait tiré six balles dans la tête, devant le Casino municipal d'Ourfa, le 20 août 1985, à 14h, comme le rapporte le

BULVAR GAZETESİ 30 LİRA KDV DAHİL

25 Ağustos 1985 Pazar Yıl:4 Sayı:1318

13 yaşında katil oldu

ŞANLIURFA (Akajans): Şanlıurfa'nın Viranşehir ilçesinde arazi anlaşmazlığı yüzünden cinayet işlendi. Nüfus kaydında 13 yaşında gözüken Ahmet Özkan adlı genç, Viranşehir'de diş doktorluğu yapan Ermeni asıllı Orhan Yünke'yi belediye gazinosu girişinde tabancayla yaylım ateşine tutarak öldürdü. Olaydan sonra yakalanan sanık, küçük yaşta elini kana buladığı için üzüldüğünü, ancak diş doktorunun ölüm fermanını kendi eliyle imzaladığını ileri sürdü. Ahmet Özkan, "Ferhant ve Hermant mezralarında 3 bin dekar arazimiz vardı. Bu araziler bize dedemden kalmıştı. Araziye Orhan amca sahip çıktı. Elimizden aldı. Sefalete sürükleneceğimizi öğrenince katil oldum" dedi.

Yetkililer, Orhan Yünke'nin Özkan ailesinin yıllardır ekip biçtiği arazinin kendine ait olduğu iddiasıyla 9 yıl önce dâvâ açtığını ve dâvâyı kazandığını, 13 yaşındaki Ahmet Özkan'ın da arazilerinin ellerinden alınmasına üzülerek cinayet işlediğini söylediler. Gözaltına alınan Ahmet Özkan gerçek yaşının belirlenmesi için Adli Tıp'a sevkedildi.

journal turc **Bulvar** du 25 août 1985 que nous reproduisons.
« *La famille a décidé et j'ai tué.* », a déclaré l'assassin présumément
mineur.

Les funérailles de la victime se déroulèrent le 25 août 1985 à l'Église
arménienne catholique de St Jean Chrysostome à Taksim.

Serait-ce un pur hasard?

Quoiqu'il en soit, la plupart des lois et des décrets votés et promulgués soit par le Gouvernement jeune-turc soit par le Gouvernement
Kémaliste relativement aux biens individuels et aux biens communautaires des Arméniens déportés, des Arméniens empêchés injustement
de rentrer au pays et de reprendre possession de leurs biens ou des
Arméniens privés illégalement de leurs droits de citoyenneté, sont
illégaux, illégitimes, souvent ultra vires et contreviennent

- aux articles 73-74 de la constitution turque que la Grande Assemblée Nationale a proclamée;
- aux articles 37-44 du Traité de Lausanne que la Turquie a reconnus
comme lois fondamentales. Et dans ce cas, aucune loi, aucun
réglement ne peuvent prévaloir contre eux.
- au Code civil ottoman aussi, qui ne reconnaît pas la prescription du
droit de propriété, même dans le cas d'un acheteur de bonne foi qui
a acheté «*la chose du 'ghasseb',* [242] *lui-même qu'il a pris pour le
véritable propriétaire, est obligé, en cas de revendication de la part
du Verus dominus, de restituer avec l'immeuble tous les fruits qu'il a
perçus. Ici, il faut prendre le mot 'fruit', dans le sens de produit et de
fruit naturel et, dans une certaine mesure, de fruits civils.* »[243]

Le Gouvernement turc devient ainsi au sens du Code civil ottoman
un «*ghasseb*» du fait de s'être emparé des biens arméniens sans droit et
de les avoir détenus sans le consentement des propriétaires et en dépit
de leurs réclamations réitérées.

Le professeur Cardahi explicite davantage ses commentaires:

«*... Cette idée qu'un individu qui a un droit de propriété ne saurait
perdre son droit parce qu'un autre a usurpé son bien longtemps, a
conduit le Medjellé à répudier la prescription acquisitive et à ne pas lui
reconnaître une existence légale. À son sens, un propriétaire légitime
doit être défendu contre les atteintes apportées à son droit par des
possesseurs irréguliers, la possession de ces derniers dût-elle remonter*

---

[242] Ghasseb est un terme juridique arabe-turc qui désigne un individu qui s'est emparé
de la chose sans droit et l'a détenue ainsi sans le consentement de son propriétaire
(Art. 881 du Code Civil ottoman).

[243] Choucri Cardahi, La possession en droit ottoman, Paris, 1926, p.14.

à des temps immémoriaux. »[244]

Donc, pas de prescription possible!

Enfin, «*indépendemment des actes signés à Lausanne, qui, en ce qui concerne les minorités nationales en pays turc, sont particulièrement précis, la simple base du droit commun et des principes généraux du droit conduirait à la conclusion que le Gouvernement turc ne peut pas traiter, fussent-ils étrangers, les habitants du territoire de telle manière que leurs biens soient arbitrairement confisqués. À plus forte raison, ne peut-il en être ainsi des biens des minorités nationales, qui doivent être particulièrement protégées sur le territoire où la domination turque les a trouvées et doit leur permettre de se maintenir, ce qui implique qu'elle doit les y laisser vivre avec toutes les conditions de la vie, dont la propriété la première et toutes les conséquences naturelles de l'habitat, dont le respect des droits acquis non seulement en valeur mais en substance est le premier.* », écrivait l'éminent juriste Albert de Lapradelle.*[245]

C. Insécurité: Exode forcé

La campagne de charme orchestrée par les agents Kémalistes à l'étranger, surtout en Europe, était doublée à l'intérieur d'une Turquie déstabilisée, abandonnée à la vengeance et à la justice des Kémalistes en course, d'une campagne d'intimidation, de répression et de persécution à l'endroit des minorités, tout particulièrement à l'encontre des Arméniens.

«*Selon des données non encore complètes, à la suite de la guerre arméno-turque dans les zones occupées par les Turcs, le nombre des victimes était environ de 198000 personnes; les effets spoliés et détruits par les Turcs étaient estimés environ 18 milliards de roubles-or.* »[246]

«*Ayant reçu de Moscou 70 millions de roubles, 30 avions, 20 automobiles blindées, 400 camions automobiles,* écrit Paul Du Véou,[247] *Mustafa Kemal porta vers le front de Cilicie et vers les fronts d'Ismid et de Smyrne les troupes qui gardaient jusqu'alors la frontière arménienne.* »

C'était maintenant au tour de l'Occident de jouer. Les Grands rivalisèrent de courbettes et d'avances généreuses pour mériter les

---

[244] Choucri Cardahi, op. cit. p.39.

[245] Consultation sur la confiscation des biens arméniens, Paris, 1929, p.30.

[246] Encyclopédie Historique Soviétique, 1961, I, page 748.

[247] La Passion de la Cilicie, Paris, 1954, p.249.

égards de la Grande Assemblée d'Ankara dont ils avaient l'air de quémander des certificats de bonne conduite. La Grande Loge d'Italie a fait parvenir 750000 lires à la Grande Assemblée pour subvenir aux frais occasionnés par la guerre contre les propres alliés de l'Italie. A. Briand a télégraphié au Haut Commissaire, à Beyrouth, le 5 janvier 1922, de livrer au Gouvernement nationaliste d'Ankara:

10 avions Bréguet munis de 10 moteurs de rechange et de 10 tentes;
        10000 fusils Mauser;
        10000 tenues kaki neuves;
        10000 chaussures;
        2000 chevaux;
le matériel de la station télégraphique d'Adana.

«... Entre autres 100000 fusils Mauser furent livrés à Alexandrette, 2500 tonnes de munitions... dont remise fut faite aux Turcs par les services compétents de l'armée française.»[248]

Toutes ces «*donations*» en armes, en munitions et en argent liquide ont rendu les Kémalistes plus forts et plus agressifs.

«*Le 21 janvier 1920, Marache est attaquée. À midi précis,* raconte un témoin, le R.P. Materne Muré, supérieur du couvent et curé de la paroisse des Pères Franciscains de Terre-Sainte, *le commissaire de police tira en l'air cinq coups de révolver dans une rue voisine du couvent. C'était le signal convenu. Aussitôt je vois de la fenêtre du couvent un rassemblement se former sur la plate-forme de la citadelle située en face de moi. C'était la bande des insurgés. Ils font, sous le commandement de sergents de gendarmerie, quelques exercices en brandissant leurs fusils; puis, comme des forcenés, ils se lancent en ville pour attaquer les 'ghiavours'* (dénomination que les Turcs donnent aux chrétiens et qui veut dire: infidèle). *Toute la population turque de Marache courut aux armes et se mit à faire pleuvoir des milliers de balles sur les maisons chrétiennes. Les premières victimes furent des Français, de pauvres poilus, qui, ne soupçonnant rien, étaient allés au marché avec leurs chariots. Six d'entre eux tombèrent frappés par des balles, tirées par des agents de police. Partout les sentinelles françaises étaient en butte à ces balles traîtresses; plusieurs de ces soldats furent tués, entre autres ceux qui étaient de faction à la porte du couvent et à l'entrée de l'hôpital. Une patrouille française de cinq hommes fut égorgée dans un cimetière turc. Des compagnies de soldats, qui, à cause de la révolte inattendue, durent à la hâte changer de cantonnement, furent obligées de passer devant les créneaux des maisons*

---

248 R. de Gontaut-Biron et L. Le Révérend, op. cit., p.98.

turques du quartier Qaïa-Cache et plusieurs d'entre eux, parmi lesquels des officiers trouvèrent la mort. Le dirai-je? Un pauvre poilu, soldat de liaison au bureau de la Poste turque, eut les parties sexuelles coupées et en les lui mettant dans les mains, les Turcs lui dirent:'Voilà ton courrier, va le porter à la Place!'. Le malheureux eut une mort atroce; il expira six jours plus tard... Pendant vingt et un jours, Marache sera un enfer...»[249]

Toutes ces horreurs semaient la terreur et la panique. Les nouvelles alarmantes qui se répandaient comme une traînée de poudre n'étaient pas pour apaiser les justes appréhensions et les inquiétudes des minorités abandonnées, de plus en plus gravement menacées.

Devant cette situation lamentable le Général Dufieux, commandant la 1ère Division du Levant, écrivait le 5 mai 1920, à Monsieur le Colonel chef du contrôle administratif de Cilicie, à Adana:

«*1. la France qui a beaucoup fait pour les Arméniens n'a pris à aucun moment ni vis à vis de qui que ce soit, l'engagement de garantir dans tous les cas et dans toute la Cilicie, la vie et les biens de tous les Arméniens...*

«*4. Je me rends compte, autant que quiconque du danger qui menace Hadjine, mais évoquer 'l'extermination de 8000 Arméniens' ne me donne malheureusement pas les moyens d'aller les secourir.*

«*5. Je déclare nettement que je n'ai pas, en ce moment la possiblité de débloquer Hadjine...*»[250]

Sur qui allaient-ils compter les Arméniens pour continuer leur vie en Cilicie menacée de guerre civile et de luttes armées?

Déjà, en refusant les dispositions de l'Accord de Londres que les Trois Grands leur soumettaient le 9 mars 1921, les Kémalistes avaient fait parvenir au Général Dufieux, à Adana, leurs contre-propositions dont l'article premier stipulait que «*les Kémalistes se réservent le droit de reprendre les hostilités sous préavis d'un mois*», alors que l'article trois dictait que «*les populations turques ne seront pas désarmées.*» Par contre, l'article quatre demandait aux Français d'évacuer «*la Cilicie dans le délai de huit jours au lieu d'un mois...*». De surcroît, la France devait «*renoncer aux garanties envisagées en faveur de ses écoles.*»

La sécurité en Cilicie, ne tenait plus qu'à un cheveu!

Le 19 mars 1921, parallèlement aux Accords de Londres, S.S. le

---

[249] Michel Paillarès, Le Kémalisme devant les Alliés, Constantinople-Paris, 1922, pp. 110-111.

[250] Armée du Levant, 1ère Division, Service des Renseignements, N° 1004 R.

Catholicos de Cilicie, dans une lettre adressée au Ministre des Affaires étrangères de France, attirait son attention sur les dangers de l'évacuation et de l'insécurité qui en découleraient. Faut-il ajouter que le Ministre des Affaires étrangères était déjà conscient de l'imminence du danger? « *Partir, partir après avoir amené là ce qui restait d'Arméniens non massacrés, partir après ce qui s'est passé pour les Syriens, savez-vous ce que cela veut dire?* », demandait-il à Ernest Lafon, qui insistait sur l'évacuation immédiate et il lui répondait de suite: « *Cela signifie que des centaines de milliers d'hommes, de femmes et d'enfants seront massacrés parce que le drapeau français leur aura manqué.* »[251]

Et le drapeau français a vite cessé de flotter... Même les Turcs étaient conscients du danger imminent.

Abdurrahman, le gouverneur turc d'Adana, avait souligné, à son tour, cette insécurité et ce danger dans une lettre du 7 octobre 1920 adressée au Ministre turc de l'Intérieur du Gouvernement central de Constantinople. Il avait écrit entre autres:

« *Dans les conditions actuelles, le jour où les Français appliqueront le Traité de paix ici, cela constituera le jour le plus noir du Vilayet. Les Kémalistes vont entrer dans la ville quelques heures après l'évacuation française et un effroyable massacre commencera avec toutes les horreurs...* »[252]

Mais rien n'ébranla la volonté ferme des partisans de l'évacuation immédiate. Le Quai d'Orsay ne parut pas s'émouvoir de ces mises en garde. Le Cabinet Briand ratifia l'Accord d'Ankara le 1er novembre 1921 et la Grande Assemblée Nationale, le 4 novembre.

La conséquence immédiate de cet Accord fut l'évacuation précipitée de la Cilicie.

Le 5 novembre 1921, la Délégation arménienne remit une note au Ministre des Affaires étrangères de France dans laquelle on pouvait lire notamment:

« *Notre Délégation a le devoir de signaler à Votre Excellence la grande anxiété qui s'est manifestée dans le monde chrétien et arménien, à la nouvelle de l'accord franco-turc, qui comporte l'évacuation prochaine de la Cilicie par les forces françaises.*

« *D'après les renseignements qui nous parviennent de tous côtés, cette angoisse ne fera qu'augmenter quand les clauses de cet accord seront mieux connues en Cilicie et dans les pays où elles n'ont pas encore été publiées. Déjà, rien que l'annonce d'un pareil accord avait*

---

[251] Débats à la Chambre, séance du 24 juin 1920.

[252] Paul du Véou, La Passion de la Cilicie, nouvelle édition, Paris, 1955, p.396.

suscité une grande et pénible inquiétude à Constantinople où les autorités patriarcales se sont empressées de remettre, dès le 14 octobre, au Haut-Commissaire de la République, un mémoire collectif pour exprimer leurs craintes, mémoire qui a dû être transmis au département de Votre Excellence...

« Les habitants chrétiens et même beaucoup de musulmans anti-kémalistes qui ont tous demandé le mandat français en Cilicie, auront donc lieu d'être on ne peut plus inquiets du retour des Kémalistes qui ont, dans des circonstances antérieures, à Marache, Sis, Zeitoun et ailleurs, fait preuve de cruauté à l'égard de paisibles et innocentes populations. »

Et la note de conclure:

« En présence de cette situation alarmante, où déportations, persécutions et massacres sont à prévoir, en raison surtout que la majorité actuelle de la population est chrétienne et arabe et que les Kémalistes voudront les réduire, notre Délégation toujours soucieuse d'apporter son concours à l'oeuvre des autorités françaises, ne peut que faire un suprême appel au Gouvernement de la République et le supplier de ne pas permettre en ce moment l'entrée des troupes Kémalistes en Cilicie et de remettre l'exécution de cet accord à la conclusion prochaine de la paix avec la Turquie. »

Les Chefs des Trois Communautés arméniennes ne tardèrent pas à réagir à leur tour. Ils s'adressèrent directement à Monsieur le Haut-Commissaire de la République française à Constantinople, le 14 novembre 1921.

« Malheureusement, aux termes de l'accord intervenu entre le gouvernement de la République française et celui d'Angora, lisons-nous dans ce mémoire, *les Forces françaises se retireront de la Cilicie dont l'évacuation prive ainsi les survivants des déportations de la protection sur laquelle ils étaient en droit de compter.*

« Les grands dangers résultant de l'application de cette mesure et sur l'évidence desquels nous n'avons pas manqué à plusieurs reprises d'attirer l'attention la plus sérieuse de Votre Excellence viennent d'apparaître aux yeux des populations de la Cilicie dans leur imminence tragique. Ces Arméniens ont subi les évènements de 1915 dont le triste souvenir a été entretenu dans leur esprit par les massacres subséquents de Marache, de Hadjine, de Zeitoun, de Marsifoun, etc... Ils savent que leur service aux côtés des Alliés, et surtout, tout dernièrement, aux côtés des Français, leur a attiré la haine inexorable des Turcs. Et d'ailleurs Votre Excellence appréciera certainement combien sont fondées la répugnance et les appréhensions instinctives des Arméniens

de Cilicie à passer sous la domination d'un pays qui est actuellement à l'état de guerre et qui puisera dans cette circonstance des prétextes opportuns pour assurer les succès de sa politique et de ses plans anti-arméniens bien connus: appel sous les armes, taxes d'exonération, réquisitions, déportations pour raisons militaires etc., tous prétextes à persécution contre lesquels l'Accord du 20 octobre n'offre aucune garantie. Ils viennent donc spontanément de prendre, poussés par l'instinct de conservation, la décision d'émigrer encore une fois en masse de leur patrie, où ils venaient de se créer de nouveau un rudiment d'existence sous l'égide de la France...»

Le mémoire portait les signatures du Chef de la Communauté arménienne protestante, du Locum Tenens du Patriarcat arménien catholique et du Patriarche des Arméniens.

Les inquiétudes formulées par les trois Chefs spirituels de la Communauté arménienne étaient bien fondées. La tension montait chaque jour de plusieurs crans. La situation était explosive.

Sous le titre si révélateur de «*Allez-vous-en*», le journal turc *Tedjeddud,* organe dirigé par Tchinguiané Ibrahim, l'un des principaux fauteurs de troubles pendant l'occupation française, publiait l'article suivant dans son numéro du 14 novembre 1921, à peine trois semaines après la signature de l'Accord d'Angora. La virulence en est rarement égalée.

« *Traîtres, qui avez transformé le pays en un amas de ruines, qui avez voulu anéantir notre patrie en vous livrant à des atrocités renouvelées de l'Inquisition et même de Néron, criminels assasins, loups, allez-vous-en d'ici! Infâmes, qui avez éteint nos foyers, qui vous êtes joués de notre existence, qui avez été les fourriers du capitalisme et de l'impérialisme européen, allez-vous-en!*»

La tension était à son paroxysme. Le 26 novembre 1921, la Grande Assemblée nationale d'Ankara vota à l'unanimité et au milieu du plus grand enthousiasme, le projet de loi suivant proposé par Djelaleddine Arif Bey:

«*Art. 1er. -Les prérogatives et les droits particuliers ainsi que les privilèges accordés aux minorités, en tous temps et en tous lieux, par nos grands padichahs*[253] *sont entièrement abolis.*

«*Art. 2 - Aucun droit particulier ou privilège n'est donc reconnu aux minorités, à l'exception de ceux qui leur ont été reconnus par le Missaki Milli (Pacte national) et ceux qui ont été stipulés dans les conventions passées entre le Gouvernement de la Grande Assemblée*

---

[253] Padichah veut dire en turc roi.

nationale et les Gouvernements de certaines puissances. »[254]

Les minorités étaient ainsi privées, d'une part, de la protection des Forces françaises qui pouvaient encore assurer éventuellement leur sécurité collective sur le terrain et, de l'autre, de certaines garanties que des lois ottomanes leur avaient reconnues au cours des siècles. Les carcans augmentaient leur pression et l'étau se serrait de plus en plus autour des Arméniens délaissés.

Plus encore!

La Grande Assemblée nationale abolit la Monarchie, sous la contrainte des extrémistes, le 1er novembre 1922 et le Sultan quitta son palais le 17 novembre 1922 à bord d'une ambulance anglaise et un croiseur britannique l'amena à San Remo où il se réfugia jusqu'à sa mort, en 1926.

Tous ces événements contribuèrent largement à intensifier la terreur des minorités déjà durement éprouvées.

L'alerte avait sonné depuis longtemps, mais l'Europe lasse de se battre, se sentait épuisée, à bout de forces. Devant les cris d'alarme et les appels de détresse réitérés des Arméniens et d'autres minorités, elle affichait son impotence.

Le 10 mai 1922, quand l'honorable T.P. O'Conner interpela le Gouvernement britannique à la Chambre des Communes, le ministre de la justice Chamberlain lui répondit franchement:

«... *Les Alliés ne sont malheureusement pas à même de prendre des mesures efficaces pour protéger les minorités dans les territoires qui sont aux mains des Kémalistes...* »[255]

Pourtant les Alliés connaissaient très bien le sort malheureux que les Kémalistes avaient réservé aux minorités et le traitement inhumain auquel ils les avaient soumis n'était un mystère pour personne.

« *Les déportations et les massacres actuels en Asie Mineure sont sans précédent dans l'histoire de la Turquie. Ils dépassent comme importance ceux de l'époque de Gladstone, et même ceux qui eurent lieu en 1915. Ils ne sont pas isolés, mais systématiques, ayant pour seul mobile l'extermination complète des races chrétiennes. Ils ont été intensifiés et ont augmenté au cours des dernières semaines, depuis qu'il a été question d'armistice et de protection des minorités aux termes du traité de paix. Un fonctionnaire kémaliste important a déclaré récemment qu'au moment de la paix, il ne devrait plus rester de*

---

[254] Yeni Gün d'Ankara du 27 novembre 1921.

[255] L'extermination des Chrétiens d'Orient, Paris, 1922, p.30.

minorités à protéger et que l'erreur commise en 1915, en ne supprimant pas une fois pour toutes la chrétienté en Turquie et les Chrétiens, devait bien aujourd'hui être réparée. »[256]

Dans ce contexte, que penser de la proclamation conjointe de Franklin-Bouillon, du Général Mouheddine Pacha et de Hamid Bey du 1er décembre 1921 qui, après un préambule nébuleux sur l'Accord conclu entre la France et le Gouvernement d'Angora, proclamaient à qui voulait encore l'entendre:

« *Chrétiens de Cilicie,*

« *On vous a dit que l'amnistie restera sans effet: c'est faux. L'amnistie est totale et immédiate. Le passé est mort et oublié. Personne, absolument personne, ne peut être inquiété.*

« *On vous a dit que vous ne pourriez plus vous déplacer librement: c'est faux.*

« *L'Accord vous assure la liberté complète de vos personnes comme le respect de vos biens. Vous avez, d'ailleurs, tous reçu des passeports des autorités françaises; le Gouvernement d'Angora les respectera absolument.*

« *On vous a dit que la loi vous prendra immédiatement, par réquisition, 40 pour 100 de vos biens: c'est faux.*

« *Cette loi de réquisition, appliquée pendant la campagne de la Sakharia, est maintenant abrogée, elle n'existe plus...*

« *En outre, l'Accord stipule pour vous toutes les garanties générales assurées aux minorités dans les pays d'Europe, en vertu des traités conclus par les puissances alliées après la grande guerre.*

« *Les deux gouvernements se sont engagés d'honneur à faire respecter ces garanties. Leur parole ne vaut-elle pas mieux que celle des agitateurs qui vous poussent à fuir aujourd'hui et vous abandonneront demain après vous avoir ruinés vous et vos familles?...* »[257]

Leur parole?

Après avoir vu ce qu'ils ont vu et vécu ce qui leur a été donné de vivre, il ne serait pas difficile aux Arméniens d'évaluer à sa juste valeur la parole des Gouvernements alliés et celle du Gouvernement turc. Et quand il s'agirait de choisir entre les gouvernements qui les avaient bercés hypocritement de promesses fallacieuses qu'ils savaient d'avance ne pas pouvoir tenir et ceux que les diplomates se plaisaient à considérer comme des «*agitateurs*», qui, toutefois, étaient plus réalistes et plus sincères, le choix ne se ferait pas attendre.

---

[256] Daily Telegraph du 15 mai 1922.

[257] R. de Gontaut-Biron et L. Le Révérend, op. cit., pp. 216-217.

Pour ce qui est de la mise en garde de Franklin-Bouillon et de ses collaborateurs turcs contre les «*agitateurs*» qui les abandonneraient après les avoir ruinés, on n'a pas tardé à voir qui a ruiné les Arméniens de Cilicie et qui les a abandonnés après les avoir ruinés.

Qui des deux hommes d'État Franklin-Bouillon «*pacificateur*», qui a été le principal artisan de l'Accord d'Angora, de cet accord qui n'a été qu'un regrettable désengagement de la France en Turquie et une abdication à plus ou moins brève échéance de tous les privilèges que l'Empire ottoman avait accordés à la France, ou Ismet Inönü, le principal artisan turc du Traité de Lausanne et président du Conseil à l'époque, qui déclarait presqu'en même temps que Franklin-Bouillon:

«... *Nous sommes des nationalistes déclarés. Pour proclamer cela soit à l'intérieur, soit à l'extérieur, il n'y a plus lieu d'entretenir la moindre appréhension... Notre devoir c'est de faire des Turcs de ceux qui se trouvent dans notre patrie. Nous retrancherons et rejetterons les éléments faisant opposition aux Turcs et au Turquisme...* »[258]

Est-il intéressant de connaître comment ont réagi Franklin-Bouillon et ses compères, qui «*croyaient*» avoir sauvé la vie et les biens des Arméniens de Cilicie, au diktat du Général Noureddine Pacha?

«*Le Commandant de l'armée turque, le Général de Division Noureddine Pacha, dès son entrée dans la ville (Smyrne) a invité les habitants grecs et arméniens, sous menace d'être déportés à l'intérieur et internés dans des camps de concentration, à s'éloigner tout de suite du pays, sans être assujettis aux formalités de passeport...* »[259]

Comment ont-ils réagi Franklin-Bouillon et ses compères quand le prestigieux journal turc *Tanin* a écrit dans sa livraison du 7 mai 1924?

«*De même que le Califat, les Patriarcats orthodoxe et arménien ainsi que le Grand Rabbinat israélite doivent disparaître.* »

Après tous ces témoignages et toutes les preuves que nous venons de fournir, pourrait-on encore douter du caractère forcé et coercitif de l'exode massif des Arméniens de la Cilicie?

Il ne fait aucun doute que cet exode était voulu, provoqué et encouragé avec préméditation par les autorités kémalistes avec l'agrément et la complaisance des Puissances occidentales réduites à l'impuissance totale.

Mais le Gouvernement Kémaliste n'avait pas encore fini avec les

---

[258] Mgr. Jean Naslian, Mémoires, Vienne, 1955, T.II p.785.

[259] Extrait de la lettre du Comité Central des Réfugiés Arméniens au Secrétariat Général de la S.d.N., datée du 20 août 1925.

Arméniens. Il leur réservait une autre surprise de taille: le coup de grâce.

D. Le coup de grâce: déchéance civique

Le Gouvernement d'Ankara promulgua le 23 mai 1927 une loi spéciale à article unique qui se lit comme suit:

« *Le Conseil des Commissaires est autorisé à exclure de la nationalité turque ceux des sujets ottomans qui, au cours de la guerre pour l'indépendance, n'ont pas pris part à la lutte nationale et, restés à l'étranger, ne sont pas rentrés en Turquie à partir du 24 juillet 1923 jusqu'au jour de la promulgation de cette présente loi. Sont exceptés ceux qui, d'après les traités mis en vigueur, ont opté pour la nationalité turque.* »

En vertu de cette loi inique, trois catégories de citoyens ottomans étaient frappés de déchéance civique:

1. Ceux qui, au cours de la guerre pour l'indépendance, n'ont pas pris part à la lutte nationale;
2. Ceux qui sont restés à l'étranger;
3. Ceux qui ne sont pas rentrés en Turquie à partir du 24 juillet 1923, jusqu'au jour de la promulgation de la présente loi.

1. Cette loi inexorable ne reconnaît aucune raison valable pour justifier l'absence du citoyen qu'elle dépouille injustement de sa nationalité.

En effet, de nombreux citoyens ottomans avaient quitté le pays avant et pendant la guerre pour l'indépendance.

Ils étaient détenteurs de passeports ottomans en règle qui les autorisaient à voyager légalement et, par voie de conséquence, à rentrer au pays au terme de leur visa.

Il y en avait aussi qui pouvaient bénéficier du droit de renouveler leur visa et de prolonger leur séjour au pays d'accueil.

Tous ces citoyens ne pouvaient donc physiquement prendre part à la lutte nationale sur le terrain et leur non-participation à la guerre de l'indépendance motivée par une absence légale et légitime ne peut en aucun cas constituer un délit quelconque devant la loi.

On se demande, non sans raison, comment un gouvernement conséquent avec lui-même, en l'occurrence celui d'Ankara, peut-il autoriser ses sujets à quitter le pays, à voyager et subséquemment les punir sous l'inculpation d'avoir quitté le pays et les priver de leur nationalité?

De surcroît, le décret N° 2082 de 1338 (1922) autorisait les Turcs

non-musulmans à quitter le pays pour un temps indéterminé.
2. Sont déchus aussi de leur nationalité ceux des citoyens ottomans qui sont restés à l'étranger.

Là aussi le législateur kémaliste ne cherche point à considérer les
circonstances atténuantes susceptibles de justifier le séjour prolongé à
l'étranger de cette catégorie de citoyens, car il y en avait qui étaient
partis pour des raisons de santé et suivaient des traitements prolongés
dans des centres spécialisés, d'autres poursuivaient des études dans des
universités étrangères. Il y en avait aussi qui avaient fondé depuis
longtemps déjà des maisons de commerce à l'étranger et faisaient de
l'import-export et qui contribuaient efficacement à l'essor économique de leur pays qui, au lieu de les récompenser, les frappait de la plus
lourde peine que constitue la déchéance de leur citoyenneté.

3. Enfin, sont déchus de la nationalité turque ceux des citoyens
ottomans qui ne sont pas rentrés en Turquie à partir du 24 juillet 1923
jusqu'au jour de la promulgation de la présente loi.

La loi du 23 mai 1927 accorde donc un délai approximatif de quatre
ans aux citoyens ayant quitté le pays pour rentrer et pour régulariser
leur situation. Ce délai couvre la période qui s'étend de la signature du
Traité de Lausanne à la promulgation de la présente loi.

Mais déjà, le 17 juillet 1923, Ismet Pacha, président de la Délégation
turque à la Conférence de Lausanne, avait solennellement déclaré:

«... *En vue de contribuer à la pacification générale dans le pays, la
Délégation turque avait d'abord accepté d'accorder une amnistie complète aux habitants de la Turquie. Bien que, par l'expression 'habitants', on entendait les personnes habitant actuellement les territoires
turcs, elle a accepté ultérieurement, pour entrer dans les vues des
Délégations alliées, que les personnes ayant précédemment habité la
Turquie puissent également bénéficier de cette amnistie.*

« *En acceptant de renoncer à toute poursuite, même contre les gens
qui ont pris les armes contre leur patrie, le Gouvernement turc considère avoir fait preuve, aux dépens de l'ordre public, d'un esprit de
tolérance et de conciliation qui n'est nullement pratiqué par d'autres
États...* »

Cette déclaration officielle consignée au procès-verbal N° 13 de la
séance du mardi 17 juillet 1923 de la Conférence de Lausanne, faite au
nom du Gouvernement d'Ankara, accorde une amnistie générale à
tous les habitants qui habitaient alors la Turquie ainsi qu'à ceux qui
l'avaient habitée précémment mais qui ne l'habitaient donc plus et
renonce en même temps à toute poursuite judiciaire même contre ceux
qui avaient pris les armes contre leur patrie, à plus forte raison contre

ceux qui n'avaient pas pris part à la lutte nationale pour l'indépendance.

Par ailleurs, les articles 30 et 36 du Traité de Lausanne ayant spécifié les personnes qui cessent d'être sujets turcs, en précisant les conditions de leur changement de nationalité (Syrie, Palestine, Mésopotamie etc...), il s'en suit que les Arméniens de l'Empire ottoman qui n'entrent pas dans ces catégories, restent comme par le passé, ressortissants turcs et le Gouvernement d'Ankara est malvenu de leur contester cette qualité.

Ces Arméniens que le Gouvernement d'Ankara a reniés par sa loi du 23 mai 1927 n'ont fait l'objet d'aucun jugement et n'ont subi aucune condamnation par les tribunaux turcs. Au surplus, comme nous l'avons signalé plus haut, l'amnistie proclamée par Ismet Pacha, au nom du gouvernement d'Ankara, les couvre par l'irresponsabilité pénale.

L'article 38 est plus explicite à ce sujet:

« *Le Gouvernement turc s'engage à accorder à tous les habitants de la Turquie pleine et entière protection de leur vie et de leur liberté, sans distinction de naissance, de nationalité, de langue, de race ou de religion.*

« *Tous les habitants de la Turquie auront droit au libre exercice, tant public que privé, de toute foi, religion ou croyance dont la pratique ne sera pas incompatible avec l'ordre public et les bonnes moeurs.*

« *Les minorités non-musulmanes jouiront pleinement de la liberté de circulation et d'émigration sous réserve des mesures s'appliquant, sur la totalité ou sur une partie du territoire, à tous les ressortissants turcs et qui seraient prises par le Gouvernement turc pour la défense nationale ou pour le maintien de l'ordre public.* »

Les articles 39 et 40 du Traité de Lausanne prescrivent explicitement que les ressortissants turcs appartenant aux minorités non-musulmanes jouissent des mêmes droits civils et politiques que les musulmans. Le droit de libre circulation et d'émigration est un droit civil que toutes les législations reconnaissent dans le monde libre et l'absence ne constitue point un changement de nationalité. Quel est le pays qui n'a pas de ressortissants à l'étranger mais ceux-ci ne cessent pas pour autant d'appartenir à leur nationalité d'origine tant et aussi longtemps qu'ils n'y ont pas renoncé librement. Aucun pays au monde n'interdit à ses citoyens de voyager, de résider à l'étranger et d'y travailler si les lois du pays d'accueil les y autorisent.

Bien avant la signature du Traité de Lausanne, à l'issue d'une réunion tenue à Yénidjé le 22 novembre 1921, à laquelle ont participé

Franklin-Bouillon au nom de la France et Hamid Bey, sous-secrétaire d'État au Ministère de l'Intérieur du Gouvernement d'Ankara, un accord conclu entre ces plénipotentiaires, en présence des représentants de diverses populations chrétiennes d'Adana, de Mersine et de Tarsous, accordait «*amnistie pleine et entière à la minute même où les Turcs prendront possession de l'administration.*» et «*entière liberté à tous les Chrétiens autochtones ou réfugiés, soit de rester en Cilicie, soit de rentrer dans leur pays d'origine, soit même de revenir en Cilicie pour ceux qui avaient déjà quitté cette région.*»[260]

Le 1er décembre de la même année, Franklin-Bouillon, le Général Mouheddine Pacha et Hamid Bey, n'avaient-ils pas proclamé aussi que «*l'amnistie est totale et immédiate*» et que le Gouvernement d'Angora respectera absolument les passeports délivrés aux habitants non-musulmans?

On voit bien que les Autorités turques ont consenti au départ des sujets minoritaires tout spécialement à celui des Arméniens et elles ont étroitement collaboré avec les Autorités françaises à leur évacuation.

Cela n'a cependant pas empêché le Gouvernement d'Ankara de sommer tous les absents quels que fussent les motifs de leur absence, en vertu de la loi du 23 mai 1927, de rentrer au pays dans un court laps de temps, sous peine de les exclure de la nationalité turque.

Mais il les a empêchés de rentrer et il a pris prétexte de cette absence imposée pour les dépouiller de leur nationalité.

«*... Les autorités consulaires turques refusent de reconnaître le statut personnel des Arméniens à l'étranger et de leur délivrer des pièces de légitimation, en sorte que toutes leurs affaires de succession, de testament, de tutelle, d'émancipation etc. se trouvent en suspens.*

«*... En outre, les autorités turques s'en prennent à ceux des Arméniens qui, pendant l'occupation étrangère des territoires turcs ont été munis, par décision des autorités interalliées, de passeports de protégé spécial pour pouvoir voyager en Europe, et ne veulent pas les reconnaître comme leurs ressortissants. Est-il admissible que la protection interalliée, de caractère forcément provisoire et qui ne pouvait conférer aucune nationalité étrangère, puisse servir de motif de bannissement perpétuel et de spoliation envers ces personnes?*

«*Aucun principe n'autorise d'empêcher le retour volontaire à son foyer d'un citoyen contre lequel n'est pas intervenu un jugement et de l'obliger à abandonner sa nationalité d'origine, à moins que son pays*

---

[260] Le Courrier d'Adana du 26 novembre 1921.

natal ne soit détaché par suite d'un traité, et même dans ce cas, on leur laisse un droit d'option et la libre disposition de ses propriétés.

« Nombre de musulmans de Constantinople ont voyagé en Europe, après l'armistice, avec les mêmes passeports de protégé délivrés par les autorités interalliées, et cela, comme de juste, n'a point constitué contre eux un motif de déchéance de nationalité et de confiscation de biens. »[261]

Le Secrétaire Général du Comité National des Réfugiés Arméniens est revenu à la charge sur le même sujet. Dans sa lettre du 30 décembre 1925, adressée à Sir James Eric Drummond, Secrétaire Général de la S.d.N., il disait entre autres:

« Au commencement de décembre courant, le Consul Général de Turquie à Paris a fait afficher à l'extérieur et à l'intérieur du Consulat l'avis ci-dessous:

« Les ressortissants turcs ayant quitté la Turquie:

a) avant les hostilités,

b) sans passeport,

c) munis de passeports étrangers, et désirant régulariser leur situation, sont informés qu'ils doivent faire leur déclaration par l'intermédiaire de ce Consulat qui leur délivrera les formules nécessaires. Ces demandes seront acceptées jusqu'au 31 décembre 1925. »

« Un certain nombre d'Arméniens, qui ont des intérêts en Turquie et qui sont désireux de régulariser leur situation juridique, se sont empressés de s'adresser au Consulat turc pour remplir les formules nécessaires qui leur seraient présentées. Quelle n'a été leur surprise quand les employés du Consulat, et même le Consul Général de Turquie ont déclaré solennellement que l'avis en question ne concernait pas les Arméniens? Même ceux qui étaient munis de passeports réguliers délivrés par les autorités turques avant la guerre, ont vu leur demande repoussée. Des personnes dignes de foi, dont nous pourrions à la rigueur produire le témoignage écrit, attestent ce fait... »

Des faits du même genre s'étaient produits dans d'autres villes et d'autres pays aussi.

La mauvaise foi des autorités est évidente. Ce scénario sinistre avait déjà été planifié depuis longtemps au Congrès d'Erzeroum réuni le 23 juillet 1919, sous la présidence du Général Mustapha Kémal. Il s'agit de la Résolution N° 5 ainsi formulée:

« Le retour des émigrés dans les vilayets orientaux est strictement

---

[261] Extrait de la lettre du Comité Central des Réfugiés Arméniens au Secrétariat Général de la S.d.N. le 20 août 1925.

défendu sans la permission du Comité représentatif. Ce Comité a déjà pris en considération les endroits qui sont les plus exposés au danger; un plan sera élaboré pour assurer l'approvisionnement du peuple. Les autorités locales peuvent prendre les mesures pour les déportations des populations, sous leur responsabilité, si elles ne sont pas en état de demander les ordres du Comité représentatif. »[262]

Quoiqu'il en soit de la mauvaise foi ou de la mauvaise intention du Gouvernement d'Ankara, on se demande si **légalement** il avait le pouvoir de décréter unilatéralement, arbitrairement la dénationalisation de ses sujets arméniens soit parce qu'ils n'avaient pas regagné le pays soit parce qu'ils n'avaient pas participé à la lutte nationale pour l'indépendance.

« *C'est un principe généralement reconnu par la jurisprudence arbitrale internationale, aussi bien par les juridictions nationales, qu'une partie ne saurait opposer à l'autre le fait de ne pas avoir rempli une obligation ou de ne pas s'être servi d'un moyen de recours si la première, par un acte contraire aux droits, a empêché la seconde de remplir l'obligation en question ou d'avoir recours à la juridiction qui lui aurait été ouverte.* »[263]

C'est exactement le cas du Gouvernement d'Ankara qui s'est rendu coupable devant la Morale Internationale d'avoir empêché ses sujets arméniens de remplir l'obligation de rentrer au pays que lui-même leur imposait par une loi.

Dans ce cas, le Gouvernement d'Ankara ne peut se prévaloir de sa souveraineté pour user de son droit de légiférer en toute indépendance. Ce droit lui appartient tant qu'il n'y a pas renoncé par un acte international comme c'est le cas pour le Traité de Lausanne.

Il se peut très bien, dit la Cour Permanente de Justice Internationale *que, dans une matière qui, comme celle de la nationalité, n'est pas, en principe, réglée par le droit international, la liberté de l'État de disposer à son gré soit néanmoins restreinte par des engagements qu'il aurait pris envers d'autres États. En ce cas, la compétence de l'État, exclusive en principe, se trouve limitée par des règles de droit international.* »[264]

C'est exactement le cas de la Turquie qui avait reconnu les articles 37-44 du Traité de Lausanne relatifs aux droits et à la protection de ses minorités comme lois fondamentales et qu'elle s'était engagée confor-

[262] Paul Du Véou, op. cit., p.349.

[263] Cour Permanente de Justice Internationale N° 8, Série A., p.31.

[264] Recueil des Avis Administratifs de la Cour Permanente de la Justice Internationale, Série B, N° 4, p.24.

mément à l'article 37 à ne pas modifier, à ne pas amender, à ne pas enfreindre unilatéralement sans le consentement et l'accord des autres Puissances signataires du Traité de Lausanne et qu'elle a bafouées et violées par sa loi du 23 mai 1927.

Étant donné que la Conférence de Yénidjé du 22 novembre 1921 avait accordé l'amnistie totale et avait reconnu l'entière liberté de circulation aux minorités;

Étant donné que la Proclamation d'Adana du 1er décembre 1921 avait reconnu l'amnistie totale et immédiate ainsi que le respect absolu des passeports délivrés aux Arméniens;

Étant donné que le décret N° 2082 de 1922 avait autorisé les Turcs non-musulmans à quitter le pays pour un temps indéterminé;

Étant donné qu'Ismet Pacha, chef de la Délégation turque à la Conférence de Lausanne, avait, dans sa Déclaration du 17 juillet 1923, proclamé l'amnistie générale et avait renoncé à toute poursuite judiciaire même contre les ressortissants ottomans qui avaient pris les armes contre la Turquie;

Étant donné que par l'article 38 du Traité de Lausanne la Turquie avait reconnu le plein droit de libre circulation aux minorités non-musulmanes;

Étant donné que par l'article 37 du Traité de Lausanne la Turquie s'était engagée à ce que les stipulations contenues dans les articles 38 à 44 soient reconnues comme lois fondamentales, à ce qu'aucune loi, aucun réglement, ni aucune action officielle ne soient en contradiction ou en opposition avec ces stipulations et à ce qu'aucune loi, aucun réglement, ni aucune action officielle ne prévalent contre elles;

Étant donné que la lettre de Tewfik Kiamil Bey, en date du 20 octobre 1925, avait reconnu au nom du Gouvernement d'Ankara, l'irresponsabilité des Arméniens à raison des actes énumérés tant dans la Déclaration d'Ismet Pacha que dans le Traité de Lausanne;

Étant donné que le fait de ne pas exercer un droit pendant un temps plus ou moins long n'entraîne pas la déchéance d'après l'article 1674 du Medjellé (code ottoman);

Étant donné le principe du Droit International qui stipule que tout Gouvernement qui promulgue une loi ne peut et ne doit pas empêcher ses citoyens de s'y conformer;

Étant donné que le Droit international reconnaît que l'absence est de droit commun et n'entraîne pas la déchéance civique;

Pour toutes ces raisons, la loi que le Gouvernement d'Ankara a promulguée le 23 mai 1927 pour exclure ses citoyens arméniens de la citoyenneté turque est illégale et ULTRA VIRES.

VI
Épilogue

Épilogue

A. Un problème mal cerné

Le Problème arménien a été rarement cerné et compris dans ses dimensions historiques et juridiques réelles.

Depuis que l'Arménie a été en contact avec l'Occident, les diplomates occidentaux n'ont pas su apprécier à sa juste valeur le rôle important qu'elle aurait pu jouer dans cette région névralgique de la terre, comme trait d'union entre les civilisations occidentales et orientales et comme une tête de pont entre les deux mondes souvent en compétition pour l'hégémonie politique, économique et financière de la planète.

Le grand historien René Grousset, parlant de Hétoum, roi d'Arménie (1226-1270), à l'époque où celle-ci était en butte aux incursions des Seldjoukides et des Mongols, écrit:

« Le roi Hétoum restera l'homme qui, si l'Occident l'eût écouté, aurait pu détourner sur l'autre versant le cours de l'histoire, à l'heure où le tremblement de terre mongol, en bouleversant la face de l'Asie, permettrait aux fleuves millénaires de couler dans un sens nouveau. »[265]

Mais l'Occident ne l'a pas écouté. Ce n'était, d'ailleurs, ni la première, ni la dernière fois que l'Occident se trompait dans ses calculs politiques.

Plus près de nous, en juillet 1839, Lord Chatam avait arrêté sa ligne de conduite quand il déclarait ouvertement:

« Je ne discute avec quiconque me dit que le maintien de l'Empire ottoman n'est pas pour l'Angleterre une question de vie ou de mort. »[266] Quel interlocuteur que ce Lord Chatam!

Les diplomates français n'étaient pas moins utopistes.

« L'Empire ottoman est non seulement pour la France un champ d'activité économique, mais encore et surtout un terrain de rayonnement intellectuel et d'expansion de sa culture. Tout ce qui est arraché à la Turquie est interdit à la conquête de la langue française... », écrivait Robert de Caix.[267]

Quelques jours après la signature du Traité d'Ankara (20 octobre

---

[265] Bilan de l'histoire, Paris, 1948, p.231.

[266] Le Baron Lermot, La Turquie démasquée, Paris, 1877, p.101.

[267] Bulletin de l'Asie Française, XII, 1912, N° 141, p.516.

1921), les cinémas ne projetaient plus que des films turcs dans le Sandjak d'Alexandrette. Le drapeau français ne flottait plus sur le territoire du Hatay (nouvelle appellation du Sandjak d'Alexandrette). On l'a mis en pièces à Kirik-khan. Les soldats turcs défilaient dans les rues en chantant:

« *La neige tombe comme du son,*
Les cheveux de Kémal sont comme de la soie;
À côte de lui, les Français sont comme des chiens... »

Cette chanson est rimée en turc. Reflète-t-elle le rayonnement de la culture française en Turquie?

« *Ne pouvant se soumettre aux nouvelles lois turques, sans trahir leur mission, trop pauvres, d'ailleurs, pour payer des maîtres turcs, les congrégations fermaient leurs établissements scolaires ou hospitaliers, l'un après l'autre. Chassée, la vénérée Mère Mélanie, dont l'héroïsme, lors des massacres, enthousiasmait Barrès, chassées les Soeurs de Saint-Joseph de Lyon qui entretenaient à Adana le couvent de Béthanie avec sa belle école et son hôpital; fermé le Collège St Paul d'Adana, joyau de la Compagnie de Jésus; fermées les deux écoles que les Pères Capucins dirigeaient à Tarsous; fermés le Collège de Saint-Antoine et l'École des Soeurs de Saint-Joseph soutenus par l'Alliance française à Mersine, fermés l'orphelinat Sissouan et l'orphelinat Kélékian qui abritait onze cents jeunes gens à Deurt Yol; fermés les dispensaires, les chapelles, les églises; profanée la chapelle Jeanne d'Arc...* »[268]

Quel rayonnement pour la culture française!

Monsieur de Chapdelaine, député des Côtes-du-Nord, ne se gênera pas quand même pour répéter dans le sillage de M.A. Briand et des politiciens de son clan, à la Chambre française:

« *... Ce que les Musulmans africains ont également vu dans l'Accord d'Angora, c'est une France redevenue la grande amie et la protectrice de l'Islam...*

« *L'Accord d'Angora nous a donné une situation excellente aux yeux des Musulmans. Il est donc un grand acte national...* »[269]

Inutile de commenter les recettes de ces marchands d'illusions!

Le même opportunisme politique a prévalu aussi chez les Russes soviétiques. Le Gouvernement soviétique s'est empressé de répudier le Traité de Sèvres et l'a combattu solidairement aux côtés de ses voisins Kémalistes.

---

[268] Paul Du Véou, op.cit. p.300.
[269] Bulletin de L'Asie Française, XXII, 1922, p.267.

Il en a été de même lors de la Conférence de la Paix où les négociateurs rusés ont fait fi de tous les principes sacrés que les Alliés avaient défendus au prix de millions de victimes -soldats tombés les armes à la main sur les champs d'honneur et civils martyrs pour la Cause de la Liberté et de la Justice- et se sont comportés en marchands de fripes et en courtiers sans scrupules pour arracher des monopoles et conclure des marchés lucratifs.

Benjamin Disraeli, premier ministre de Grande-Bretagne, ne l'avait-il pas proclamé tout haut, à son tour, à la Chambre des Communes?

« Nous n'avons pas d'amis permanents, nous n'avons pas d'ennemis permanents, mais nous avons des intérêts permanents. »

Parlant de ces tractations honteuses menées derrière les coulisses de la Conférence de la Paix, William Linn Westermann, qui faisait partie de la Délégation des États-Unis, à titre de chef de la Division Orientale, a noté:

«... Entre-temps, les Géorgiens exposaient d'intéressantes affaires de manganèse. Quant aux Tartares de l'Azerbaidjan, ils parlaient de grosses affaires de pétrole surtout dans la région des gisements pétrolifères de Groszny.

« Mais les montagnes de l'Arménie n'ont pas grand'chose à offrir en échange d'un secours sinon un peuple courageux, travailleur et accablé. »

Puis il a ajouté non sans amertume mais avec franchise:

«... Mais disons tout de suite que les États-Unis sont directement responsables du triste sort de l'Arménie par suite d'une véritable dérobade... »[270]

C'est cet opportunisme qui, au cours des siècles, a aveuglé tous les faiseurs de traités et tous les négociateurs professionnels qui, par le biais de la paix et de la sécurité mondiales, étaient hantés par un esprit de conquête peu honnête à la recherche de privilèges et de monopoles. Les principes de justice, de droit et de liberté n'étaient qu'un trompe-l'oeil pour sensibiliser et leurrer les masses.

«Je reconnais que comme leader du Parti Travailliste, je luttais énergiquement pour les Arméniens, cependant, en tant que Premier Ministre de Grande-Bretagne, je ne peux, en aucun cas, lutter pour eux pour la simple raison que c'est contre les intérêts de notre patrie. », déclarait Ramsay Macdonald, en 1929, du haut de la tribune des Communes.

---

[270] Ce qui se passa réellement à Paris, Paris, 1923, p.147.

Comme on s'en aperçoit, il ne s'agit pas toujours pour les diplomates de la méconnaissance du Problème ou de l'ignorance du contexte mais plutôt de déviation calculée, de diversions préméditées, d'actes réfléchis et pervers au détriment des principes fondamentaux qu'ils prétendent défendre. Ils ne s'en cachent même pas comme cet autre ministre des Affaires extérieures. M. Couve de Murville, qui, le 30 juin 1965, en réponse au député communiste M. Ducoloné, à l'occasion du cinquantième anniversaire du génocide des Arméniens, a déclaré sans en rougir:

« *Cinquante ans après les événements dont il s'agit, on voit mal ce qui pourrait être fait dans le sens suggéré par l'honorable parlementaire.* »[271]

Et soixante et onze ans «*après les événements dont il s'agit*», que pensent et que disent les successeurs de Couve de Murville au Quai d'Orsay?

Le pléonasme des «*événements dont il s'agit*» est employé pour désigner le génocide des Arméniens perpétré par les Turcs en 1915 mais ces hommes d'État n'ont pas le courage de prononcer le mot génocide pour ne pas blesser l'amour propre de leurs amis et alliés massacreurs.

M. Jean-Bertrand Raimond, ministre des Affaires étrangères en exercice du Gouvernement Chirac, n'hésite pas à débiter du haut de la tribune de l'Assemblée nationale de Paris, à l'occasion du soixante et onzième anniversaire du génocide des Arméniens qui est resté impuni jusqu'à date à cause des ministres et des diplomates qui n'ont pas osé regarder la vérité en face et sévir contre les atteintes au Droit et à la Justice et qui, par leur couardise, ont rendu possible la répétition de pareils crimes contre l'humanité:

« *C'est en effet un très grand drame qu'a subi la communauté arménienne de l'Empire ottoman il y a 71 ans. La position du Gouvernement est fondée d'abord sur un sentiment profond de très grande sympathie et de très grande considération pour les victimes de ce drame et pour leurs familles. Ce sentiment revêt une signification particulière à la veille de l'anniversaire du 24 avril 1915.*

« *Ensuite, le Gouvernement obéit à une réaction de justice: notre pays ne saurait imputer au peuple et au Gouvernement turcs d'aujourd'hui la responsabilité du massacre des Arméniens, il y a 71 ans et encore moins apporter son soutien à des revendications menaçant l'intégrité de la République turque.*

---

[271] A. Hamelin et J.M. Brun, *La mémoire retrouvée*, Paris, 1983, p.233.

« *Enfin, notre attitude est très claire concernant certains actes dont les auteurs se réclament de la cause arménienne: le Gouvernement ne peut que condamner, avec la plus grande fermeté, les actes de terrorisme commis ces dernières années par certains groupes qui ne sauraient représenter une communauté qui a contribué, par sa culture, son labeur et son sang, à la défense, au développement et à l'épanouissement de notre pays.*

« *On ne peut pas évoquer le problème arménien sans parler de la Turquie, mais nos relations avec la Turquie ne peuvent se résumer à ce problème.*

« *Le Premier Ministre turc, M. Özal, s'est rendu à Paris, du 16 au 18 avril, pour y présider la réunion ministérielle de l'OCDE. Il a été reçu, à cette occasion, par le Premier ministre. J'ai reçu de mon côté, mon collègue turc. Ces entretiens ont permis de procéder à un examen des relations entre la France et la Turquie et ont confirmé l'amélioration, ces dernières années, des rapports entre Paris et Ankara, résultat d'une étude attentive et objective de l'évolution de la situation dans ce pays.*

« *En effet, depuis l'instauration en Turquie d'un régime civil, en décembre 1983, nul ne peut nier les progrès que le Gouvernement d'Ankara a accomplis sur la voie d'un retour à la démocratie.* »[272]

M. Jacques Chirac, président du Conseil, patron de M. Raimond, renchérit:

« *Je crois qu'il faut éviter de, sans arrêt, réouvrir les problèmes du passé, notamment dans un pays comme la France qui a connu aussi bien des malheurs de cette nature...* »[273]

Les Arméniens de France n'ont évidemment pas tardé à réagir à ces déclarations navrantes et renversantes. Le Bureau National du C.D.C.A. a publié le communiqué suivant pour protester avec véhémence contre cette nouvelle politique franco-turque, qui fait table rase des principes les plus sacrés de justice et de liberté.

« *La nouvelle politique franco-turque menée tambour-battant par le Gouvernement de M. Jacques Chirac provoque l'irritation du Comité de Défense de la Cause arménienne et de la Communauté arménienne de France.*

« *La visite de M. Vahit Halefoglu, Ministre des Affaires étrangères de Turquie en février 1987 en est le dernier chapitre. M. Jacques Chirac mène en effet depuis le 16 mars 1986 une politique délibérément anti-arménienne. Ses propos tenus lors de deux rencontres avec M.*

---

[272] Le Journal Haratch de Paris des 26-27 avril 1986.

[273] France-Arménie N° 45, avril 1986.

Özal à Paris, ceux, honteux, de M. Jean-Bernard Raimond à l'Assemblée Nationale le 24 avril 1986, la visite de M. André Giraud à Ankara pour vente d'armes à un régime de dictature, en sont quelques-unes des manifestations publiques.

« *Sacrifiant à ces rapports l'image de la France respectueuse des Droits de l'Homme et des Peuples, ainsi que toute morale politique, M. Jacques Chirac affiche ainsi son mépris du droit à la justice des Arméniens par la reconnaissance du génocide de 1915 par la Turquie et les Instances internationales.*

« *Les prétendues avancées démocratiques de M. Özal restent une tromperie que M. Chirac utilise afin de justifier ses relations avec un régime qui reste une dictature militaire où la liberté individuelle et la pluralité ethnique et culturelle sont bafouées.*

« *De plus, l'expérience commerciale désastreuse que de nombreux pays ont eue avec la Turquie et l'état de son économie laissent penser que la balance commerciale de la France et surtout sa balance des paiements ne se retrouveront pas améliorés par les échanges économiques avec ce pays.*

« *Le Comité de Défense de la Cause Arménienne considère que cette politique de rapprochement franco-turque, poursuivie en ces termes avec le soutien de l'ensemble de la majorité, ne garantit en rien que les intérêts politiques et économiques de la France soient assurés et ne peut que nuire à une solution acceptable du Problème Arménien.* »[274]

La colère du C.D.C.A. de Paris n'est que très juste et sa protestation bien fondée.

Comment Messieurs Chirac et Raimond osent-ils déclarer et nous faire croire que depuis l'instauration en Turquie d'un régime civil, en décembre 1983, le Gouvernement d'Ankara a accompli des progrès sur la voie d'un retour à la démocratie?

De quelle démocratie et de quels progrès s'agit-il au juste alors que les prisons turques regorgent de prisonniers d'opinion?

Amnistie Internationale, organisme de grande envergure et de crédibilité immense signale le 1er mars 1985 soixante deux prisonniers condamnés à mort dont cinquante deux concernent des affaires politiques.[275]

Le 17 avril 1985, Amnistie Internationale signale l'arrestation à son domicile vers le 2 avril 1985 d'Ismet Kalan, Kurde, âgé de 35 ans environ, marié et père de trois enfants. À cette occasion, un communi-

---

[274] Le quotidien Gamk du jeudi 19 février 1987, III, N° 585.

[275] Eur 44/03/85 du 4 février 1985.

qué émanant du Secrétariat International de la Section Française de Paris nous apprend:[276]

« Tant avant qu'après le coup d'État militaire de septembre 1980, Amnesty International a reçu de Turquie de nombreuses allégations de torture. L'organisation a fait état à maintes reprises de sa conviction que la torture est largement répandue et est de pratique courante dans les postes de police turcs... »

Le 10 juillet 1985, Amnesty International a reçu des informations indiquant que Bahri Gedik, Mustafa Duru, Ahmet Melek, Turan Yilmaz, Nurettin Bayram et vraisemblablement d'autres personnes ont été arrêtés à Istanbul dans les premières heures de la matinée du 1er juillet 1985 et sont détenus au secret depuis lors au quartier de la police à Istanbul. On craint qu'ils soient soumis à la torture.

« Bahri Gedik, Ahmet Melek, Mustafa Duru et Turan Yilmaz étaient membres de la direction de TOB-DER, l'association des enseignants, qui était une organisation légale jusqu'au coup d'État militaire de septembre 1980 époque à laquelle elle a été interdite au même titre que la plupart des autres organisations politiques et syndicales. Nurettin Bayram exerçait auparavant des activités au sein du syndicat des ouvriers turcs de la voirie... »[277]

Le 19 juillet 1985, Amnesty International se dit préoccupée par le sort des douze personnes, toutes membres de l'Association turque pour la paix TPA, qui ont été condamnées à huit ans d'emprisonnement en novembre 1983 et qui sont toujours incarcérées. *« Selon Amnistie Internationale, aucune des accusations portées contre les membres de la TPA, ni même les preuves fournies dans l'acte d'accusation les étayant, n'indiquent que les accusés aient usé de violence ou préconisé son usage. Amnistie Internationale pense que les accusés n'ont été inculpés que sur la base de leurs convictions et activités non violentes et elle a adopté ces condamnés comme prisonniers d'opinion. »[278]*

Le 5 décembre 1985, Amnistie Internationale revient à la charge pour défendre ces douze personnes membres de l'Association turque pour la Paix et réitère sa conviction qu'elle les considère des prisonniers d'opinion et demande à l'opinion mondiale de les soutenir.[279]

---

[276] SF 85 U 237, Eur. 44/12/85.

[277] SF 85 U 412, Eur. 44/26/85.

[278] Fur 44/25/85 du 2 juillet 1985.

[279] SF 85 U 725, Eur. 44/41/85.

« *En 1984, le service de presse et d'information du Premier Ministre (turc) publiait les informations suivantes dans un document intitulé La situation des droits de l'Homme en Turquie:*

« *Au 24 juillet 1984:*
- *Nombre total d'allégations de torture et de mauvais traitements: 897*
- *Affaires faisant l'objet d'une enquête: 153*
- *Plaintes sans fondement (abandon de l'enquête): 584*
- *Affaires renvoyées devant les tribunaux compétents: 46*
- *Affaires classées: 114*
- *Suspects jugés mais non encore arrêtés: 69*
- *Suspects en état d'arrestation: 9*
- *Suspects acquittés: 218*
- *Condamnations à différentes peines d'emprisonnement: 102* »[280]

Le Rapport de l'Amnistie Internationale de 1986 signale aussi que « *le nombre exact des prisonniers d'opinion n'est pas connu; toutefois, d'après les chiffres officiels publiés dans le journal Cumhuriyet au 1er novembre 1985, il y avait 15569 prisonniers politiques. Selon Amnesty International, plusieurs centaines au moins pourraient être considérées comme des prisonniers d'opinion...* »[281]

Selon des informations puisées aux Ambassades occidentales, depuis 1982 plus de 1500 personnes sont jugées devant les tribunaux militaires. Nombreux sont ceux qui ont été torturés. Ceux qui font partie de la Confédération des travailleurs révolutionnaires (DISK) sont jugés séparément. On compte aussi une trentaine d'accusés qui appartiennent à l'Association turque pour la Paix parmi lesquels on trouve des avocats, des intellectuels, des journalistes et des artistes.[282]

« *Dans un petit village du Kurdistan turc, le maire a été condamné à 32 ans de prison parce qu'il avait parlé kurde à ses administrés.* », déclare M. Kendal Nezan, qui a assisté récemment à la réunion des parlementaires de l'OTAN à Québec.

M. Nezan est président de l'Institut Kurde de Paris et chercheur en physique au Centre national de recherche scientifique. « *Il y a en Turquie depuis 1980,* dit-il, lors d'une entrevue à La Presse de Montréal, *15000 prisonniers politiques Kurdes qui sont soumis à la torture.*

---

[280] Turquie: Des victimes de la torture témoignent, Paris, 1986, p.12.

[281] Rapport 1986 de l'Amnistie Internationale, Paris, p.330.

[282] Henry Kam dans New York Times du 10 août 1986.

Parmi eux, 140 sont morts torturés. »[283]

Et pour comble!

Selon le quotidien Cumhuriyet du 19 février 1987, depuis la transition du régime civil, dans une période de trois ans et demi, 240 publications ont été l'objet de poursuites judiciaires et tous leurs exemplaires confisqués et envoyés à l'usine de papier d'Izmit pour destruction.

La dernière opération de destruction a eu lieu le 18 décembre 1986. Ce jour-là, cinq camions ont transporté 39.028 kg de livres au total à l'usine de papier qui les a immédiatement utilisés comme matière première pour produire du papier.

Parmi les publications confisquées se trouvent notamment « *Map of the world* » et « *Map of Europe* » publiés par *The Penguin;* «*Academic American Encyclopaedia* » par le *Grolier International Inc.; «National Geographic Atlas of the world* »; «*Atlas de Pacheo-Larousse* »; l'édition turque de «*l'Encyclopaedia Britannica* » et « *Petit Larousse Illustré* ». Toutes sont déclarées «*moyens de propagande séparatiste* » par les autorités turques parce qu'elles contiennent des articles ou des cartes relatives à l'histoire des Arméniens et des Kurdes. (Cf. Azad Magazine N° 38).

L'Agence Reuter communique pas plus tard que le 22 juin 1987:

« *Le Premier Ministre Turgut Özal s'est engagé hier à débarrasser la Turquie des rebelles indépendantistes Kurdes qui ont massacré 31 personnes, samedi soir, dans un raid contre un village du sud-est du pays.*

« *Que personne n'en doute: nous nettoyerons jusqu'à l'odeur des bandits, c'est juré* », a affirmé Özal à Istanbul.

Face à ces réalités bouleversantes -et nous n'avons rapporté que quelques faits entre de nombreux autres- comment des hommes d'État appelés récemment à gouverner la France peuvent-ils encore prétendre que «*depuis l'instauration en Turquie d'un régime civil, en décembre 1983, nul ne peut nier les progrès que le Gouvernement d'Ankara a accompli sur la voie d'un retour à la démocratie* »? Croient-ils eux-mêmes ce qu'ils cherchent à nous faire croire?

Notons en passant que dans cette Turquie que M. Raimond croit «*sur la voie d'un retour à la démocratie* », l'article 38 de la loi 648 de juillet 1965 concernant les partis politiques toujours en vigueur, stipule:

« *Les partis politiques n'ont pas l'autorisation d'affirmer que sur le*

---

[283] La Presse du 27 mai 1987.

territoire de la République turque il existe des minorités basées sur des différences ethniques, politiques ou linguistiques. Les partis politiques n'ont pas l'autorisation de favoriser la division de l'unité nationale et la création de minorités sur le territoire de la République turque en protégeant et en diversifiant les langues et les cultures autres que la langue et la culture turques. »[284]

Un autre progrès sur la voie de la démocratie en Turquie!

Est-ce dans cet esprit de démocratie progressiste que le Gouvernement civil d'Ankara cherche à relocaliser neuf millions cinq cent mille Turcs d'origine Kurde en les forçant de quitter leurs régions? Plus de sept cents villages et villes majoritairement habités par les Kurdes seront ainsi dispersés. Un autre génocide entrepris cette fois contre les douze à quatorze millions de Kurdes de la Turquie qui forment le tiers de sa population totale.

L'idée n'en est d'ailleurs pas nouvelle. La Grande Assemblée Nationale de Turquie avait voté le 20 juin 1927 une loi de 12 articles qui réglementait le transfert de certaines populations kurdes de certaines zones considérées comme zones militaires.

Nouvelle édition du génocide de 1915 contre les Arméniens!

Cette loi n'avait pas été mise en application. Les circonstances ne l'avaient pas permis. C'est maintenant que le Gouvernement civil « *sur la voie du progrès vers la démocratie* » s'apprête à la mettre en vigueur.

Nous reproduisons quelques articles de cette loi susceptibles de mieux l'illustrer.

Art. 1er. - Le Gouvernement est autorisé pour des raisons militaires, administratives et sociales à transférer dans les provinces occidentales environ 1400 personnes et leurs familles ainsi que les 80 familles rebelles et tous ceux qui ont été condamnés à de lourdes peines.

Art. 2. - Ce transfert se terminera en août 1927. Ceux qui ont des moissons à récolter peuvent demeurer avec leurs familles dans leurs lieux de résidence jusqu'à la fin de novembre.

Art. 5. - Les personnes et les familles transférées sont obligées de s'installer dans les zones qui leur sont affectées dans les provinces occidentales. Elles ne peuvent pas retourner dans les zones qu'elles habitaient anciennement. Les contrevenants seront punis.

Art. 8. - Les personnes déplacées restent propriétaires de leurs terrains et des constructions bâties sur ces terrains ainsi que de tous leurs autres biens immeubles à condition qu'elles les vendent dans

---

[284] A. Hamelin et J.M. Brun, op.cit. pp.172-173.

l'intervalle de deux ans. Si elles n'arrivent pas à les vendre dans le délai prévu, le Gouvernement les vendra aux enchères publiques et leur en remettra les recettes.

Art. 9. - Les terrains abandonnés par les personnes transférées et les bâtisses qu'elles auront construites sur ces terrains seront transmis au Trésor de l'État.[285]

L'histoire se répète!

Que d'autres mesures vexatoires encore, que d'autres atteintes aux libertés fondamentales sous ce *«régime civil instauré en décembre 1983, sur la voie du progrès vers la démocratie»*!

Le 26 août 1985, Sa Béatitude Mgr Chenork Kalousdian, Patriarche des Arméniens de Turquie, a entrepris une visite pastorale sous forme de pèlerinage à travers l'Anatolie, à la tête de 90 personnes de son entourage, en compagnie de son médecin personnel, du R.P. Mesrob Moutafian, présentement évêque, du Père Muron...

À Van, S.B. le Patriarche a exprimé au Gouverneur du lieu son désir d'officier en l'Église historique Ste Croix d'Aghtamar, mais on lui signifia que l'église n'était pas ouverte au culte religieux. Pourtant l'article 38 du Traité de Lausanne garantit «*le libre exercice tant public que privé de toute foi, religion ou croyance...*»

Nous avons appris par le journal turc *Tercüman* du 26 juin 1985 que l'église arménienne de Kars construite au XVIIIe siècle, a été transformée en mosquée.

Le journal *Marmara* du 7 octobre 1985 nous apprend que l'église arménienne d'Iskenderoun (Alexandrette) a été fermée sur les ordres des autorités civiles locales.

L'église arménienne de Kayséri, vieille de 150 ans a été transformée en centre sportif.

Pour toutes ces raisons et pour tant d'autres encore, le Patriarche Kalousdian a rencontré à sa demande, le 11 janvier 1987, le Premier Ministre turc à la Maison de l'Armée, à Istanbul. L'entretien a porté sur les points suivants:

1. Les Arméniens de Turquie ne sont pas autorisés à léguer leurs propriétés au Patriarcat ou à toute autre organisation charitable arménienne.

2. Les Arméniens ne peuvent pas rénover les édifices de la Communauté qui ont besoin de réparations urgentes et ils ne peuvent pas

---

[285] K. Lazian, L'Arménie et la Cause arménienne, Documents, Le Caire, 1946 p.315 (en arménien).

obtenir de permis pour construire de nouveaux édifices sur des terrains appartenant à la Communauté.

3. Les propriétés léguées après 1936 ont été systématiquement expropriées par l'Administration turque des Wakfs (fondations pieuses).

4. En 1970, une taxe de 5% avait été imposée aux institutions de la Communauté arménienne. Elle a été abolie en 1980, mais ces institutions sont toujours soumises à cette taxe de 5%.

5. Récemment, les organisations charitables de Turquie ont reçu l'autorisation d'augmenter le loyer de leurs propriétés, mais cette autorisation a été refusée aux organisations charitables arméniennes.

6. Le Patriarcat a besoin de prêtres pour pourvoir aux besoins spirituels des paroisses. Le Gouvernement a fermé le Séminaire de la Sainte Croix. Les Arméniens natifs de la Turquie sont ainsi privés de la possiblité de faire des études religieuses et d'être ordonnés prêtres. La loi interdit par ailleurs à des religieux non-turcs de nationalité d'exercer des fonctions de prêtre. La survie de la Communauté s'en trouve sérieusement menacée dans le domaine religieux.

Ces quelques griefs que nous avons signalés ne témoignent-ils pas éloquemment de la santé déficiente et combien chancelante de la «*démocratie*» turque?

Et pourtant, la démocratie fait son chemin et progresse sous le régime civil instauré par le Gouvernement d'Ankara, depuis décembre 1983... aux dires de M. Raimond.

«*Tant que son gouvernement (turc) organise officiellement la confiscation des biens, tant qu'il tyrannise les quelques milliers d'Arméniens restés encore sur son territoire, tant qu'il refuse à ses anciens ressortissants de réintégrer leur patrie, tant qu'il confirme la politique d'extermination des précédents gouvernements de Constantinople, serait-il admissible de donner à la République turque un certificat de nation civilisée?*», demandait le célèbre pasteur humaniste Antony Krafft-Bonnard.[286]

Combien de diplomates, combien d'hommes d'État aujourd'hui oseraient se tenir debout et répondre à la question de Krafft-Bonnard?

Dans un ciel brumeux et sombre, une lueur d'espoir pointe à l'horizon. Le Congrès fédéral du Rhône du Parti Socialiste français réuni à St Priest a voté la motion suivante susceptible d'ouvrir de nouvelles perspectives devant les militants de la Cause arménienne, leurs amis et leurs sympathisants:

---

[286] Arménie, Justice et Réparation, Genève, 1930, p.26.

« *Considérant que le Parti Socialiste avait rappelé à plusieurs reprises la nécessité de reconnaître la réalité du génocide des Arméniens, dans son principe de Défense des Droits de l'Homme et des peuples, et que cet engagement fut tenu par de nombreux élus socialistes, tels Pierre Moutin, Jean Poperen, Charles Hernu, Jean-Jacques Queyranne, Louis Mermaz, Joseph Francheschi, Pierre Mauroy, Gérard Collomb, Lionel Jospin, et notre regretté camarade Gaston Deferre, pour ne citer que les principaux. Sans oublier le 1er Secrétaire général Yvon Deschamps.*

« *Considérant que le Tribunal Permanent des Peuples a statué en avril 1984, sur la réalité du génocide subi par le peuple arménien, ainsi que sur la nécessité pour 'l'État turc d'en assumer la responsabilité sans pouvoir prétexter pour s'y soustraire d'une discontinuité dans l'existence de cet État'.*

« *Considérant que le P.S. a soutenu activement le Comité de Défense de la Cause Arménienne (commission du Parti Socialiste Arménien), lors des débats portant sur la reconnaissance du génocide arménien à la commission des Droits de l'Homme à l'ONU, qui a abouti le 29 août 1985 à la reconnaissance du fait historique du génocide.*

« *Considérant les déclarations de Lionel Jospin, premier secrétaire du PS à propos du projet de résolution que les représentants du PS Paule Duport, Gisèle Charzat, Henri Saby, ont déposé au Parlement Européen, projet qui préconise 'par delà la nécessaire reconnaissance du génocide arménien l'instauration d'un dialogue entre la Turquie et les représentants du peuple arménien, dialogue qui exclut le recours à la violence terroriste'.*

« *Considérant, la déclaration du Président de la République, François Mitterand le 7 janvier 1984 à Vienne, précisant 'il n'est pas possible d'effacer la trace du génocide, qui vous a frappé... que le peuple arménien, n'appartient pas au passé qu'il est bien du présent et qu'il a un avenir'.*

« *Le Congrès fédéral du Rhône du PS réuni ce jour à St Priest, demande au Congrès National des 3-4-5 avril 1987 à Lille, d'inciter tous les Partis Socialistes Européens à se joindre au Parti Socialiste Français pour soutenir le projet de résolution 'pour une solution politique de la Question Arménienne' lors de la séance plénière du Parlement Européen, dans sa forme initiale, c'est-à-dire se référant au génocide arménien et prônant l'instauration d'un dialogue entre la Turquie et les représentants du Peuple arménien.* »[287]

---

[287] Libération Arménienne N° 10, 15-20 avril 1987.

Même climat d'«*incompréhension et d'ignorance*» simulées ailleurs aussi. Aux États-Unis, par exemple, malgré un courant très sympathique à l'endroit des Arméniens et de leur Cause facile à déceler dans les masses comme dans certains milieux politiques, l'Administration Reagan feint d'ignorer leurs justes revendications et bloque constamment et systématiquement toutes les issues qui pourraient conduire à une solution équitable du Problème arménien.

Si les locataires du Quai d'Orsay sont alléchés par des ventes d'armes à leur partenaire d'Ankara ou par des échanges commerciaux avec les Turcs, ceux de la Maison Blanche sont guidés par des préoccupations de défense et de stratégie. La carte que nous reproduisons ci-dessous du N° 10 du 1-15 décembre 1986 de **Libération Arménienne**, donne une idée assez exacte de l'importance stratégique que représente la «*forteresse turque*» aux yeux des maîtres du Pentagone.

La Turquie, un pion essentiel du dispositif stratégique américain.

Pour les Américains, les frontières du Monde occidental s'étendent jusqu'en Turquie. C'est la raison pour laquelle ils cherchent à moderniser sans cesse leur système d'attaque et à renforcer leurs positions de défense sur cette région limitrophe de l'Union Soviétique. Nous reproduisons ci-dessous, à cause de leur acuité, les termes de la coopération américano-turque tels que décrits dans le journal turc *Cumhuriyet* et traduits par *Libération Arménienne* de Paris dans sa livraison du 1-15 décembre 1986.

« *1. Un accord sur la modernisation des dépôts nucléaires en Turquie a été élaboré conjointement par les militaires turcs et américains, dans le cadre des travaux de l'O.T.A.N. De nouveaux systèmes d'armement nucléaire ont été installés dans les quatre aéroports militaires et la base aérienne d'Incirlik où stationnent les avions de bombardement nucléaire. Ceux-ci peuvent à présent décoller plus rapidement. La base d'Incirlik sera dotée de 30 systèmes, l'aéroport de Balikesir de 5, ceux d'Erhaç de Murted et Eskişehir de 6 chacun.*

« *2. L'etat major turc vient d'accepter en remplacement des F4 (Phantoms) américains disposant par escadre de 18 bombardiers, l'installation de F16 à l'aéroport d'Incirlik. La capacité de chaque escadre de F16 est de 24 bombardiers.*

« *3. Un projet d'accord stipule que la Turquie s'engage à assurer, en cas de guerre les soutiens logistiques nécessaires aux unités américaines présentes sur le territoire. Ce projet s'intitulant 'accord de soutien par le pays d'accueil' devrait prochainement connaître sa forme définitive.*

« *4. Deux nouveaux aéroports seront destinés à une utilisation américano-turque. Celui de Muş dont le prix de revient s'élève à 21 millions de $ est déjà en travaux. Celui de Batman sera prochainement construit pour la somme de 8,3 millions de $.*

« *5. La base aérienne d'Incirlik, la plus importante de la Méditerranée orientale, subit actuellement des travaux d'agrandissement financés par les Américains qui y consacreront la somme de 29 millions de $.*

« *La revue allemande Der Spiegel annonce que les États-Unis placeront des armes chimiques en Turquie, l'année prochaine.* » (*Libération Arménienne* N° 10 du 1-15 décembre 1986).

Dans ce contexte, les illustres habitants de la Maison-Blanche et leurs voisins du Pentagone se sentent frappés d'héméralopie chaque fois qu'il s'agit du Problème arménien et perdent de vue les notions de droit et de justice et vont jusqu'à négocier des ventes d'armes aux pays qui foulent aux pieds les libertés fondamentales et qui parodient la démocratie.

Mais on ne peut s'empêcher de s'interroger parfois sur l'efficacité de cette coopération militaire américano-turque, si sophistiquée, quand on pense que récemment encore, lorsque le Président Reagan a décrété un blocus économique contre la Lybie pour obliger le Colonel Kadafi de cesser d'alimenter le terrorisme international, la Turquie, alliée préférée des États-Unis qui la gavent d'octrois et de subventions, a refusé de coopérer. On se rappelle comment le Sous-Secrétaire d'Etat John Whitehead déçu, a exprimé ses regrets pour l'attitude inamicale adoptée par Ankara. L'alliée chérie a même refusé l'usage de ses aéroports militaires à son bailleur de fonds traditionnel quand celui-ci en avait un besoin impérieux pour attaquer les bases militaires lybiennes.

L'amitié turco-lybienne a prévalu même en ces moments critiques...

Et c'est pour défendre des alliances de ce calibre et, par voie de conséquence, pour ne pas indisposer ses alliés turcs que Washington ignore le Problème arménien.

Illusion d'optique!

Le Canada n'est pas en reste. Ici aussi, il y a des politiciens, des professeurs, des historiens qui cernent mal le Problème arménien, l'interprètent et le formulent mal sciemment ou inconsciemment.

Le prof. Walter Laqueur, président du Conseil des relations extérieures et des sciences stratégiques à l'Université de Georgetown, dans un article paru dans le N° 4186 de la Revue trimestrielle *Foreign Affairs,* a étudié les divers aspects du terrorisme international et parlant, entre autres, du Problème arménien en est arrivé à conclure que:

- les Turcs ont massacré des Arméniens en 1915:
- des Arméniens vivaient en Turquie Orientale;
- ces territoires sont turcs aujourd'hui;
- il est irréaliste de fonder une patrie arménienne sur ces territoires;
- les Arméniens de la diaspora ne sont pas disposés à aller vivre dans ce nouvel État à créer sur ces terriroires turcs.

Voilà des conclusions pour le moins fantaisistes sous la plume d'un professeur de la trempe de M.W. Laqueur.

Il est bien significatif de constater que le prof. Laqueur se garde bien de prononcer le mot génocide quand il parle des massacres de 1915, ce qui, au départ, fausse les données de son étude. Il se garde aussi d'expliquer pourquoi, sur ces territoires habités autrefois par des Arméniens, il n'y a plus d'Arméniens aujourd'hui. D'après le recensement officiel de 1960. «*... dans les villes où ils (Arméniens) formaient la majorité absolue jusqu'en 1915, le recensement en dénombre 6 à Adana, 2 à Van.*»[288] En 1901-1902, il y avait 21 écoles arméniennes avec 1877 élèves à Van et 25 écoles arméniennes à Adana avec 2755 élèves... Le professeur Laqueur ne pense même pas à analyser les

---

[288] A. Gaspard. Le combat arménien. Entre terrorisme et utopie. Lausanne. 1984. p.83.

raisons qui ont provoqué cette absence collective. Il passe sous silence les revendications territoriales arméniennes formulées maintes et maintes fois depuis leur usurpation et il a l'air d'attribuer ces revendications aux forces occultes de la lutte armée arménienne qu'il confond avec le mouvement terroriste international. Il ne dit pas mot sur les sources et les références qu'il a utilisées pour conclure avec assurance que les Arméniens ne sont pas disposés à aller habiter sur leurs territoires historiques.

Le professeur Laqueur aurait-il effectué un sondage, plus encore, un référendum pour parler aussi fermement qu'il l'a fait, au nom des millions d'Arméniens expatriés de force, qui, tous les ans, crient leur indignation devant les Ambassades de Turquie et expriment leur volonté inaliénable et leur détermination indéfectible de récupérer leurs territoires usurpés. Pour qui les revendiquent-ils si, comme le prétend gratuitement le prof. Laqueur, ils n'étaient vraiment pas disposés à y habiter?

Voilà le Problème arménien une fois de plus mal cerné et mal formulé!

Le Parti Progressiste Conservateur du Canada, présentement au pouvoir, avait, en 1984, durant la campagne électorale, pris l'engagement que si le Parti était porté au pouvoir, le Gouvernement conservateur proclamerait le 24 avril «*journée de souvenir*» à travers tout le Canada et qu'il défendrait le génocide des Arméniens devant les Instances internationales comme étant une violation flagrante des droits de l'Homme, dans le cadre de la Déclaration des Nations-Unies.

Une fois au pouvoir, le Gouvernement conservateur a fait volte-face et est revenu sur sa promesse solennelle. Et quand, lors d'une conférence publique le 12 novembre 1986, au Centre Civique de Scarborough (Ontario), Mlle Mary Titizian a rappelé à M. Joe Clark, présentement ministre des Affaires extérieures du Gouvernement Mulroney, l'engagement de son Parti, le ministre lui a répondu: «*Mon point de vue est que c'était une position inappropriée que nous n'aurions pas dû adopter...*»

Ce n'est, pourtant, pas ce qu'avait promis le Parti comme le prouve le communiqué que nous reproduisons en annexe où le Parti définit clairement sa position par la bouche de l'un de ses leaders, M. Sinclair Stevens, plus tard ministre.

Puis, quand le 11 décembre 1986, durant la période des questions aux Communes, l'honorable Bob Kaplan, de l'Opposition, a interpelé le Gouvernement pour savoir «*s'il reconnaissait que le génocide des Arméniens avait bien eu lieu et que le Gouvernement turc en était*

191

responsable... », l'honorable Pat Carney, ministre en exercice, s'est contentée de déclarer, au nom du Gouvernement canadien: « *Monsieur l'Orateur, je crois que le Secrétaire d'État aux Affaires extérieures a répondu précédemment à ce point, dans cette Chambre...* »

Au fond, les diverses déclarations du Gouvernement conservateur se résument en trois points:

1. que la promesse faite à la veille des élections par l'honorable Sinclair Stevens au nom du Parti Progressiste Conservateur au sujet de la reconnaissance du génocide des Arméniens était une erreur de parcours;
2. que le Canada n'est pas disposé à reconnaître comme un génocide les événements douloureux de 1915 et qu'une déclaration favorable à cette reconnaissance perturberait les relations internationales du Canada;
3. qu'une telle déclaration de reconnaissance ne donnerait pas satisfaction aux Arméniens.

Il est regrettable de constater que les Gouvernants canadiens ont peur d'employer aujourd'hui le mot génocide, même après que la Sous-Commission des Affaires Sociales et Économiques de l'ONU à Genève ait reconnu la réalité historique du génocide des Arméniens conformément au Rapport Whitaker, après que le Parlement Européen ait adopté le Rapport Vandemeulebroucke.

Pourtant le Très Honorable Joe Clark avait bien utilisé le terme tabou dans son télégramme 4-22 1003A Est du 22 avril 1977 adressé au Centre communautaire arménien de Toronto aux soins de M. Aram Aivazian, qui se lit comme suit:

« *I would like to join with my many friends in your community in commemorating the 62nd memorial anniversary of the genocide of the Armenians. It is a time of remembrance and for peace-loving peoples to unite in proclaiming the value of human life, dignity, and work.* »

Signé Joe Clark

Les mots ont-ils changé de sens depuis 1977?

Il est aussi regrettable de relever dans la déclaration du Très Honorable Joe Clark qu'il parle au nom des Arméniens sans y être mandaté par eux et qu'il affirme sans hésiter que la reconnaissance du génocide des Arméniens par le Canada ne leur apportera aucune consolation.

Encore une affirmation mal venue et une interprétation erronée!

Certains politiciens disent aussi derrière les coulisses que le Canada n'était pas indépendant à l'époque où se sont produits les événements tragiques de 1915 et que, de ce fait, il ne peut pas se prononcer sur ce problème!

Rien de plus ridicule que cet argument fallacieux. Les tenants de cette thèse ignorent-ils que le Canada était présent à la table des négociations de la Conférence de la Paix et que l'honorable Sir George Halsey Porley, Haut-Commissaire du Canada dans le Royaume-Uni, a même signé le Traité de Sèvres le 20 août 1920 au nom du Canada avec la Turquie, aux côtés des Plénipotentiaires de la France, de la Grande-Bretagne, de l'Italie et du Japon et ceux des Puissances alliées soit l'Arménie, la Belgique, la Grèce, le Hedjaz, le Portugal, la Roumanie...

Pendant que les Grandes Puissances promettent d'un côté et se rétractent de l'autre, pendant qu'elles se dérobent à leurs obligations et feignent d'oublier leurs engagements, pendant que les unes cherchent des marchés lucratifs et les autres des bases militaires, la Turquie veille en sentinelle avertie, fait du chantage et profère même des menaces à leur adresse.

Quand la Communauté arménienne érige un monument à la mémoire des victimes du génocide de 1915, en guise de mécontentement et de protestation, elle rappelle son Ambassadeur à Paris en consultation; quand le Congrès américain s'affaire à voter la fameuse Résolution pour la proclamation du 24 avril comme **jour de souvenir** et que les chances de reconnaître le génocide des Arméniens augmentent en dépit des pressions systématiquement exercées par l'Administration Reagan, elle ajourne et menace même d'annuler le voyage officiel de son Président aux États-Unis; quand le Parlement européen adopte enfin le Rapport Vandemeulebroucke où la mention du génocide retrouve sa place, elle menace de reconsidérer son appartenance à l'Alliance atlantique.

« *Ankara pourrait réexaminer son appartenance à l'Alliance atlantique à la suite de l'adoption par le Parlement européen d'une résolution reconnaissant l'existence d'un génocide des Arméniens par la Turquie au cours de la Première Guerre mondiale, a annoncé hier le président Kenan Evren. Il a ajouté que, à ses yeux, le Parlement européen devait maintenant logiquement demander à Ankara d'accorder une patrie aux Arméniens.* »[289]

Le président Evren est bien perspicace: il anticipe la suite logique, raisonnable et équitable du vote que vient de prendre le Parlement européen le 18 juin, 1987, mais s'il présume bien les conséquences juridiques du vote, il en déforme sciemment la portée historique. Les Arméniens ne demandent pas, comme ils ne l'ont jamais demandé jusqu'à date, que la Turquie leur **accorde une patrie**. Ils ont depuis

---

[289] La Presse de Montréal du 23 juin 1987.

toujours revendiqué à la Turquie de leur restituer les territoires historiques qu'elle leur a enlevés et le réglement de la confiscation de leurs biens individuels et communautaires qu'elle a spoliés. C'est donc un droit usurpé qu'ils revendiquent et non pas une faveur qu'ils sollicitent.

Le vote du Parlement Européen embarrasse et agace Ankara parce qu'il ouvre de nouvelles avenues au Problème arménien et lui confère une dimension internationale. Il constitue une grande victoire politique pour les Arméniens et pour leurs amis. Nous nous en réjouissons. Monsieur Vandemeulebroucke mérite toute notre sympathie et notre estime pour son courage et sa persévérance, mais nous nous permettons d'exprimer quelques critiques sur l'optique dans laquelle il place le Problème arménien et sur la solution qu'il préconise.

Au point 38 de son Rapport, M. Vandemeulebroucke écrit:

«... *il faut encore constater, du point de vue juridique, que cette reconnaissance internationale du génocide n'entraîne pas automatiquement la condamnation de la Turquie, ni l'obligation de réparer. En effet, le problème ne se situe pas au niveau du génocide proprement dit. Il réside dans le fait que la Communauté internationale est dépourvue d'une autorité qui, dans la situation internationale actuelle, puisse examiner un acte punissable sans avoir obtenu au préalable l'accord de l'État concerné. Le problème ne consiste donc pas à déterminer si la règle juridique est fondée ou non, ou si sa portée a été précisée ou non; il consiste en ce qu'un fait peut rester en permanence contestable aussi longtemps que l'État intéressé ne le reconnaît pas ou n'admet pas qu'un tiers puisse en saisir une juridiction internationale.* »

À notre humble avis, il est faux de prétendre que la reconnaissance internationale du génocide n'entraîne pas automatiquement la condamnation de la Turquie. Le crime du génocide c'est-à-dire les crimes commis contre l'humanité sont **imprescriptibles** indépendamment de la date à laquelle ils ont été commis et la Résolution 2391 du 26 novembre 1968 de l'ONU stipule même qu'au cas où une loi nationale les aurait amnistiés, cette mesure émanant des autorités nationales ne saurait prévaloir, car c'est plutôt le droit international qui aura primauté. La reconnaissance internationale du génocide est une condamnation ferme et impose à la Turquie, auteur du génocide, l'obligation de le réparer.

Le fait que la Communauté internationale soit dépourvue d'une autorité pour faire exécuter ses décisions ne lui enlève aucunement ses prérogatives de juger la chose. Le droit de juger et celui de faire exécuter la sentence constituent deux niveaux de juridiction différents. Tous les délits et les crimes sont matière à jugement même s'il arrivait, que certains criminels échappent pour divers motifs à purger la peine infligée. Ces exceptions n'enlèvent nullement aux tribunaux le pouvoir de juger, de prononcer des verdicts en dépit de l'impossibilité ou l'incapacité de l'administration à les faire exécuter. Autrement, on ne saurait que faire des Cours internationales, des Tribunaux d'arbitrage. Pourquoi alors lutterions-nous des mois et des années pour gagner une cause si les jugements n'auraient qu'une valeur symbolique?

Les procès de Nuremberg devraient servir d'exemples et d'antécédents. Ils ont créé une jurisprudence.

M. Vandemeulebroucke poursuit au point 39 de son Rapport:

« Un autre problème est celui du châtiment que méritent, en vertu de la Convention, les auteurs du génocide. Toutefois, selon une règle élémentaire du droit pénal, l'action cesse automatiquement avec la mort des coupables ou des accusés. Il suffit de faire constater, à propos du génocide arménien, que la répression n'a plus de raison d'être puisque les responsables, gouvernements, fonctionnaires et particuliers sont tous décédés. Des sentences ont d'ailleurs été prononcées par des tribunaux en Turquie, conformément au droit national, contre 1397 personnes impliquées dans la déportation des Arméniens, de sorte que l'État turc, héritier du régime des Jeunes-Turcs, pourrait invoquer le principe 'non bis in idem' (selon lequel on ne peut être jugé deux fois pour un même délit). Il résulte aussi de la Convention que l'obligation de réparer n'incombe pas aux individus jugés coupables de génocide lorsqu'ils ont agi au nom de l'État. En pareil cas, c'est ce dernier qui est responsable de leurs actes. Il faut dès lors se demander si ce principe est d'application ici. La réponse à cette question est négative. En effet, il n'y a de responsabilité en droit international qu'à l'égard de sujets de droit international: l'État qui s'estime lésé peut demander réparation à l'État responsable du préjudice, en l'occurrence à la Turquie. La population ou l'ethnie arménienne ne peut invoquer cette règle de droit, étant donné qu'à l'époque du génocide, il n'existait pas d'État arménien indépendant et que l'État arménien qui avait été reconnu de facto au traité de Sèvres n'a eu qu'une brève existence juridique, puisque cette existence n'a pas été reconnue ni ratifiée au traité de Lausanne (1923). La nation arménienne est donc certes une victime, mais pas un sujet de droit international.

« Il n'est dès lors pas possible de demander une réparation financière du préjudice causé par ce génocide, puisqu'il n'existe pas de sujet arménien de droit international, quels que soient par ailleurs les faits en cause ou les obligations que la nation turque aurait dû remplir, au moment des événements, à l'égard de ses sujets arméniens. »

M. Vandemeulebroucke prétend donc:

1° que l'action cesse automatiquement avec la mort des coupables ou des accusés.

Il fait un faux pas quand il nous apprend que la mort des coupables ou des accusés met fin automatiquement à toute poursuite juridique contre eux. Mais les Arméniens n'accusent pas les morts. Ils accusent le Gouvernement d'Ankara qui continue le génocide contre la Communauté arménienne de Turquie et contre les Arméniens dans leur ensemble. Tant et aussi longtemps que le Gouvernement d'Ankara ne restitue pas au peuple arménien les territoires usurpés, tant et aussi longtemps qu'il ne rend pas aux Arméniens -individus et communautés- les biens illégalement confisqués en contravention aux lois internationales et même contrairement aux dispositions de sa propre constitution ou ne les a pas indemnisés équitablement, tant et aussi longtemps qu'il ne lève pas les restrictions et les contraintes qu'il a imposées illégalement à ses anciens sujets arméniens, le génocide continue en Turquie et le Gouvernement d'Ankara au pouvoir en est responsable. Il en sera de même tant et aussi longtemps que ce génocide n'aura pas été réparé puisque le crime de génocide est imprescriptible aussi longtemps qu'il n'a pas été réparé;

2° qu'en vertu du principe «*non bis in idem*» on ne peut pas être jugé deux fois pour le même délit.

Le principe de «*non bis in idem*» ne s'applique point dans le cas qui nous préoccupe, car les Arméniens ne cherchent point à faire juger une deuxième fois les 1397 personnes déjà condamnées par les tribunaux turcs pour leur participation au génocide des Arméniens, comme pense M. Vandemeulebroucke, mais comme nous l'avons mentionné plus haut, ceux qui continuent actuellement le génocide, en l'occurrence le Gouvernement d'Ankara;

3° que l'obligation de réparer n'incombe pas aux individus jugés coupables du génocide lorsqu'ils ont agi au nom l'État.

M. Vandemeulebroucke est dans l'erreur quand il parle de l'irresponsabilité et de l'impunité des personnes qui ont agi au nom de l'État.

« *La Constitution turque défend aux subordonnés d'exécuter les ordres illégaux de leurs supérieurs et leur demande de démissionner le cas échéant.* » C'est ce qu'a déclaré le président de la Cour Martiale turque à l'accusé Wehbi Bey, lors de la 15e audience de son procès.[290]

La Cour Martiale turque a prononcé aussi le 8 avril 1919, un autre jugement selon lequel «*les fonctionnaires d'État, civils ou militaires, ne sont pas obligés d'exécuter les ordres supérieurs lorsqu'ils sont*

---

[290] Le journal *Djagadamard* du 23 mars 1919.

contraires à la conscience, à la loi et à la constitution. »[291]

D'ailleurs, Ali Bey, ministre de la Justice, en réponse à une interpellation d'Ahmed Riza Bey, lors d'une réunion du Sénat, avait répondu « *que ceux qui ont commis des massacres ou y ont contribué lors des déportations, qu'ils soient gouverneurs ou militaires, seront jugés dans tous les cas comme des personnes ordinaires devant les tribunaux.* »[292]

N'est-ce pas en vertu de ces lois turques que les pachas, les ministres, les hauts fonctionnaires et d'autres individus qui avaient organisé et réalisé ces crimes ou avaient participé à leur perpétration comme fonctionnaires exécutants ont été déférés devant les tribunaux turcs et jugés sans égard à leur rang ni à leur statut de fonctionnaires?

Dans cet ordre d'idée, le Statut du Tribunal Militaire International est encore plus catégorique. L'article 7 de ce Statut stipule:

« *La situation officielle des accusés soit comme chefs d'État, soit comme hauts fonctionnaires, ne sera considérée ni comme une excuse absolutoire, ni comme un motif à diminution de la peine.* »

L'article 8 est plus formel:

« *Le fait que l'accusé a agi conformément aux instructions de son gouvernement ou d'un supérieur hiérarchique ne le dégagera pas de sa responsabilité, mais pourra être considéré comme un motif de diminution de la peine, si le Tribunal décide que la justice l'exige.* »[293]

Ce statut international a fait jurisprudence. Le fait d'avoir agi sur les ordres de son gouvernement ou de ses supérieurs ne dégage pas un défaillant, un accusé -soit-il chef d'État ou haut fonctionnaire- de sa responsabilité juridique et ne lui confère aucune immunité;

4° que la population ou l'ethnie arménienne **ne peut pas tenir responsable l'État turc de ce génocide, étant donné qu'à l'époque du génocide, il n'existait pas d'État arménien indépendant et l'État arménien qui avait été reconnu de facto au traité de Sèvres n'a eu qu'une brève existence juridique, puisque cette existence n'a pas été reconnue ni ratifiée au traité de Lausanne.**

Il n'est pas exact de prétendre qu'il n'existait pas d'État arménien indépendant à l'époque du génocide. Quoique l'argument de l'inexistence d'un État arménien indépendant ne soit pas un élément juridique valable pour bloquer une action contre les auteurs du génocide, M.

---

[291] Kriguer, op.cit., p.314.

[292] Le journal Jamanag du 25 décembre 1918.

[293] Statut annexé aux Actes constitutifs du Tribunal Militaire International du 8 août 1945 - Accord de Londres signé entre la France, la Grande-Bretagne, les États-Unis d'Amérique et l'Union des Républiques Socialistes Soviétiques.

Vandemeulebroucke se trompe quand il parle de l'État arménien de l'époque qu'il considère comme un État reconnu de facto seulement au Traité de Sèvres. Le fait que la République indépendante d'Arménie ait été habilitée à signer le traité de Sèvres aux côtés des Puissances alliées comme une alliée à part entière constitue en soi une reconnaissance de jure pour elle. Le fait que les plénipotentiaires turcs légalement mandatés par le Gouvernement ottoman légitime aient accepté de signer aux côtés des plénipotentiaires de la République indépendante d'Arménie constitue également une reconnaissance de jure de la République indépendante de l'Arménie par le gouvernement ottoman aussi.

Le fait que le traité de Sèvres n'ait pas été ratifié n'enlève rien à sa valeur historique et juridique. Il y a beaucoup de cas où des traités internationaux ont pris effet à partir de leur signature avant même qu'ils n'aient été ratifiés; il y en a même qui n'ont jamais été ratifiés et pourtant ils ont été appliqués.

D'ailleurs, il y a eu des États qui ont reconnu de jure la République indépendante d'Arménie de l'époque comme, par exemple, les États-Unis d'Amérique le 23 avril 1920.

De si courte existence qu'elle ait été, la République indépendante d'Arménie avait déjà ouvert des ambassades et des consulats à Paris, Marseille, Washington, Londres, Rome, Tokio, Berlin, Téhéran, Constantinople, Athènes, Bucarest, au Caire... pour ne citer que ceux-là.

L'Arménie formait donc un État indépendant à l'époque depuis déjà le 28 mai 1918, au moment où on négociait le traité de paix et les réparations.

Il faudra signaler aussi à cet effet que la République socialiste, soviétique d'Arménie est l'héritière légale et légitime de la République indépendante d'Arménie comme le Gouvernement d'Ankara l'est du gouvernement jeune-turc de l'Empire ottoman.

En tant que tel le Gouvernement d'Erévan peut légalement introduire à tout moment une action en justice ou entreprendre un recours conjointement et solidairement avec la diaspora arménienne devant les Instances internationales et demander la réouverture du Dossier arménien en vue du réglement du contentieux arméno-turc.

Notons aussi que le Gouvernement d'Ankara a reconnu cette légitimité lorsqu'il a signé avec les Républiques socialistes soviétiques d'Azerbaidjan, d'Arménie et de Géorgie, le 21 octobre 1921, le traité de Kars;

5° **qu'il n'est dès lors pas possible de demander une réparation finan-**

cière du préjudice causé par ce génocide, puisqu'il n'existe pas de sujet arménien de droit international, quels que soient par ailleurs les faits en cause ou les événements, à l'égard de ses sujets arméniens.

La conclusion de M. Vandemeulebroucke sur ce point est très superficielle. Elle n'est pas fondée juridiquement. Si la Communauté internationale reconnaît la réalité historique du génocide à l'instar du Parlement européen qui l'a votée le 18 juin 1987 par une confortable majorité de 120 députés sur environ 170 votants (cf. France-Arménie de juillet 1987), grâce, en grande partie à la ténacité de M. Vandemeulebroucke lui-même, et aux efforts louables du C.D.C.A., il en résulte automatiquement que le Gouvernement d'Ankara, successeur et héritier du Gouvernement ottoman, représentant légitime du peuple turc, est obligé de réparer et le génocide de 1915-1917 et celui qu'il continue de perpétrer depuis son accession au pouvoir. Il n'y a pas de prescription pour le crime de génocide et ce crime pèsera sur le Gouvernement d'Ankara aussi longtemps qu'il ne l'aura pas reconnu et réparé. Il y a des antécédents dont nous parlerons plus loin.

Au point 40 de son Rapport, M. Vandemeulebroucke revient à la charge pour insister davantage sur le fait que «*la reconnaissance du génocide par la sous-commission des droits de l'homme des Nations Unies et même par les Nations Unies elles-mêmes ne peut donc avoir pour conséquence d'empêcher l'État turc d'en nier les conséquences juridiques. Une reconnaissance éventuelle des faits par la Turquie n'aurait aucun résultat étant donné que les auteurs du génocide sont morts et que la réparation qui pourrait être accordée aux Arméniens est plus que douteuse du point de vue juridique.*»

M. Vandemeulebroucke porte atteinte à l'autorité et aux privilèges des organismes internationaux chargés de faire appliquer la justice à l'échelle planétaire quand il prétend que la Turquie a le droit de nier les conséqences juridiques de sa condamnation même si elle était prononcée par les Nations Unies. Il est vrai que le condamné aura toujours, à tous les niveaux juridictionnels, selon les cas, la possibilité de critiquer la sentence qui le frappe ou même d'en appeler du verdict devant l'instance supérieure mais toutes ces démarches n'affecteront pas la légalité de la sentence qui sera appliquée après que le condamné aura épuisé tous les recours prévus par la loi.

La Turquie pourrait en appeler du verdict qui l'a frappée mais en arriver à dire qu'elle peut refuser de s'y conformer en dépit des arrêts des Instances internationales, il y a erreur.

Les Nations Unies ne manquent pas de moyens efficaces pour

obliger un gouvernement reconnu coupable de génocide de se plier aux décisions des Instances onusiennes conformément à la Charte des Nations Unies. La Turquie ne peut pas se placer au dessus du Droit international, ignorer et défier l'autorité de la Communauté internationale.

Après avoir répété aux points 41 et 42 de son Rapport que «*la reconnaissance du génocide ne peut avoir de conséquences que sur le point moral*» et que «*la question arménienne n'aura donc pas de suites juridiques internationales mais des conséquences morales*», M. Vandemeulebroucke cherche à nous convaincre que «*les événements dont les Arméniens de Turquie ont été victimes pendant les années de guerre 1915-1917 doivent être considérés comme un génocide au sens de la Convention des Nations Unies pour la prévention et la répression du crime de génocide*» et il en arrive à la conclusion que «*... le gouvernement turc actuel ne peut être tenu pour responsable du génocide commis par les Jeunes-Turcs. Les dirigeants actuels sont cependant les héritiers de l'État turc sur le territoire duquel ces faits se sont passés. Le gouvernement turc ne peut plus nier le caractère historique de cette question turco-arménienne ni le génocide auquel elle a abouti.*»

Nous relevons deux contradictions dans ces dernières affirmations de M. Vandemeulebroucke. Il affirme d'un côté que le gouvernement turc actuel ne peut être tenu pour responsable du génocide commis par les Jeunes-Turcs et de l'autre, il reconnaît que les dirigeants actuels sont les héritiers de l'État sur le territoire duquel ces faits se sont passés... et que le gouvernement turc ne peut plus nier le génocide auquel ces événements ont abouti.

Mais pour M. Vandemeulebroucke la reconnaissance de ces faits tragiques qui ont abouti au génocide au sens de la Convention des Nations Unies à laquelle il fait référence, ne devrait avoir «*qu'une conséquence morale qui servirait à faire disparaître un des principaux motifs des actes insensés, désespérés et inadmissibles auxquels se livrent de petits groupes appartenant à la diaspora arménienne.*» Leçon de morale!

Une fois encore, M. Vandemeulebroucke cerne mal le Problème arménien et déforme les revendications des Arméniens. Ceux-ci ne prônent pas seulement la reconnaissance historique du génocide dont ils ont été victimes mais demandent que cette reconnaissance, comme stipulé dans la Convention des Naitons Unies pour la prévention et la répression du crime de génocide, provoque la réparation juste et équitable du Crime abominable perpétré contre eux en 1915-1917.

Si les Arméniens se contentaient d'une reconnaissance historique à portée morale, comme le suggère M. Vandemeulebroucke, ils devraient accepter la guillotine! Ils devraient faire table rase de leurs revendications territoriales, renoncer à demander la restitution de leurs biens communautaires et individuels, renier traîtreusement le testament légué par un million et demi de martyrs.

Il ne se trouvera pas un seul Arménien pour avaliser la solution symbolique du Problème arménien préconisée par M. Vandemeulebroucke, qui n'en est pas une.

Il faut que le Gouvernement turc d'abord comme héritier légitime et successeur du Gouvernement jeune-turc, auteur du génocide de 1915-1917, ensuite comme complice associé à ce génocide qu'il n'a pas dénoncé, ni reconnu, ni réparé, puis comme auteur lui-même du génocide qu'il continue de pratiquer jusqu'à date contre les Arméniens tant à l'intérieur qu'à l'extérieur de la Turquie, **reconnaisse la réalité du génocide contre les Arméniens et le répare**.

Le Tribunal Permanent des Peuples qui avait siégé à la Sorbonne du 13 au 16 avril 1984, sous la présidence du Professeur François Rigaux avec trois Prix Nobel parmi les juges, l'avait si bien précisé dans la sentence qu'il avait prononcée le 16 avril:

«... *Le Gouvernement des Jeunes-Turcs est coupable de ce génocide, en ce qui concerne les faits perpétrés de 1915 à 1917;*

- *le génocide arménien est aussi un '**crime international**' dont l'État turc doit assumer la responsabilité, sans pouvoir prétexter, pour s'y soustraire, d'une discontinuité dans l'existence de cet État;*

- *cette responsabilité entraîne principalement l'obligation de reconnaître officiellement la réalité de ce génocide et du préjudice en conséquence subi par le peuple arménien.*»

C'est ce préjudice que le Rapport Vandemeulebroucke ignore; il ne fait aucun cas des revendications territoriales et il ne mentionne même pas la confiscation de leurs biens.

Aucun compromis n'est possible à ce prix!

B. Le contentieux arméno-turc

Le contentieux arméno-turc est très lourd. Il faut signaler à ce chapitre d'abord les revendications territoriales.

L'Arménie historique comprenait le pays qui s'étendait entre 37°-49° longitude est et 37° 5-41° 5 latitude nord de Greenwich. À l'est, elle était limitrophe des plaines de la Mer Caspienne et de l'Atropatène (Azerbaidjan), à l'ouest, elle était bornée par les plaines de l'Anatolie et la chaîne du Taurus, au nord, elle était limitée par l'Ibérie (Géorgie) et la chaîne pontique et au sud, par les montagnes kurdes de la

Mésopotamie.

« *Il y a une contrée qu'on appelle Arménie depuis les origines de l'histoire écrite et sur la situation de laquelle on n'a jamais varié*, écrit J. Laurent.[294] *C'est le pays qui s'étend, de l'Ouest à l'Est, depuis la rive gauche de l'Euphrate, en face de Mélitène, jusqu'au confluent du Kour et de l'Araxe, tout près de la Mer Caspienne et, du Sud au Nord, depuis le Tigre, vers Djezireh Ibn Omar jusqu'au Kour, vers Tiflis.* »

Et le prof. J. Laurent affirme:

« *Cette définition de l'Arménie est restée constante depuis l'Antiquité jusqu'à nos jours: c'est à peu près celle d'Hérodote, le père de l'Histoire, c'est exactement celle des géographes et des savants romains, qui s'appellent Strabon, Pline et Ptolémée, c'est celle du byzantin Procope, celle des écrivains du Moyen Âge, c'est encore celle des auteurs modernes, qu'ils soient orientaux ou occidentaux, qu'ils soient arméniens ou des hommes d'une autre nationalité.* »

Hésiode (1000 ans avant J.C.) Hécatée (500 av. J.C.) et Hérodote (450 av. J.C.) sont aussi d'accord sur cette définition géographique de l'Arménie.

Récemment encore deux savants soviétiques d'audience internationale, T.V. Gamkrelidzé et V.V. Ivanov, dans un ouvrage scientifique consacré aux Indo-Européens, ont conclu que les Arméniens ne sont pas installés en Anatolie en provenance des Balkans, comme croient certains historiens, mais qu'ils sont un peuple indigène descendant des anciens proto-indo-européens qui n'ont jamais quitté leur pays d'origine situé au carrefour de l'Irak, de la Syrie et de la Turquie modernes, qui englobe la région des Lacs de Van et d'Ourmiah. D'après ces savants, un groupe comprenant les Arméniens et les Hittites est resté sur place tandis que les Grecs, après s'être quelque peu attardés, sont partis vers l'ouest pour s'installer dans leur presqu'île.

Cette thèse fait donc remonter la présence des Arméniens en Anatolie au quatrième millénaire.[295]

La superficie totale de l'Arménie historique était approximativement de 300 000 km².

Le 26 avril 1920, le Conseil Suprême Allié a chargé le Président Woodrow Wilson des États-Unis, de délimiter les frontières de l'Arménie. Il s'est acquitté consciencieusement de cette mission délicate. L'Arménie wilsonienne mesurait environ 112 000 km². L'Arménie

[294] Les origines médiévales de la question arménienne dans Revue des Études Arméniennes, Tome I, Paris 1920, p.37.

[295] *Times* de Londres du 14 mars 1986.

Soviétique ne couvre que 30 000 km².

Les territoires de l'Arménie wilsonienne ont été majoritairement usurpés par la Turquie à la faveur de la Première Guerre Mondiale. C'est un point capital dans le dossier du contentieux arméno-turc.

Nous n'avons pas l'intention de nous attarder sur cette question, litigieuse dans l'optique turque, car la majorité des auteurs turcs contemporains sont drôlement unanimes pour nier jusqu'à l'existence d'un État arménien indépendant à n'importe quelle époque de l'Histoire envers et contre tous les historiens de tous les temps, qui ont parlé de cet État arménien, qui a bravé les légions romaines et les cohortes persanes, qui a contribué, dans la mesure de ses moyens, au progrès et à l'évolution de la civilisation mondiale. Les historiens et les politiciens turcs ne cesseront pas pour autant de prendre leur désir pour la réalité!

Pour de plus amples informations sur la question, nous nous permettons de renvoyer le lecteur à notre Thèse de Doctorat de Troisième Cycle en sociologie juridique soutenue devant la Faculté de Droit et des Sciences Économiques de l'Université de Montpellier, en 1969, pp.6-10, 18-25, 297-304 et à notre livre paru en juillet 1985, intitulé « *Le Problème arménien. Du négativisme turc à l'activisme arménien. Où est la solution?* »

Le contentieux arméno-turc ne se limite évidemment pas aux seules revendications territoriales.

Le Gouvernement jeune-turc avait, conformément à une loi spéciale, comme nous l'avons expliqué précédemment, pris en charge l'administration provisoire des biens des Arméniens déportés, avec engagement formel d'ouvrir des comptes spéciaux au nom des absents, pour les remettre aux propriétaires survivants ou à leurs héritiers au cas où ils seraient morts pendant la déportation, avec les intérêts que ces biens auraient produits.

La guerre terminée, le Gouvernement ottoman qui avait succédé au Gouvernement jeune-turc, a promulgué une loi pour la restitution de ces biens pris en tutelle, mais un gouvernement nationaliste créé à Ankara, sous l'impulsion et l'égide de Mustapha Kémal, a renversé le Gouvernement ottoman légitime et annulé cette loi. Il décréta de nouvelles mesures pour s'approprier illégalement ces biens c'est-à-dire pour déposséder ses sujets arméniens -les morts et les vivants- et même de les déchoir de leur citoyenneté turque sous des prétextes fallacieux sur la base des lois et réglements ultra vires.

Ces biens spoliés étaient de deux catégories:

A - Les biens communautaires;

B - les biens particuliers.

A - les biens communautaires

Nous avons reproduit en annexes la liste des biens appartenant à certains diocèses et à certaines communautés arméniens apostoliques.

La seule Communauté arménienne d'Adana possédait des bâtiments, des terrains, des magasins, des champs de labour et des vignes qui représentaient une valeur marchande de 237 595 LT or de l'époque, ce qui équivaudrait à 1 475 kilos d'or.

Les recettes annuelles de la Prélature arménienne d'Adana étaient de 10 000 LT or de l'époque, l'équivalent de 62 kilos d'or environ aujourd'hui.

1 475 kilos d'or à 22 carats vaudraient aujourd'hui:

1 475 X 16 500 = 24 337 500 dollars canadiens

et les 62 kilos d'or à 22 carats vaudraient:

62 X 16 500 = 1 023 000 dollars canadiens.

Quant aux biens du diocèse de Sis, pour prendre un exemple, ils étaient évalués 167 520 LT or de l'époque ou 1 040 kilos d'or de l'époque. Aujourd'hui cela ferait 17 160 000 dollars canadiens à raison de 16 500 dollars le kilo d'or à 22 carats.

La valeur des biens de quelques diocèses que nous avons inventoriés -inventaire très partiel- représente déjà une valeur approximative de 623 215 Livres turques or de l'époque c'est-à-dire 9 à 10 millions de LT or environ soit 900 à 1 000 millions de dollars canadiens, aujourd'hui.

Faut-il noter que la Communauté arménienne d'Adana que nous avons choisie comme exemple n'était que l'une de nombreuses autres communautés aussi bien structurées que celle d'Adana, sous l'obédience du Catholicossat de Cilicie et le diocèse de Sis que nous avons choisi au hasard n'était que l'un de nombreux autres diocèses aussi bien nantis que celui de Sis?

Il n'est donc pas difficile d'imaginer les milliards de dollars que représentaient en valeur marchande tous ces biens communautaires spoliés nonobstant la garantie des lois qui reconnaissaient l'inviolabilité des biens appartenant aux fondations et aux institutions religieuses et charitables.

Et nous ne mentionnons pas encore les biens des Communautés arménienne catolique et arménienne évangélique.

B - Les biens particuliers

Le Tableau approximatif des réparations et indemnités pour les dommages subis par la nation arménienne en Arménie de Turquie et dans la République arménienne du Caucase, présenté conjointement par Avédis Aharonian et Boghos Nubar, respectivement président de la Délégation de la République arménienne à la Conférence de la Paix et président de la Délégation nationale arménienne que nous avons reproduit intégralement en annexes, estime ces dommages à 14 598 510 000 FF de 1915 pour l'Arménie de Turquie et à 4 532 472 000 FF de 1915 pour l'Arménie du Caucase soit au total 19 130 932 000 FF de 1915.

Or, un FF de 1915 équivaut aujourd'hui, d'après les estimations modérées des économistes, à 5% de taux de capitalisation moyen: $1 \times (1+0.05)^{72} = 33.5$ francs français.

Les pertes totales signalées dans ce Tableau approximatif représentent donc aujourd'hui:

1) pour l'Arménie de Turquie:
   14 598 510 000 X 33.5 = 489 050 000 000 francs français 1987;
2) pour l'Arménie du Caucase:
   4 532 472 000 X 33.5 = 151 837 000 000 francs français 1987,
   soit au total:
   + 489 050 000 000
   151 837 000 000
   640 887 000 000 francs français 1987.

Notons à ce chapitre que ces sommes initiales auraient automatiquement doublé tous les quatorze ans au taux annuel minimal de 5% d'intérêt. Si nous tenions compte de ce taux d'intérêt annuel minimal de 5%, nous devrions totaliser 16 383 milliards de francs français 1987 de dommages-intérêts pour l'Arménie de Turquie et 5 087 milliards de francs français 1987 pour l'Arménie du Caucase.

À notre avis, même ces derniers montants mentionnés ci-haut ne suffiraient pas à couvrir équitablement la masse monétaire des revendications arméniennes pour les dommages et les dégâts encourus. Il y a des objets d'art, des manuscrits, des monuments historiques, des reliques à exemplaire unique qu'on ne pourra plus jamais ni récupérer ni remplacer à n'importe quel prix.

Il faudra ajouter aussi aux dommages subis par les particuliers leurs bijoux déposés en banques volatilisés, leurs épargnes saisies, leurs chèques «*égarés*», leurs primes d'assurances subtilisées, leurs obligations.

Nous avons reproduit en annexes un certificat de dépôt N° 19795/43 attestant que Mme Virginie veuve d'Agop Pastermadjian a déposé le 31/12/15, à la Banque Impériale Ottomane de Césarée, une obligation Lot turc portant le N° 359617, une obligation Crédit foncier égyptien 39.1903 sub. N° 573269... «*que nous gardons à sa disposition chez nous*» garantit la Banque Impériale Ottomane sous les signatures du directeur et du sous-directeur de l'Établissement.

Nous avons reproduit aussi un autre certificat de dépôt N° 1581/31 daté du 13 janvier 1915, dûment signé par les responsables de la Banque Impériale Ottomane de Césarée, établi au nom de Mme Arousse Parsek Pastirmadjian, qui atteste que la dite Banque tient à sa disposition « *une boîte en fer blanc couverte d'une toile -valeur déclarée Ltq 190 cent quatre vingt dix.* »

Au haut de ces certificats, il est écrit: « *ce certificat ne peut être transféré par voie d'endossement. Les dépôts ne seront restitués que contre remise du présent dûment acquitté. En cas de retrait partiel des titres désignés plus bas le présent sera échangé contre un nouveau certificat pour les titres laissés en dépôt. Aucun ordre de vente d'une partie ou de la totalité des titres en dépôt ne sera exécuté s'il n'est accompagné du présent certificat dûment acquitté.* »

Il ressort de ces dispositions sécuritaires que les dépôts ainsi effectués à la Banque Impériale Ottomane n'ont été ni partiellement ni entièrement retirés par les déposants puisqu'ils sont encore en possession de ces certificats. S'ils avaient fait un quelconque retrait, ces titres leur auraient été retirés au moment de toute opération de retrait. Les détenteurs des certificats de ce genre sont légions dans la diaspora. Leurs avoirs dans la Banque Impériale Ottomane devraient s'élever à des sommes astronomiques aujourd'hui -capitaux déposés et intérêts combinés.

Nous avons parlé jusqu'ici des dommages encourus mais nous n'avons pas encore mentionné le manque à gagner qui en est résulté.

Selon un principe de droit **damnum emergens lucrum cessans,** l'auteur d'un dommage est tenu de réparer non seulement le dommage qu'il a causé mais en même temps le manque à gagner dont a souffert sa victime.

Nous reproduisons ci-dessous quelques tableaux statistiques qui donneront une idée du potentiel économique et financier des Arméniens ottomans à la veille du génocide de 1915.

Capitalistes et Banquiers

Sandjaks	Total	Arméniens	Turcs
Sivas	10	10	
Tokat	10	8	2
Amassia	15	12	3
Ch. Karahisar	2	2	
	37	32	5

Commerçants (Exportateurs)
Récoltes et différents articles

Sandjaks	Total	Arméniens	Turcs
Sivas	50	45	5
Tokat	40	30	10
Amassia	50	45	5
Ch. Karahisar	10	7	3
	150	127	23

296

Industrie

	Total	Armé-niens	Turcs	Étran-gers
Fabriques de tapis (Sivas)	3			3
— de tissus indigènes (Ghurune)	20	19	1	
Minoteries (Sivas)	8	4	4	
Fabriques de Yazma, de tissus indigènes (Tokat)	22	22		
Minoteries (Tokat)	5	3	2	
Fabriques de fil de coton (Zilé)	5	5		
Minoteries (Zilé)	4	2	2	
Fabriques de tissus indigènes (Amassia)	6	6		
Filatures de soie (Amassia)	3	3		
Minoteries hydrauliques (Amassia)	35	30	5	
Fabriques de tissus (Marzevan, Hadjikeuy)	10	10		
Teintureries (Marzevan)	3	3		
Fabriques de chaussettes (Hadjikeuy)	4	4		
Minoteries (Marzevan, Hadjikeuy)	10	9	1	
Corderies (Hadjikeuy)	10	5	5	
Fabriques de tissus de coton (Chabin-Karahissar)	5	5		
	153	130	20	3

Importations

Sandjaks	Manufac-tures	Coloniaux et cuirs	Métaux	Total
Sivas Lt.	300.000	400.000	50.000	750.000
Tokat —	250.000	300.000	50.000	600.000
Amassia —	250.000	300.000	30.000	580.000
Ch. Karahissar —	50.000	65.000	8.000	123.000
Lt.	850.000	1.065.000	138.000	2.053.000

---

[296] Marcel Léart, La question arménienne à la lumière des documents, Paris, 1913, pp.65-67.

Exportations

	Récoltes et divers articles
Sivas	600.000
Tokat..........................	500.000
Amassia........................	500.000
Ch. Karahissar	35.000
	1.635.000

Commerçants (Importateurs)

Sandjaks	Total	Arméniens	Turcs	Différentes nationalités
Sivas:				
Manufactures	20	18		2 Grecs
Coloniaux, cuirs	25	23	2	
Métaux	12	12		
Tokat:				
Manufactures	20	15		5 —
Coloniaux, cuirs	10	7	3	—
Métaux	5	3		2 —
Amassia:				
Manufactures	25	22		3 —
Coloniaux, cuirs	15	13	2	
Métaux	10	10		
Ch. Karahissar:				
Manufactures	15	10	5	
Coloniaux, cuirs	5	4	1	
Métaux	4	4		
	166	141	13	12

Boutiquiers et artisans

Sandjaks	Total	Arméniens	Turcs	Différentes nationalités
Sivas:				
Boutiquiers	750	600	150	
Artisans...................	1.750	1.500	250	
Comestibles, légumes	1.500	1.000	500	
Tokat:				
Boutiquiers	500	350	100	50 Grecs,
Artisans...................	800	500	200	100 Israël.
Comestibles, légumes	700	300	400	
Amassia:				
Boutiquiers	600	450	100	50 Grecs
Artisans...................	1.000	700	150	150 —
Comestibles...............	1.000	600	300	100 —
Ch. Karahissar:				
Boutiquiers	300	250	50	
Artisans...................	400	350	50	
Comestibles, légumes	500	200	300	
	9.800	6.800	2.550	450

Nous constatons que tout ce commerce florissant, toute cette industrie prospère, toutes ces institutions bancaires en pleine activité, tenus majoritairement par les Arméniens, ont été ruinés totalement à la suite des déportations, des massacres et des pillages organisés par le Gouvernement turc au pouvoir.

C'est le cas de **lucrum cessans.** Le manque à gagner qui en est résulté en l'occurrence est considérable dans le cas de ces commerçants, industriels, banquiers et autres restés sur le pavé du roi.

À verser également au dossier les dommages dus aux contraintes imposées aux citoyens arméniens de vivre en exil forcé et aux obstacles que les Autorités turques ont dressés contre eux pour les empêcher de rentrer dans leur pays d'origine, de reprendre possession de leurs biens et d'en jouir. Les préjudices sont immenses dans ce cas aussi.

Le Droit moderne prévoit aussi une indemnisation pour la souffrance physique subie, en plus des conséquences biologiques du traumatisme. C'est l'indemnisation qu'on appelle **pretium doloris,** le prix de la souffrance morale pour ainsi dire. À verser au dossier du contentieux.

Toutefois, les estimations que nous avons faites parfois à ce chapitre, les chiffres que nous avons avancés dans certains cas, ne sont point ni définitifs ni limitatifs, nous en convenons. C'est, après tout, aux experts qu'il appartiendra de dresser le lourd bilan de ce désastre économique dont les Arméniens ont été victimes dans le cadre du génocide de 1915 et de le présenter éventuellement à la Table des négociations, si jamais la Turquie acceptait un jour de dialoguer avec les Arméniens ou si ceux-ci se décidaient à soumettre le problème à l'arbitrage des Instances internationales.

En attendant, la Turquie continue de confisquer arbitrairement le peu de biens qui restent encore à la Communauté arménienne du pays.

En 1936, le Gouvernement turc avait reconnu aux Arméniens le droit de léguer leurs biens à la Communauté. En 1970, le Gouvernement a abrogé cette loi et l'a remplacée par une Réglementation à effets rétroactifs. Ainsi, toutes les donations, tous les legs faits à la Communauté depuis 1936 ont elles été déclarées nuls et non avenus et le Gouvernement a mis la main sur quinze propriétés déjà léguées à la Communauté. Certains renseignements en provenance de sources généralement fiables, informent que vingt-cinq autres propriétés arméniennes seront aussi frappées de confiscation dans un proche avenir. On estime à 50 millions de dollars la valeur des biens arméniens ainsi expropriés par le Gouvernement turc ces dernières années.

Le 12 juillet 1986, une partie des terrains appartenant à l'Hôpital arménien St Sauveur a été confisquée sur les ordres du maire de Zeytin Burnu, dans la banlieue d'Istanbul. L'Administration de l'Hôpital n'avait reçu aucun préavis. Les autorités municipales lui ont réservé la surprise des tracteurs et des marteaux-pilons qu'elles avaient dépêchés sur les lieux pour démolir l'enceinte de l'Hôpital sous prétexte «*d'élargir la voie publique*». Le maire, M. Çavuşoğlu, n'était pas à son premier exploit. Il avait fait démolir déjà plusieurs maisons et magasins arméniens pour des raisons du genre. Les propriétaires expropriés qui avaient osé protester avaient été rudement molestés. Un propriétaire arménien, Murad Apoyan, qui, le 21 juillet 1986, se rendait au tribunal pour porter plainte contre la Municipalité avait été violemment battu par le maire lui-même.

La Congrégation Mekhitariste de Pangalti (Istanbul) se trouve en procès contre les autorités municipales turques qui s'apprêtent à saisir certaines de ses propriétés. Il s'agit d'une superficie de dix mille mètres carrés environ sur laquelle existent des magasins, des appartements et des cinémas appartenant à la Congrégation Mekhitariste implantée sur les lieux depuis plus de cent soixante dix ans. Le Conseil municipal voudrait exproprier ces terrains de grosse valeur commerciale pour y construire et exploiter, dit-on, un stationnement municipal.

Dans le journal turc *Hür Gün* du 19 octobre 1985, N. Erkebay, journaliste turc, rapporte que la parcelle du jardin de 46 mille mètres carrés appartenant à l'Hôpital arménien Saint-Sauveur, vieux de 154 ans, a été illégalement saisie par les autorités municipales et a été transformée partiellement en stade sportif, l'autre partie étant utilisée comme entrepôts de matériaux de construction. Les experts évaluent la valeur de la parcelle en question à plus d'un milliard de Livres turques alors que le Conseil municipal de Zeytin Burnu l'estime à 55 millions de Livres turques seulement...

En vertu de l'article 10 de la Réglementation des Wakfs aucun bâtiment historique, aucun bien à caractère religieux et charitable appartenant à des fondations pieuses et charitables ne peut être ni vendu ni transformé sans un décret officiel pris en Conseil des Ministres, procédure qui n'a pas été respectée dans le cas de ces confiscations décidées arbitrairement par les autorités municipales qui n'y étaient pas habilitées et le Gouvernement turc n'a pas jugé bon d'intervenir contre ces mesures illégales et injustes.

À quoi bon les lois en Turquie, lorsque les autorités compétentes ne veulent pas en tenir compte?

En vertu de l'article 42 du Traité de Lausanne «*le Gouvernement turc s'engage à accorder toute protection aux églises, synagogues, cimetières et autres établissements religieux des minorités précitées...* »

Et pourtant, l'Église arménienne de Kayséri, vieille de 150 ans, a été transformée en centre sportif et d'autres sanctuaires arméniens en mosquées ou même en huilerie... N'est-ce pas là des confiscations indirectes, des saisies déguisées?

Ismet Inönü, alors président de la République turque, avait prononcé, le 1er novembre 1945, un discours à la séance d'ouverture parlementaire, dans lequel il avait déclaré et urbi et orbi: «*Nous déclarons ouvertement que nous n'avons à payer aucune dette à qui que ce soit.* »[297]

Un autre exemple du négativisme turc!

Si le Gouvernement turc nourrit les mêmes sentiments et adopte la même attitude négative, ce négativisme ne mènera à aucune issue et le voeu du Parlement Européen exprimé dans le vote du 18 juin 1987 exhortant le Gouvernement turc à reconnaître le génocide de 1915 et à engager un dialogue avec les Arméniens ne restera qu'un voeu pieux inopérant et nul d'effet.

C. Le mot de la fin

«*Est-ce un hasard si l'Allemagne hitlérienne restitue, en 1942, les cendres de Talaat au successeur de Kemal Ataturk qui les a fait transférer à Istanbul avec toute la pompe réservée aux héros de la patrie? Les restes de l'ancien chef de file des Jeunes-Turcs, abattu par Tehlirian à Berlin, reposent depuis dans un mausolée érigé en 1943 sur la Colline de la Liberté.*[298] *Le président de la République s'y recueille le 21 mars de chaque année, pour commémorer 'la mort du martyr' Talaat dont le nom a été attribué à l'une des principales artères d'Ankara, ainsi qu'à une école...?*»,[299] s'interroge Jacques Derogy.

Il serait naïf de voir dans ce geste du Gouvernement turc envers le bourreau Talaat condamné à mort par la Cour Martiale turque pour crimes contre l'humanité et radié de la Franc-Maçonnerie pour avoir «*forcé les compatriotes à quitter leurs foyers, les avoir fait massacrer, les avoir spoliés...*» une coïncidence fortuite. La translation de ses cendres vingt-deux ans après sa mort, avec les honneurs militaires (1921-1943), l'érection en son honneur d'un mausolée au panthéon

---

[297] L'Orient du 3 novembre 1945.

[298] La translation des cendres de Talaat a eu lieu le 25 février 1943 et le mausolée a été érigé plus tard, en 1960.

[299] Jacques Derogy, Opération Némésis, Paris, 1986, p.309.

turc, dix-sept ans plus tard (1960), donc après un long délai de réflexion, ne peuvent être interprétés comme un fait banal. Il faudrait plutôt voir dans ce geste un témoignage de reconnaissance envers le *«héros de la nation»*, un geste approbateur de ses agissements criminels, une volonté de continuer son oeuvre.

« Tous les hommes épris de justice ont ressenti comme une gifle la décision des actuels dirigeants turcs d'inhumer Talaat -le Himmler turc- aux côtés de Midhat Pacha, le réformateur vénéré de la Turquie, en un lieu nommé -ô ironie!- 'Colline de la liberté éternelle' et de lui y élever un mausolée. Un mausolée de Talaat à Constantinople! À quand une statue d'Eichmann à Ravensbruck?», a écrit à ce propos le journaliste français Gabriel Matzneff, avec une juste indignation.[300]

Le Gouvernement Kémaliste qui a pris en mains les rênes du pouvoir et tous les gouvernements qui se sont succédé depuis à Ankara, loin de désavouer la politique de génocide planifiée et exécutée par le Gouvernement jeune-turc, ont continué et continuent encore impunément dans la même voie pour annihiler avec plus de raffinement les minorités et tout spécialement les minorités kurde et arménienne en Turquie.

Malheureusement il n'y eut pas de Nuremberg pour les criminels de la Première Guerre Mondiale et il ne se trouva pas jusqu'à date un Konrad Adenauer sur toute l'étendue de la République turque.

« Nous n'admettons pas la responsabilité collective du peuple allemand pour les crimes commis par les nationaux-socialistes, car beaucoup d'Allemands de l'époque en ignoraient tout. Cependant, les crimes ont été commis par le régime qui détenait alors le pouvoir de l'État et qui exerçait sa domination sur le peuple allemand, régime dont l'installation a été favorisée ou tolérée par l'impardonnable aveuglement d'une partie de ce peuple.

« C'est pour cette raison que la responsabilité en retombe sur le peuple allemand tout entier. Il faut qu'il en soit conscient. Il en découle non seulement le devoir pour chacun de réparer et d'expier, mais encore le devoir pour le peuple allemand tout entier de tout faire pour que jamais plus l'État ne puisse commettre des crimes... »[301]

Mustafa Kemal n'a pas eu le courage et l'intégrité politiques d'Adenauer. Le Général Evren les aura-t-il de si tôt?

Le Chancelier fédéral Willy Brandt est allé s'incliner avec dignité

---

[300] Le Combat de Paris, N° 6910 du 8 septembre 1966.

[301] Paris Match du 13 mars 1965.

devant le Monument aux Martyrs israéliens. Nous serait-il permis d'espérer qu'un jour un Turgut Özal se rendra à Erévan pour se recueillir devant le Monument aux Martyrs arméniens?

C'est dans cet esprit d'ouverture et de maturité que la République Fédérale d'Allemagne a signé le 10 septembre 1952 le Traité de Luxembourg.

Ce Traité fut considéré comme « *moralische verpflichtung* » c'est-à-dire comme « *un devoir moral* » et comme « *Ehrenplicht des deutschen volkes* » c'est-à-dire comme « *le devoir d'honneur du peuple allemand* ».

Il s'agissait évidemment d'un accord de réparation signé entre Adenauer, pour l'Allemagne, et Sharett, alors ministre en exercice des Affaires étrangères, pour Israël.

L'Accord prévoyait des réparations substantielles. Il s'agissait d'abord de trois milliards de DM auxquels sont venus s'ajouter 450 millions de DM sur la base de Claims Conference Protocle N° 2. Ce dernier montant était destiné à aider les immigrants juifs à s'installer en Israël. Israël réclamait le 12 mars 1951 trois mille dollars de frais pour chaque immigrant.

Dans le cadre de l'Accord de Luxembourg, la République Fédérale s'engageait aussi à construire pour Israël deux grands transocéaniques S/S Sion et Israël, deux transméditerranéens S/S Théodore Herzl et Jerusalem, quatre tankers, quarante et un cargos dont deux frigorifiés pour les fruits, huit pour les pêches, deux garde-côtes, un bateau pour réparations navales...[302]

« *Ces prestations ont porté à 31 milliards de DM la somme globale des indemnisations et réparations payées par Bonn de divers côtés pour compenser les spoliations commises par le régime nazi.* »[303]

Tandis que pour un million et demi d'Arméniens massacrés cruellement dans le désert syrien, pour des milliers de sanctuaires rasés, pour des milliers de manuscrits antiques détruits, des milliers d'objets d'art pillés, des millions de maisons d'habitations incendiées, pillées ou arrachées à leurs propriétaires légitimes, pour des millions d'épargne escroquées, pour des actes de vandalisme inouï que la plume se refuse à décrire, pour tout un peuple décimé dans les terreurs du génocide, malgré des appels pressants lancés de tous les coins du monde, aucune réparation n'a été faite à l'Arménie qui attend toujours que justice lui soit faite.

---

[302] Bericht über die Durchführung des Abkommens... Bonn, 1966, pp.28-29.

[303] L'Orient de Beyrouth du 24 décembre 1966.

L'Allemagne n'est cependant pas l'unique exemple du genre.

Le Gouvernement canadien aussi avait promulgué une loi d'urgence au lendemain de la Première Guerre Mondiale. Cette loi connue sous le titre de « *Loi sur les mesures de guerre. S.R. c 288* » comptait neuf articles. Elle est restée en vigueur pendant la Deuxième Guerre Mondiale aussi.

L'article 3 de cette loi conférait des pouvoirs spéciaux au Gouverneur en conseil tels:

a)   la censure, le contrôle et la suppression de publications, écrits, cartes, plans, photographies, communications et moyens de communications;

b)   l'arrestation, la détention, l'exclusion et l'expulsion;

c)   le contrôle des havres, ports et eaux territoriales du Canada et des mouvements des navires;

d)   les transports par terre, par air ou par eau et le contrôle du transport des personnes et des choses;

e)   le commerce, l'exportation, l'importation, la production et la fabrication;

f)   la prise de possession, le contrôle, la confiscation et la disposition de biens et de leur usage.

L'article 5 concernait les arrestations, la détention et le jugement des personnes soupçonnées d'être des étrangers ennemis. Il stipulait que « *Nulle personne détenue en vue de l'expulsion sous le régime de la présente loi ou de tout règlement établi sous son autorité, ou sous arrêt ou détention à titre d'étranger ennemi, ou parce que soupçonnée d'être un étranger ennemi, ou pour empêcher son départ du Canada, ne doit être élargie sous caution ni autrement libérée, ni ne doit subir un procès sans le consentement du ministre de la Justice.* »

Des confiscations de biens et leur usage étaient prévus par l'article 7 de la Loi sur les mesures de guerre ainsi libellé:

« *Chaque fois que Sa Majesté prend possession de quelques biens ou de leur usage aux termes de la présente loi, ou en vertu d'un décret, d'une ordonnance rendue ou d'un règlement édicté sous leur régime, et qu'une indemnité doit être payée en retour et que le montant n'en a pas été arrêté, la réclamation doit être renvoyée par le ministre de la Justice à la Cour de l'Echiquier du Canada ou à une Cour supérieure ou de comté de la province dans laquelle la réclamation a pris naissance ou à un juge de cette Cour.* »

En vertu de cette loi spéciale de nombreux Asiatiques installés au Canada à l'époque comme immigrants reçus, comme citoyens canadiens ou touristes ont été sévèrement pénalisés. Il s'agissait surtout des Japonais. Il y avait 23 149 Japonais au Canada en 1941.[304]

L'attaque surprise de Pearl Harbor par le Japon le 7 décembre 1941 redoubla la méfiance des Canadiens envers les Japonais. Une vague de haine s'éleva contre eux en Colombie Britannique où était concentrée l'immigration japonaise du Canada. La Communauté japonaise comptait 22 096 personnes à l'époque, en Colombie Britannique où les Blancs se firent unanimes pour demander leur internement ou leur expulsion des régions côtières. Le Gouvernement canadien, peu sympathique envers les Asiatiques, ne résista pas longtemps à ce flot de racisme. Le 27 février 1942, il ordonna l'expulsion en masse de la région de la Colombie Britannique de toutes les personnes de descendance japonaise sans égard pour leur statut de citoyens canadiens qu'étaient la plupart des Japonais touchés par cette mesure. Plus de 21 000 personnes d'origine japonaise furent forcées d'abandonner leurs maisons et de se réinstaller ailleurs sous la surveillance des autorités fédérales.

« *Quelque 750 Japonais furent internés peu après la déclaration des hostilités, quelques-uns parce qu'on les considérait comme une menace de subversion, d'autres parce qu'ils regimbèrent à un moment ou autre de l'évacuation. La grande majorité des personnes évacuées furent envoyées dans des régions relativement isolées. La plus grande partie d'entre elles, soit 12 000, furent placées dans des camps de détention en Colombie Britannique... 4 000 autres personnes furent envoyées au sud de l'Alberta et du Manitoba... 2 000 autres hommes furent acheminés immédiatement dans des camps intérieurs consacrés à la construction des routes... Quant aux derniers 2 500, ils demeurèrent autonomes ou reçurent une permission spéciale pour travailler à l'extérieur des camps...*

« *La plupart des Japonais évacués perdirent également leur propriété et leurs économies. Même avant l'annonce de l'évacuation, le gouvernement fédéral ordonna la saisie de tous les bateaux de pêche appartenant à des Japonais et bientôt d'autres articles s'ajoutèrent à cette liste: notamment, les véhicules moteurs, les appareils photos et les appareils radios. Les bateaux au nombre de 1 100 constituaient une partie importante de la flotte côtière consacrée à la pêche; ils furent vendus rapidement et reprirent leurs opérations. Malgré les promesses du Gouvernement, bientôt les autres articles saisis furent également vendus aux enchères publiques... Mais le pire restait à venir! Une*

---

[304] W.P. Ward, Les Japonais du Canada, Ottawa, 1982, p.5.

agence fédérale séquestra tous les biens meubles et immeubles laissés par les Japonais évacués, après avoir déclaré à l'origine son intention d'en assurer simplement la bonne garde. Au début de 1943, le gouvernement fédéral autorisa l'agence à liquider ces biens: la décision était fondée du moins en partie sur le problème administratif posé par la garde et la conservation de biens aussi importants et variés. Durant les quelques mois qui suivirent, ces biens -les économies de vies entières- furent mis en vente, ne rapportant dans la plupart des cas qu'une petite fraction de leur valeur réelle...»[305]

Que de similitude avec le problème de la confiscation des biens arméniens par le Gouvernement turc!

Pour tous ces dommages subis, pour tous les sévices que les Japonais canadiens ont dû supporter et pour toutes les frustrations qui s'en sont suivies, l'Association Nationale des Japonais Canadiens ou Naitonal Association of Japanese Canadians (NACJ), a entrepris, il y a quelques années, des démarches officielles auprès du Gouvernement canadien pour demander des réparations et des compensations. Les négociations continuent discrètement entre les deux Parties. Les revendications des Japonais canadiens portent sur trois points importants:

a) que le Gouvernement canadien abroge la Loi sur les mesures de guerre promulguée en 1914:

b) que le Gouvernement canadien présente des excuses aux Japonais canadiens pour les injustices qu'il leur a causées;

c) qu'il indemnise les Japonais canadiens qui ont perdu maison, propriété, commerce, citoyenneté même, ou leurs héritiers.

C'est Arthur Miki, président du NAJC, qui mène les pourparlers au nom des Japonais canadiens et c'est le Secrétaire d'État au Multiculturalisme, présentement l'honorable David Crombie, qui agit au nom du Gouvernement canadien.

En réponse à une lettre de M. Arthur Miki, l'honorable David Crombie lui a écrit, entre autres, le 27 mars 1987:

«... Vous réclamez une reconnaissance officielle des injustices dont ont été victimes les Canadiens d'origine japonaise pendant et après la Deuxième Guerre Mondiale. J'ai le plaisir de vous confirmer que le Gouvernement est prêt à accéder à cette requête. Le Gouvernement admet que les Canadiens japonais ont été injustement traités pendant et après la Deuxième Guerre Mondiale, au mépris de certains prin-

---

[305] W.P. Ward, op.cit. pp.14-16.

cipes relatifs aux droits de la personne, au sens où nous les entendons aujourd'hui. Le Gouvernement est disposé à reconnaître par le biais d'une résolution présentée à la Chambre des Communes, la force morale et la détermination des Canadiens japonais, qui, en dépit des dures épreuves qu'ils ont subies, sont restés fidèles et loyaux au Canada et ont apporté une contribution si précieuse au développement de ce pays.

« Vous réclamez des mesures législatives visant à éviter que de telles injustices se répètent. Le Gouvernement est prêt à prendre les dispositions nécessaires à cet égard: la Loi sur les mesures de guerre sera abrogée au profit de nouvelles dispositions législatives qui permettront d'empêcher à tout jamais des événements du genre de ceux qu'ont vécus les Canadiens japonais...

« Pour ma propre gouverne, j'ai étudié le travail accompli par la Commission Bird. Le compte-rendu des travaux effectués par cette Commission au cours de ses deux années d'existence couvre pas moins de 25 046 pages, sans compter les 8 996 pièces. À la suite d'une campagne d'information massive auprès de la population concernée, 1 434 personnes ont présenté une réclamation se rapportant à un total de 2 420 ventes immobilières; ces personnes étaient représentées par le Conseiller de leur choix. Le Gouvernement du Canada leur a versé plus de 2 millions $ au total en échange d'une remise de dette de la part des requérants. Vous, ainsi que d'autres, avez jugé insatisfaisant le travail accompli par la Commission en raison de certaines lacunes, notamment au chapitre de son mandat...

« C'est pourquoi la création d'une fondation communautaire me paraît une solution plus indiquée. Une telle fondation, placée sous l'égide de la NACJ et qui représenterait toutes les communautés canadiennes japonaises, pourrait constituer l'organisation centrale chargée d'orchestrer de manière tangible et efficace le retour à la normale et la réparation. À supposer que vous approuviez cette approche, nous aurions de bonnes chances d'obtenir une somme forfaitaire de 12 millions de dollars et je serais disposé à faire une recommandation en ce sens au Gouvernement.

« En résumé, le Gouvernement est donc disposé à reconnaître officiellement ses torts. Il s'engage également à abroger la Loi sur les mesures de guerre pour la remplacer par une nouvelle loi qui visera à ce que l'expérience vécue par les Canadiens japonais lors de la dernière guerre ne se reproduise plus jamais. Enfin, nous sommes disposés à envisager la création d'une fondation qui aurait pour mission de veiller à ce que soient réparés les torts injustement infligés aux Canadiens

japonais et à leurs communautés à l'échelle nationale... »
                                        Signé *David Crombie*

Quel bel exemple pour la Turquie!
À cette lettre de si large ouverture de l'honorable David Crombie, M. Arthur Miki répondait le 17 mai 1987 en termes courtois mais n'hésitait pas à refuser les offres du Gouvernement canadien qu'il jugeait insatisfaisantes. Il écrivait entre autres:

« *... Nous maintenons notre position selon laquelle, dans le cadre d'une entente digne de ce nom, tous les intéressés doivent être considérés en tant que personnes et non simplement en tant que membres d'un groupe...*

« *Comme vous le savez, environ 22 000 personnes, des citoyens canadiens pour la plupart, ont été privées de leurs droits de citoyenneté pendant plus de sept ans, soit de 1942 à 1949. Au cours de cette période, tous ces individus ont perdu maisons, commerces, biens personnels, ainsi que le fruit de bien des années de labeur; et comble d'humiliation, ils ont été traités en 'étrangers ennemis' dans leur propre pays...*

« *Notre proposition tient compte également de l'estimation établie par la firme Price Waterhouse relativement aux pertes économiques subies, sur la foi de documents provenant des archives publiques, pertes qui se chiffreraient à environ 223 millions (en dollars 1986) à elles seules, c'est-à-dire à l'exclusion des pertes occasionnées par le retrait des droits de citoyenneté...* »

Nous avons relaté ces quelques détails parce que le contexte juridique du cas japonais rappelle en *certains points* le Problème arménien avec, cependant, la différence capitale que dans le cas japonais, il n'y a pas eu de massacres ni, à plus forte raison, de génocide.

Dans les deux cas, il y a eu une loi, donc une volonté du Pouvoir, de déporter une certaine catégorie de citoyens, de les interner dans des camps de concentration, de confisquer leurs biens sous prétexte de les protéger ou de les administrer provisoirement puis de les vendre aux enchères publiques à des prix dérisoires.

Le cas japonais projette une image en *miniature* du Problème arménien. Les Japonais ont subi des torts du fait de leur déportation et des préjudices du fait de la déchéance de leur citoyenneté et, par voie de conséquence, de la privation des privilèges que cette citoyenneté leur conférait. Mais le Gouvernement canadien n'a pas ordonné le massacre de ses sujets d'origine japonaise, il n'a pas usurpé leurs territoires historiques, il n'a pas détruit leurs églises et leurs centres de culture comme l'a fait le Gouvernement jeune turc en 1915 pour ses sujets arméniens.

Et pourtant, à la lumière des documents que nous avons reproduits, il appert clairement que le Gouvernement canadien épris de justice et d'humanisme, soucieux du respect des droits fondamentaux, a déjà accepté de reconnaître ses torts à l'égard de ses sujets d'origine japonaise, de leur payer des dommages-intérêts et d'abroger la Loi incriminée sur les mesures de guerre.

Le désaccord porte présentement sur la quantité du montant des réparations à verser aux Canadiens japonais. Ceux-ci réclament 223 millions de dommages-intérêts alors que le Gouvernement canadien n'en offre que 12 millions. L'écart est considérable, mais l'accord de principe sur l'obligation pour le Gouvernement canadien de réparer les injustices de parcours qu'il a causées aux Canadiens japonais lésés dans leurs droits, est acquis. C'est l'essentiel.

Nous n'avons pas l'intention d'anticiper l'issue de ces négociations laborieuses, mais il nous paraît que le chemin qui reste à parcourir pour les Parties en présence n'est plus tellement long.

Telle n'est pas la position de la Turquie dans le Problème arménien éminemment plus complexe. Elle refuse de reconnaître la réalité du génocide des Arméniens, décline toute culpabilité éventuelle, rejette d'avance toute responsabilité dans ce génocide et ose même accuser ses victimes des crimes abominables que ses bourreaux ont perpétrés sur les ordres du Gouvernement jeune-turc.

Il fut un temps où le Gouvernement français, après la signature du Ttaité de Lausanne, a tenté de faire pression sur le Gouvernement turc pour l'inciter à dédommager au moins les particuliers arméniens pour leurs biens confisqués.

À l'initiative du Gouvernement français, S.S. Sahag II, Catholicos des Arméniens de Cilicie, a adressé aux Unions compatriotiques arméniennes du Liban et de la Syrie des circulaires-questionnaires pour leur demander de dresser la liste des biens confisqués des particuliers arméniens qui avaient été forcés de quitter la Cilicie.

Ces listes préparées avec diligence furent remises aux Services compétents du Haut Commissariat Français à Beyrouth, en décembre 1924, par les soins de Me Zacaria Bzdikian, conseiller juridique du Catholicossat arménien de Cilicie.

Il n'y a pas eu de suite.

À bout de patience, S.S. Sahag II s'adressa le 2 février 1927, au Président de la République Libanaise et sollicita son intervention:

« *Les principes du droit international,* écrivait Sa Sainteté, *les clauses des traités garantissaient le respect des propriétés appartenant aux minorités; la République turque s'y est solennellement engagée. C'est en violation de ces principes et de ces engagements que les biens des Arméniens ont pu être ainsi accaparés. Il serait de toute justice que ces biens fussent rendus...*

« *Cette restitution serait équitable non seulement à l'égard des Arméniens mais aussi à l'égard de la nation qui les a accueillis et dont ils sont devenus les ressortissants dévoués. L'appauvrissement injuste de ces ressortissants frustre d'autant la République Libanaise.* »[306]

Le Haut-Commissariat Français revint à la charge en 1929.

« *Le Bureau de la Presse communique officiellement que conformément aux clauses de l'Accord syro-turc conclu à Ankara le 22 juin 1929, des négociations vont débuter en septembre prochain au sujet des biens se trouvant en Syrie et en Turquie.*

« *Par conséquent, il est nécessaire de préparer d'ores et déjà la liste des biens en Turquie des citoyens syriens.*

« *Donc, tous les citoyens syriens qui sont propriétaires en Turquie sont invités à envoyer jusqu'au 15 août 1929, au Secrétariat du Bureau d'Informations Français auprès du Mohafazat (Gouvernorat) d'Alep, la liste de leurs biens en Turquie.* »[307]

Des centaines de milliers d'Arméniens -anciens sujets ottomans déchus illégalement de leur citoyenneté- étaient venus s'installer en Syrie et ils avaient opté pour la nationalité syrienne, d'ailleurs, avec l'accord des gouvernements français et turc. Ils étaient, donc, légalement éligibles aux bénéfices éventuels de cet Accord en gestation.

Une Convention fut signée à Ankara le 27 octobre 1932 portant règlement de la question des biens des ressortissants turcs en Syrie et au Liban et des biens des ressortissants syriens et libanais en Turquie.

L'entente a été négociée entre les Plénipotentiaires de la France et de la Turquie. Son Excellence Monsieur Louis Charles Pineton de Chambrun, ambassadeur extraordinaire et plénipotentiaire de la République Française à Ankara a agi au nom de la France et le Docteur Tewfik Rüştü Bey, ministre des Affaires Extérieures, député d'Izmir, au nom de la Turquie.

L'article 1er de la Convention arrête:

« *Les mesures restrictives actuellement appliquées en Syrie et au Liban sur les immeubles appartenant aux ressortissants turcs et aux*

---

[306] Dossier 102/1 Folio 1644/29 du Catholicossat de Cilicie.

[307] Supplément N° 206 du journal *Yeprad* d'Alep.

optants turcs visés par l'article 31 du Traité de Lausanne, seront levées à partir de la mise en vigueur de la présente convention, dans les délais prévus à l'article 8, premier paragraphe, ci-dessous. »

Tandis que l'article 4 concerne les biens syriens (et libanais) en Turquie. Il se lit comme suit:

« *Les mesures actuellement appliquées en Turquie aux fins de restreindre le droit de libre disposition sur les immeubles appartenant aux personnes ayant opté, conformément aux stipulations de la Convention d'Ankara du 30 mai 1926, pour la nationalité en vigueur dans les territoires détachés de l'Empire ottoman placés sous l'autorité de la République Française, seront levées à partir de la mise en vigueur de la présente convention et dans les délais prévus à l'article 8 premier paragraphe, ci-dessous.*

« *Les personnes visées au paragraphe précédent du présent article seront, à partir de la même date, remises en possession de leurs propriétés et de leurs biens immobiliers sis en Turquie, sur lesquels main-mise a été effectuée postérieurement à la date d'option, ainsi que du montant des loyers perçus par un service public depuis la date de la main-mise.* »

Mais l'article 13 de la Convention impose une réserve importante:

« *Les dispositions de la présente convention ne s'appliquent pas aux biens des personnes dont la convention d'échange des populations grecques et turques du 30 janvier 1923, annexée au Traité de Lausanne, a réglé le sort.* »

Le Protocole I annexé à la Convention formule une restriction plus grave encore: «... *les tribunaux turcs, se fondant sur une jurisprudence constante, consacrée d'ailleurs par un arrêt de la Cour de cassation, jugent irrecevables les actions en restitution mobilière intentées relativement aux biens abandonnés par leurs propriétaires à une époque où ceux-ci étaient encore ressortissants turcs...* »

Il est clair que cette restriction concerne les Arméniens et cette mesure discriminatoire et injuste les empêche ainsi illégalement d'intenter des actions en restitution mobilière.

Cette restriction est inacceptable parce qu'elle est illégale. Les Arméniens en tant qu'anciens sujets ottomans devraient bénéficier au même titre que les Syriens et les Libanais, objets de la Convention, du droit de récupérer leurs biens et propriétés confisqués. S'ils étaient devenus ressortissants d'un État détaché de l'Empire ottoman (Syrie, Liban), ils l'avaient fait avec l'accord de la Turquie elle-même et de tous les signataires du Traité de Lausanne dont l'article 30 leur reconnaissait ce droit:

« *Les ressortissants turcs établis sur les territoires qui, en vertu des dispositions du présent Traité, sont détachés de la Turquie, deviendront, de plein droit et dans les conditions de la législation locale, ressortissants de l'État auquel le territoire est transféré.* » (art. 30 du Traité de Lausanne)

Ce changement de nationalité ne pouvait donc être considéré comme un acte délictueux et ne pouvait entraîner une condamnation ou une punition quelconque. Les Arméniens avaient par conséquent, les mêmes droits et privilèges que les autres anciens ressortissants ottomans auxquels la Convention reconnaissait le droit de reprendre possession de leurs biens et propriétés ou d'être dédommagés.[308]

Quoiqu'il en soit, la Convention du 27 octobre 1932 constitue un antécédent juridique d'une grande importance. Elle prouve sans conteste que:

1. la Turquie reconnaît l'obligation pour elle de restituer les biens et propriétés qu'elle avait confisqués à la faveur de la Première Guerre Mondiale;

2. qu'elle accepte, le cas échéant, si ces biens et propriétés ne sont pas restituables, l'obligation de dédommager les propriétaires expropriés.

Mais au fond, cette Convention n'a été qu'une nouvelle duperie à l'actif de la Turquie. La France a donné dans le panneau entraînant dans son sillage la Syrie et le Liban qui ont été les dindons de la farce.

L'Orient de Beyrouth a écrit à ce propos:

« *Dans une note adressée à la présidence du Conseil des ministres, le ministère des affaires étrangères constate que la position du gouvernement d'Ankara, en ce qui concerne l'affaire des biens des Libanais en Turquie, n'est pas positive, en dépit du fait que le gouvernement libanais a tenu tous ses engagements relatifs à la libération des biens turcs au Liban, et cela en vertu d'un accord conclu en date du 29 septembre 1952.*

« *Ce qui est d'autant plus regrettable,* mentionne la note, *c'est que le côté turc a suspendu toute négociation concernant les biens des Libanais en Turquie, après avoir liquidé les biens turcs au Liban et encaissé leur contre-valeur...* »[309]

D'après le même journal, les biens, propriétés terriennes et immeubles que possédaient les Libanais dans l'Empire ottoman, sont estimés à 300 millions de Livres libanaises de l'époque.

---

[308] Voir en annexes le texte intégral de cette Convention.

[309] L'Orient de Beyrouth du 13 juillet 1965.

Il ne peut y avoir de droit fondé sur le dol, *ex turpi causa non oritur actio,* proclame une maxime de droit romain.

La Turquie ne peut plus se soustraire impunément à ses obligations internationales.

Elle doit restituer aux Arméniens, ses anciens sujets qu'elle a privés indûment et illégalement de leur nationalité turque, les biens et propriétés qu'elle leur a confisqués ainsi qu'aux Communautés arméniennes (fondations pieuses et charitables y comprises) qu'elle a expropriées en violation des lois turques et de ses engagements internationaux, sous des prétextes que le Droit refuse de considérer comme arguments valables.

Le Gouvernement turc prétend, par exemple, qu'en vertu d'une loi turque, les propriétaires n'ayant pas payé leurs impôts fonciers pendant dix ans, sont expropriés au profit de l'État.

Mais cette loi n'existait pas au moment des confiscations massives de 1915 à 1923. Elle ne peut donc avoir d'effet rétroactif d'autant plus que l'article 11(2) de la Déclaration Universelle des droits de l'Homme rend caduque cette loi: « *Nul ne sera condamné pour des actions ou omissions qui, au moment où elles ont été commises, ne constituaient pas un acte délictueux d'après le droit national ou international...* »

Par ailleurs, dans sa lettre du 27 octobre 1932, annexée à la Convention signée le même jour à Ankara relativement aux biens et propriétés des Libanais et des Syriens, anciens ressortissants turcs, dont nous avons parlé plus haut, le Docteur Rüştü, ministre des Affaires extérieures de Turquie, écrivait à S.E. l'Ambassadeur de France, négociateur plénipotentiaire français de la Convention:

« *J'ai l'honneur de faire connaître à Votre Excellence que le Gouvernement turc est d'accord pour qu'aucun arriéré d'impôt ne soit réclamé aux propriétaires qui rentreront en possession de leurs biens par application de la Convention signe à la date de ce jour. Il est disposé également, à titre exceptionnel, à ne percevoir qu'en fin d'exercice les impôts qui seront dus par les propriétaires pour l'année de leur rentrée en possession.* »

Et le même jour, S.E. Charles de Chambrun accusait réception de cette communication et en prenait acte.

Ceci revient à dire que:

1. le Gouvernement turc a exonéré des arriérés d'impôts fonciers les propriétaires qui rentreraient en possession de leurs biens;
2. ceux-ci ne commenceraient à payer des impôts fonciers qu'à partir de la fin de l'exercice fiscal de l'année de leur entrée en possession de leurs biens.

Donc, ces propriétaires n'avaient aucun arriéré à acquitter pour le passé, ils ne devaient aucun arriété à l'État turc après la signature de la Convention jusqu'à leur rentrée en possession de leurs biens. Étant donné qu'ils ne sont pas rentrés en possession de leurs biens jusqu'à date, ils ne doivent donc toujours aucun arriéré à l'État turc.

Alors, comment le Gouvernement turc, nonobstant cet engagement solennel, peut-il invoquer cette loi ultra vires, caduque, nulle d'effet, pour exproprier les propriétaires arméniens sous l'inculpation de n'avoir pas acquitté leurs taxes foncières pendant dix ans?

Par moment, le Gouvernement turc essaye aussi de faire valoir le principe de la discontinuité.

Joe Verhoeven, professeur à l'Université Catholique de Louvain, répond à cet argument juridiquement insoutenable:

« *Quels qu'aient été les bouleversements consécutifs à la révolution kémaliste en Turquie ou au démantèlement de l'Empire ottoman, il ne paraît guère douteux à ce titre que l'État turc d'après la Première Guerre Mondiale est identique à celui qui s'engagea aux côtés de l'Allemagne à l'aube de celle-ci. La conclusion fut expressément affirmée par l'arbitre Borel dans l'affaire de la dette publique ottomane en 1925*[310] *et elle n'est habituellement pas contestée en doctrine. Elle paraît d'ailleurs ressortir des termes mêmes des traités de Sèvres et de Lausanne.*

« *Le Gouvernement turc actuel ne saurait partant se soustraire à ses responsabilités à prétexte de quelque discontinuité.* »[311]

Le prof. Verhoeven conclue:

« *Cette responsabilité entraîne principalement l'obligation de réparer le préjudice moral et matériel, subi par la nation arménienne.* »

Le Tribunal Permanent des Peuples aussi s'était prononcé dans le même sens en avril 1984.

Pour toutes ces raisons et tant d'autres encore dont nous avons parlé, le Gouvernement turc doit:
- abroger toutes les lois relatives à la confiscation des biens arméniens;
- annuler toutes les opérations de ventes fictives et frauduleuses tant dans la forme que dans le fond;
- restituer aux Communautés religieuses ainsi qu'aux particuliers les biens qu'il leur a confisqués illégalement et vendus illicitement;

---

[310] A.D. 1925/26, N° 57, cf. également la décision de la Cour d'Amsterdam dans l'affaire Roselius V. Karsten, ibid, N° 26.

[311] Le Crime de silence, pp. 278-279.

- réparer les pertes et les dommages causés aux Communautés et aux particuliers;
- indemniser le manque à gagner des institutions et des particuliers (*damnum emergens lucrum cessans*);
- reconnaître à ceux de ses anciens ressortissants arméniens qui le désireraient le droit de reprendre leur nationalité d'origine à laquelle ils n'ont jamais renoncé;
- reconnaître le droit de rentrer et de s'installer en Turquie à ceux des Arméniens qui le désireraient et celui de gérer leurs biens par l'entremise de mandataires à ceux qui ne désireraient pas rentrer en Turquie.

Dans le cas des Palestiniens, l'Assemblée Générale des Nations Unies, dans sa résolution 194 (III) du 11 décembre 1948, paragraphe 11, a décidé ce qui suit:

« *Il y a lieu de permettre aux Réfugiés qui le désirent de rentrer dans leurs foyers, le plus tôt possible et de vivre en paix avec leurs voisins et que des indemnités doivent être payées à titre de compensation pour les biens de ceux qui décident de ne pas rentrer dans leurs foyers et pour tout bien perdu ou endommagé, lorsqu'en vertu des principes du droit international ou en équité cette perte ou ce dommage doit être réparé par le Gouvernement ou les autorités responsables.* »

Ces principes du retour des réfugiés dans leurs foyers et leur indemnisation ont été réaffirmés plus d'une fois par les Assemblées Générales de l'ONU telle la Résolution N° 302 du 8 décembre 1949, Résolution N° 394 du 14 décembre 1950, Résolution N° 512 du 26 janvier 1952, Résolution N° 614 du 6 novembre 1952, Résolution N° 916 du 3 décembre 1955 et nous en passons.

Quelle analogie avec la confiscation des biens arméniens, le dédommagement et la question du retour dans la patrie d'origine!

Pour en arriver à une issue pacifique et équitable de ces litiges, il faudra, d'abord, que la Turquie mette fin à son négativisme et à sa politique d'obstruction et accepte de dialoguer avec les Arméniens.

Le bruit a couru qu'Abdi Ipekçi, rédacteur en chef du quotidien *Milliyet,* d'orientation relativement libérale, partisan d'un dialogue avec les Grecs et les Arméniens, a été assassiné par les extrêmistes de droite, le 1er février 1979.

« *Je ne suis en aucune façon d'accord pour un dialogue avec les Arméniens* », déclarait Turkmen, récemment encore ministre turc des Affaires extérieures, au cours d'une entrevue qu'il avait accordée au journaliste turc Ali Birand.[312]

---

[312] Journal *Milliyet* du 12 décembre 1983.

Si telle était l'attitude du Gouvernement turc d'aujourd'hui, il ne resterait plus aux Arméniens que le recours aux Instances internationales.

En vertu de l'alinéa 3 de l'article 44 du Traité de Lausanne:

« *La Turquie agrée, en outre, qu'en cas de divergence d'opinion sur des questions de droit ou de fait concernant ces articles, entre le Gouvernement turc et l'une quelconque des autres Puissances signataires, ou toute autre Puissance, membre du Conseil de la Société des Nations, cette divergence sera considérée comme un différend ayant un caractère international selon les termes de l'article 14 du Pacte de la Société des Nations. Le Gouvernement turc agrée que tout différend de ce genre sera, si l'autre partie le demande, déféré à la Cour Permanente de Justice Internationale. La décision de la Cour permanente sera sans appel et aura la même force et valeur qu'une décision rendue en vertu de l'article 13 du Pacte.* »

La porte reste donc ouverte.

Le Haut Commissariat Français, en réponse à la lettre du 31 mai 1929 de S.S. Sahag II, avait répondu le 28 septembre 1929 en ces termes:

« *J'ai l'honneur de faire savoir à Votre Sainteté que la pétition dont il s'agit, qui ne met pas en cause l'Administration du Mandat, mais expose les revendications d'une minorité contre les décisions des Autorités turques, doit être, en conformité des dispositions de l'article 44 du Traité de Lausanne, adressée et envoyée directement au Conseil de la Société des Nations sans passer par la voie diplomatique.*

« *Je ne puis donc que suggérer à Votre Sainteté d'exposer au Secrétaire Général de la Société des Nations les réclamations de la Communauté arménienne de Cilicie.* »[313]

Il s'agit en l'occurrence des biens arméniens confisqués par le Gouvernement turc et c'est la même porte de l'ONU que la France pointe du doigt sous la plume de son Haut-Commissaire en Syrie et au Liban.

En effet, l'article 35 de la Charte des Nations-Unies permettrait à un État signataire du Traité de Lausanne ou à tout autre État membre de l'ONU de porter le dossier de la confiscation des biens arméniens devant les Instances de l'ONU.

Cet article prévoit que « *Tout Membre de l'Organisation peut attirer l'attention du Conseil de Sécurité ou de l'Assemblée Générale sur un différend ou une situation de la nature visée dans l'article 34.*

« *Un État qui n'est pas membre de l'Organisation peut attirer l'atten-*

---

[313] Dossier 102/2, Lettres Françaises N° 5044 du Catholicossat de Cilicie.

tion du Conseil de Sécurité ou de l'Assemblée Générale sur tout différend auquel il est partie, pourvu qu'il accepte préalablement, aux fins de ce différend, les obligations de règlement pacifique prévues dans la présente Charte. »

Mais quel pourrait être cet État qui accepterait de parrainer l'introduction de la cause en restitution et en réparation des biens arméniens confisqués par le Gouvernement turc devant les Instances internationales?

« *Dans le cas où le Gouvernement turc ne proposerait pas un arrangement satisfaisant dans un délai raisonnable, le ministère des affaires étrangères trouve qu'il serait nécessaire d'avoir recours à la Cour Internationale de la Haye et de réclamer l'indemnisation des Libanais pour leurs biens en Turquie, y compris les biens des Arméniens, et cela sur la base de la Convention de Lausanne.* », avait écrit L'Orient de Beyrouth, dans son numéro, du 13 juillet 1965.

Il y a donc de ce côté aussi une avenue à explorer. Le Liban et la Syrie ont un problème identique en suspens avec la Turquie relativement à la confiscation des biens des ressortissants syriens et libanais. Il y a dans cette région environ un demi million d'Arméniens dont la plupart sont des ressortissants syriens ou libanais. Ces deux États pourraient, sans préjudice pour eux, joindre à leur contentieux avec la Turquie celui des Arméniens illégalement expropriés à la même époque, par le même Gouvernement et porter le différend devant les Instances Internationales. Le terrain se présente favorable.

D'autres pays ne tarderaient pas à rallier le Bloc syro-libanais comme la Grèce, Chypre et probablement certains pays de l'Amérique du Sud comme l'Argentine et le Venezuela. Le terrain est favorable dans cette région aussi. La 76e Assemblée Générale Interparlementaire de l'Amérique Latine a décidé le 8 octobre 1986 de reconnaître le génocide perpétré en 1915 contre les Arméniens et a voté une résolution qui demande à l'ONU d'adopter la décision du 8 décembre et de promouvoir un dialogue pacifique entre le Gouvernement turc et les représentants arméniens.[314]

Le Saint Siège de Cilicie (Catholicossat Arménien d'Antélias) en tant que corps constitué propriétaire universel et légal des biens diocésains et des richesses communautaires confisqués ou détruits sur les ordres ou à l'instigation du Gouvernement turc en Arménie occidentale, pourrait légalement entreprendre les démarches officielles conjointement et solidairement avec le Patriarcat Arménien Catholi-

---

[314] Haïrenik Daily du 17 octobre 1986.

227

que de Cilicie et le Conseil Central de l'Église Arménienne Évangélique pour revendiquer la restitution des biens communautaires et la réparation des dommages-intérêts encourus par les diocèses, les écoles, les fondations religieuses et charitables depuis 1915.

Ces biens communautaires -biens collectifs- ne peuvent en aucun cas être ni confisqués ni aliénés. « *L'existence d'une masse de biens collectifs, administrés au moyen d'une fiction de personnalité, ne dépend pas de la durée de la vie humaine; elle peut survivre à chacune des personnes intéressées, pourvu que le groupe dure et se renouvelle. Par suite, le patrimoine d'une personne fictive peut se perpétuer indéfiniment...* », écrit M. Planiol.[315]

C'est précisément le cas des biens collectifs des Arméniens -diocèses, paroisses, églises, écoles, institutions pieuses et charitables. Tous ces biens communautaires ou collectifs se perpétuent indéfiniment et le groupe propriétaire dure et se renouvelle sans discontinuité même lorsqu'il est forcé de vivre loin de ses biens et propriétés, même si ces biens sont présentement confisqués illégalement. Il ne peut aucunement être question de prescription dans ce cas.

La création d'un Conseil Mondial Arménien et d'une Représentation Arménienne à l'ONU à titre d'observateur accrédité -deux organismes représentatifs de la Diaspora arménienne inter-dépendants l'un de l'autre- faciliterait énormément la poursuite devant les Instances Internationales du dossier de la confiscation, indépendamment des revendications territoriales.

La Turquie ne gagnerait rien à bloquer et à retarder le règlement d'un tel contentieux. Elle le sait sûrement. Ses Grands Protecteurs, qui sont aussi ses bailleurs de fonds, en sont certainement conscients. Rien ne sert pour elle de tronquer l'histoire à son avantage ni d'essayer de contourner les lois internationales. Rien n'est plus constructif pour elle et pour toutes les parties en lice que le dialogue dans le respect et dans la dignité. La Justice fera son chemin. La Communauté Internationale ne pourra plus tolérer encore longtemps que la Turquie continue de bafouer le Droit des Gens.

---

[315] Traité de Droit Civil, Paris, dixième édition, 1925, Tome I, p. 1004.

Bibliographie sélective

BIBLIOGRAPHIE SÉLECTIVE

Actes — Actes signés à Lausanne. Lettres et Accords. Paris, Imp. Nationale 1923

Ahmed Emin (Yalman) — Turkey in the World War. New Haven, 1930

Alp, Tekin — Turkismus und Panturkismus. Weimar, 1915

Amnistie Internationale — Rapport 1986. Paris, Éditions Francophones d'Amnistie Internationale, 1986

Andonian, Aram — Documents officiels concernant les massacres arméniens. Paris, H. Turabian, 1920

Archives — Archives du génocide des Arméniens. Paris, Fayard, 1986

Armenian — The Armenian issue in nine questions and answers. Ankara, 1982

Aroneanu, Eugène — Le crime contre l'humanité. Paris, Dalloz, 1961

Arsène, Père — Massacre et déportation des Arméniens de Sivas. Le Caïre, Imp. Berberian, 1919

Ataöv, Türkkaya Dr — Les « *Documents* » Andonian attribués à Talât Pacha sont des faux. Ankara, 1984

Ataöv, Türkkaya Dr — Une «*déclaration*» faussement attribuée à Mustafa Kemâl Atatürk. Ankara, 1984

Ataöv, Türkkaya Dr — Hitler et la Question arménienne. Ankara, 1985

Ataöv, Türkkaya Dr — An American source (1895) on the Armenian Question. Ankara, 1986

Ataöv, Türkkaya Dr — The Ottoman archives and the Armenian Question. Ankara, 1986

Atrocités — Les atrocités kémalistes dans la région du Pont et dans le reste de l'Anatolie. Constantinople, Patriarcat Oecuménique, 1922

Auby, J.M., Ducos-Ader, R., Gonthier, J.C. — L'expropriation pour cause d'utilité publique... Paris, Recueil Sirey, 1968

Baghdjian, Kévork — Mémoire sur la confiscation par le Gouvernement turc des biens dits «*abandonnés*» des Réfugiés arméniens. Montpellier, Faculté de Droit et des Sciences Économiques. 1968

Baghdjian, Kévork — Le Problème arménien. Données historiques, arguments juridiques, solution politique. (Thèse de doctorat) Montpellier, 1969

Baghdjian, Kévork — Le Problème arménien. Du négativisme turc à l'activisme arménien. Où est la solution? Montréal, 1985

Bahaban, Mgr Grégoire — Une page sur mille. Venise, St Lazare, 1976

Bardakjian, K.B. — Hitler and the Armenian Genocide. Zoryan Institute Special Report Number 3. Cambridge, 1985

Boyajian, Dickran H. — Armenia: The Case for a forgotten genocide. Westwood, New Jersey Educ. Book Crafters, 1972

Bryce, Vicomte — Le traitement des Arméniens dans l'Empire ottoman. (1915-1916) Laval, Imp. Moderne, 1916

Captanian, P. — Mémoires d'une déportée arménienne. Paris, Finikowski, 1919

Cordahi, Choucri — La possession en droit ottoman. Paris, 1926

Carrère d'Encausse, Hélène — L'Empire éclaté. Paris, Flammarion, 1978

Confiscation — Confiscation des biens des Réfugiés arméniens par le Gouvernement turc. Consultation. Paris, Imp. Massis, 1929

Congrès national turc — Documents relatifs aux atrocités commises par les Arméniens sur la population musulmane. Istanbul, 1919

Crime — Le crime de silence. Paris, Flammarion, 1984

Dadrian, Vahakn N. — The Naïm-Andonian documents on the World War I destruction of Ottoman Armenians: The anatomy of a genocide; dans International Journal of Middle East Studies, vol. 18, N° 3, August 1986, Cambridge University Press

Dadrian, Vahakn — The role of Turkish Physicians in the World War I Genocide of Ottoman Armenians. Pergamon Press, 1986

Dashian, J.P. — La population arménienne de la région comprise entre la Mer Noire et Karin (Erzeroum). Trad. française par F. Macler. Vienne, Mechitaristes, 1922

Délégation — La République arménienne et ses voisins. Questions territoriales. Paris, Délégation de la République Arménienne, 1919

Deliberazioni — Deliberazioni della Conferenza Episcopale Armena tenuta in Roma dal Maggio al Luglio 1928. Sacra Congregazion « *Pro Ecclesia Orientali* ». Prot. 35/28 pp. 379-386

Derogy, Jacques — Opération Némésis. Paris, Fayard, 1986

Du Véou, Paul — La Passion de la Cilicie. Paris, Paul Geuthner, 1954

Edip, Halide — The Turkish ordeal. London, 1928

Elliott, Mabel Evelyn — Beginning again at Ararat. New York, 1924

Ferrière G. — Le droit de l'expropriation pour cause d'utilité publique. Bordeaux, 1943

Gaspard, Armand — Le combat arménien. Entre terrorisme et utopie. Lausanne, L'Âge d'Homme. 1984

Gerard, James — Mémoires de l'Ambassadeur Gerard. Vol. I Mes quatre années en Allemagne. Paris, Payot

Ghoceïn, Faïez-El — Les massacres en Arménie. Trad. française. 2e édit. Beyrouth, Imp. Doniguian, 1965

Gökalp, Ziya — Turkish nationalism and Western civilization: selected essays of Ziya Gökalp. New York, 1959

Gontaut-Biron, Comte R. de et Le Révérend, L. — D'Angora à Lausanne. Les étapes d'une déchéance. Paris, Plon, 1924

Great Britain — Naval Office. Manual on the Turanians and Pan-Turanianism. London, 1918

Great Britain — Foreign Office. The rise of the Turks: The Pan-Turanian Movement. London, 1919

Griselle, Abbé Eugène — L'Arménie martyre. Paris, Bloud et Gay, 1916

Gürün, Kâmuran — Le dossier arménien. Genève, Éditions Triangle 1984

Hamelin, Arnaud et Brun, Jean-Michel — La mémoire retrouvée. Paris, Mercure de France, 1983

Hovannisian, Richard — Armenia on the road to independence 1918. Los Angeles, 1967

Karal, Enver Ziya — Armenian Question (1878-1923) Version française trad. par Sekip Engineri

Karpat, Kemal H. — Ottoman Population Records and the Census of 1881/82-1893. International Journal of Middle East Studies. Vol. 9 (1978) pp. 237-274

Karsh, Yosuf — A fifty years retrospective. Boston, 1985

Klafkowski, Alfons — Les principes de Nuremberg et l'évolution du droit international. Varsovie, Agence occid. de Presse 1966

Korganoff, G. — La participation des Arméniens à la guerre mondiale sur le front du Caucase (1914-1918) Paris, Massis 1927

Krafft-Bonnard, A. — L'Arménie, Justice et réparations. Genève, Sté Gle d'imprimerie, 1930

Kuper, Leo — Genocide. New York, Penguin Press, 1981

Léart, Marcel — La question arménienne à la lumière des documents. Paris, A. Challamel, 1913

Lepsius, Dr Johannes — Deutschland und Armenien 1914-1918 Sammlung Diplomatischer Aktenstücke, Postdam, 1919

Lepsius, Dr Johannes — Rapport secret sur les massacres d'Arménie. Beyrouth, Hamazkaïne, 1968

Le Tarnec — Manuel de l'expropriation. Paris, Dalloz, 1960

Mahokian, Dr Pierre — Les nationalités et la Société des Nations: les réparations politiques, pénales et pécunières dues aux Arméniens. Paris, H. Daragon, 1918

Mecerian, P. Jean — Le génocide du peuple arménien. Beyrouth, Imp. Catholique, 1965

Merdjimékian, P. Pierre — Les Arméniens d'Angora déportés et massacrés. Pourquoi et comment? Le Caïre, Imp. Hindié, 1920

Mesrob, Kévork — L'Arménie au point de vue géographique, historique, ethnographique, statistique et culturel. Constantinople, 1919

Minutes — Minutes of Secret Meetings organizing the Turkish Genocide of the Armenians. Boston, Commemorative Committee, 1965

Morgan, Jacques de — Histoire du peuple arménien. Paris, Berger-Levrault, 1919

Morgenthau, Henry — Mémoires (Vingt-six mois en Turquie) Paris, Payot 1919

Naslian, Mgr Jean — Mémoires (2 vol.). Vienne, Mekhitaristes, 1955

Nazer, James — The first genocide of the 20th century. New York, 1968

Orel, Şinasi et Yuca, Süreyya — The Talât Pasha Telegrams. Historical fact or Armenian fiction? Oxford, 1983

Ormanian, Malachia — L'Église arménienne, son histoire, sa doctrine, son régime, sa discipline, sa liturgie, sa littérature, son présent. 2e édition. Antélias, 1954

Özkaya, Cemal Inayetullah — Le peuple arménien et les tentatives de réduire le peuple turc en servitude. Istanbul, 1971

Paillarès, Michel — Le Kémalisme devant les Alliés. Constantinople-Paris, Edit. Bosphore, 1922

Pinon, René — La suppression des Arméniens. Méthode allemande, travail turc. Paris, 1916

Planiol, Marcel — Traité Élémentaire de Droit Civil. 10e édition. Paris, 1925

Poidebard, Antoine — Le rôle militaire des Arméniens sur le front du Caucase après la défection de l'armée russe (Déc. 1917-Nov. 1918) Paris, Imp. Nationale, 1920

Poidebard, Antoine — L'histoire du Caucase pendant et depuis la guerre. Notes d'un témoin. Paris, Dumoulin 1922

Poidebard, Antoine — Le Transcaucase et la République d'Arménie dans les textes diplomatiques du Traité de Brest-Litovski au Traité de Kars 1918-1921. Paris, REA vol. III, 1923

Prince, Moussa — Un génocide impuni: l'arménocide. Beyrouth, Fondation Moussa Prince, 1975

Puaux, René — La mort de Smyrne. Paris, 1922

Radap, Etienne — La question arménienne reste ouverte. cf. Etudes, Août-Septembre 1970, Paris

Raphalettos, N. — Les alliés qu'il ne faudrait pas à la France. Une réponse à Pierre Loti. Paris, Bulletin Hellénique, 1920

Raymond, Alexandre — Une ville célèbre Angora. s.d.n.l.

Rechad Ahmed — Les droits minoritaires en Turquie dans le passé et le présent. Paris, 1935

République — La République arménienne et ses voisins. Questions territoriales. Paris, Délégation de la République Arménienne, 1919

Rockwell, William W. — The deportation of the Armenians. New York, ACASR 1916

Saman, Gabriel — La nationalité en Turquie. Ses origines et son évolution jusqu'à nos jours. Prague, 1933

Sanders, Liman von — Cinq ans de Turquie. Paris, Payot 1923

Sarrou, A. — La Jeune Turquie et la Révolution. Paris Berger-Levrault, 1912

Seignobosc, Capitaine H. — Turcs et Turquie. Paris, 1920

Setting — Setting the record straight on Armenian propaganda against Turkey. Washington, 1982

Shemsi, Kara — Turcs et Arméniens devant l'histoire. Genève, 1919

Simşir, Bilâl N. — The Genesis of the Armenian Question. (Publication of the Turkish Historical Society, VII-N° 84). Ankara, 1983

Simşir, Bilâl N. — Aperçu historique sur la Question arménienne. Ankara, 1985

Sonyel, Salahi R. Dr — Le déplacement des populations arméniennes. Documents. Ankara, 1978

Stassinopoulos, Michel — Responsabilité civile de l'État du fait des actes de gouvernement ayant trait aux relations internationales. Paris, Recueil Sirey, 1961

Stoddard, Philip H. — The Ottoman Government and the Arabs 1911-1918: A Preliminary Study of the Teşkilati Mahsusa (PH.D. Dissertation) Michigan, Ann Arbor 1963-1964

Stuermer, H. — Deux ans de guerre à Constantinople. Paris, Payot, 1917

Tableau — Tableau approximatif des réparations et indemnités pour les dommages subis par la nation arménienne en Arménie de Turquie et dans la République arménienne du Caucase. Paris, Imp. Dupont, 1919

Tahmazian, K. — Turcs et Arméniens. Plaidoyer et Réquisitoire. Paris, H. Turabian, 1919

Tchalkhouchian, Gr. — Le livre rouge. Paris, Veradzenount, 1919

Ternon, Yves — Les Arméniens. Histoire d'un génocide. Paris, Seuil, 1977

Ternon, Dr Yves — La Cause arménienne. Paris, Seuil 1983

Toriguian, Shavarsh — The Armenian question and International Law Beyrouth, Hamazkaïne, 1973

Toynbee, Arnold — Les massacres arméniens. Paris, Payot & Cie, 1916

Traité — Traité de Paix entre les Puissances Alliées et Associées et la Turquie. 10-20 Août 1920, Sèvres

Turquie — Des victimes de la torture témoignent. Paris, Editions Francophones d'Amnesty International 1986

Vefa, Ahmet — La vérité sur les Arméniens. Version anglaise en 1975. Ankara, 1976

Walker, Christopher — Armenia. Survival of a nation. London, Croom Helm, 1982

Ward, Mark H. — The deportations in Asia Minor 1921-1922. London, 1922

Ward, Peter W. — Les Japonais au Canada. Ottawa, 1982

Zenkovsky, Serge A. — Pan-Turkism and Islam in Russia. Cambridge, 1960

Livres en turc

Arakelian, Simon — 1915 Enkare vukuati ve menfilik hatiratim. Istanbul, 1925

Avcioğlu, Doğan — Millî Kurtuluş Tarihi. Istanbul, 1974

Başgün, Necle — Türk-Ermeni münasibetleri - Abdülhamidin cülusundan zamanimiza kadar. Istanbul, 1973

Bayar, Celâl — Ben de yazdim. Istanbul, 1965

Çark, Rh. Y.G. — Türk devleti hizmetinde Ermeniler (1453-1953). Istanbul, 1953

Erişirgil, Emin M. — Türkçülük devri, Milliyetçilik devri, Insanlik devri. Ankara, 1958

Eroğlu, Veysel — Ermeni mezalimi. Istanbul, 1973

Ertürk, Hüsameddin — Iki devrin perde arkasi (Mémoires d'Ertürk écrites par Samih Hafiz Tansu). Istanbul, 1964

Gazigiray, Alper — Ermeni terrörünün kaynaklari. Istanbul, 1982

Genel Kurmay Yayini — Tarih boyunca Ermeni meselesi (Publication de l'État major turc). 1979

Gizli — T.B.M.M. gizli zabitalari. 24-4-1920, 25-10-1934, 4 vol. 2e édit. Ankara, 1985

Gökalp, Ziya — Türkçülügün esaslari. 8e édit. Istanbul, 1969

Gürün, Kâmuran — Ermeni dosyesi. Ankara, 1982

Hocaoğlu, Mehmet — Tarihte Ermeni mezalimi ve Ermeniler. Istanbul, 1976

Karabekir, Kâzim — Cihan harbine neden girdik, nasil girdik, nasil idare ettik. (2 vol.) Istanbul, 1937

Kocabaş, Süleyman — Ermeni meselesi nedir ne değildir. Istanbul, 1983

Koças, Sadi — Tarih boyunca Ermeniler ve Türk-Ermeni ilişkileri. Ankara, 1967

Kutay, Cemal — Karabekir Ermenistani nasil yok etti. Istanbul, 1956

Kutay, Cemal — Talât Paşayi nasil vurdular. Istanbul, 1956

Mevlan Zade, Rifat — Türkiye inkilabinin iç yüzü. Halep, 1929

Örel, Şinasi ve Yüce, Süreyya — Ermenilerce Talât Paşaya atfedilen telegraflarin gerçek yüzü. Ankara, 1983

Refik, Ahmet — Iki komite iki kital. Istanbul, 1919
Seyfeddin, Ömer — Yarinki Turan devleti. 1330-1914
Tunaya, Tarik Zafer — Türkiyede siyasi partiler (1859-1952). Nouvelle édition. Istanbul, 1984
Uras, Esat — Tarihde Ermeniler ve Ermeni meselesi. Ankara, 1950
Yaman, Abdullah — Ermeni meselesi ve Türkiye. Istanbul, 1973
Yurtsever, Cezmi — Ermeni terör merkezi Kilikya kilisesi. Istanbul, 1983

Livres en arménien

Ակունի, Սեպուհ — *Միլիոն մը Հայերու ջարդի պատմութիւնը*: Պոլիս, 1921

Ահարոնեան, Աւետիս — *Սարդարապատից մինչեւ Սեւր եւ Լօզան. թաղաքական օրագիր*: Պոսթըն, 1943

Ահարոնեան, Գերսամ — *Յուշամատեան Մեծ Եղեռնի*: Պէյրութ, 1965

Ահարոնեան, Գերսամ — *Խոհեր Յիսնամեակի առարթին*: Պէյրութ, 1968

Անտոնեան, Արամ — *Մեծ Ոճիրը Հայկական վերջին կոտորածները եւ Թալէադ փաշա*: Բ. տպագրթն. Պէյրութ, 1977

Առանայեան, վեր. Կ.Պ. — *Յուշարձան Հայ Աւետարանակաց եւ Աւետարանական Եկեղեցւոյ*: Ֆրէզնօ, 1952

Արամեան, Հայկ Ա. — *Հայոց Տանթշական Քաւարան եւ Հրաչալի Յարութիւն*: Պէյրութ, 1970

Գալփայեան, Արիս Տ. Կ. — *Ջոմախյու*: Նիւ Եորք, 1930

Գույումնեան, Լութֆիկ — *Լքեալ դոյքերու հարցեր*: Պոլիս, Ընդարձակ Տարեգիրք Ազգ. Հիւանդանոցի, 1928, 1929, 1931, 1932, 1939.

Գրիկէր — *Եոզղատի հայասպանութեան վաւերագրական պատմութիւնը*: Նիւ Եորք, 1980

Եղիայեան, Բիւզանդ — *Հայոց «լքեալ դոյք»ը Թուրբիոյ մէջ*: (Ժամանակակից պատմութիւն Կաթողիկոսութեան Հայոց Կիլիկիոյ): Անթիլիաս, 1976

Զարեւանդ — *Միացեալ Անկախ Թուրանիա*: 1926

Ձաւէն Արքեպս. — *Պատրիարքական Յուշերս*: Գահիրէ, 1947

Թագւորեան, Գաբրիէլ — *Գործ գայլը կատղեր էր· 1915 վկայութիւններ ու տպաւորութիւններ*: Գահիրէ, 1953

Լազեան, Գաբրիէլ — *Հայաստան եւ Հայ Դատբ· Վաւերագրեր*: Գահիրէ, 1946

Կարոյան, Տոքթ. Գ. Մ. — *Մեծ Եղեռնի նահատակ հայ բժիշկները – Անոնց պատգամները*: Պոսթըն, 1957

Կիլիկեան — *Կիլիկեան Կսկիծներ*: Պէյրութ, 1927

Կիրակոսեան, Ձ. — *Հայաստանը միջազգային դիւանագիտութեան եւ Սովետական արտաքին քաղաքականութեան փաստաթղթերում*: Երեւան, 1972

Հայկաշէն — *Հայկաշէն Տարեգիրք* Ա. Տարի, 1922: Պոլիս

Հեֆիմեան, Օթոն Յ. — *Սամսոնի Հայութեան տխուր բախինը 1915–1918-ի Մեծ Եղեռնէն*: Փարիզ, 1961

Ղազարեան, Հայկազն — *Ցեղասպան Թուրքը*: Պէյրութ, 1968

Ճոնապեան, վեր. Ե. Գ. — *Հայոց լքեալ գոյքերը*: Պէյրութ, Ջանասէր, 1–15 Յունիս 1968

Մէվլան Զատէ, Րիֆաթ — *Օսմանեան Ցեղափոխութեան մութ ծալքերը*: թարգ մինէն. թրքերէնէ: Պէյրութ, 1938

Մինասեան, Թովմաս — *Յուշեր*: Փարիզ, 1957

Մկրտիչեան, Թովմաս — *Տիգրանակերտի Ջարդերը եւ Քիւրտերու դպատութիւնները*: Գահիրէ, 1919

Նազլեան, Յովհ. Արքեպս. — *Պատմական տեսութիւն Անարատ Յղութեան Հայ Քոյրերու Միաբանութեան վրայ* (1847–1947): Պէյրութ, 1948

Նաւասարդեան, Վահան — *Խորհրդային քաղաքականութիւնը հայկական հարցում*: Փարիզ, 1938

Նեսիմ, Մուսթաֆա — *Հայ Եղեռնը· իմ վկայութիւններս*: թարգ մինէն. Արշակ Ա. Շալճեանի: Սոֆիա, 1936

Շահան — *Թիւրքիզմը Անգորայէն Բագու եւ Թրքական օրիանտասիոն:* Աթէնք, 1928

Պալաքեան, Գրիգոր Եպս. — *Հայ Գողգոթան: 2 հտր.* Վիեննա-Փարիզ, 1922-1959

Պարսամեան, Եղիշէ — *Տարօնի ինքնապաշտպանութիւնը եւ Չարղը:* 1920

Պզտիկեան, Հ. Յարութիւն — *Վիճակագրական նոր տեսութիւն. ինչպէ՞ս Թրքացած են միլիոնաւոր Հայեր: Պոսթըն, Հայրենիք օրաթերթ.* 21 Օգոստոս 1986

Սասունի, Կարօ — *Պատմութիւն Տարօնի աշխարհի: Պէյրութ, 1956*

Սարգիսեան, Հ. Բարսեղ — *Վիճակագրական նոր տեսութիւն մը ի նպաստ անկախ Հայաստանի: Վենետիկ, 1919*

Սարգսեան, Ե. եւ Սահակեան, Ռ. — *Հայ ժողովրդի նոր շրջանի պատմութեան նենգափոխումը Թուրք պատմագրութեան մէջ: Երեւան, 1963*

Սարգսեան, Ե.Ղ. — *Թուրքիան եւ նրա նուաճողական քաղաքականութիւնը Անդրկովկասում: 1914-1918: Երեւան, 1964*

Սաֆրաստեան, Ա. Խ. — *Թուրքական աղբիւրները Հայաստանի, Հայերի եւ Անդրկովկասի միւս ժողովուրդների մասին: Երեւան, 1961*

Վարդան, Լեւոն — *Հայկական տասնըհինգը եւ Հայերու լքեալ գոյքերը: Պէյրութ, 1970*

Վրացեան, Սիմոն — *Հայաստանը բոլշեւիկեան մուրճի եւ Թրքական սալի միջեւ: Պէյրութ, 1953*

Տաշեան, Հ. Յակովբոս — *Հայ ազգի տարագրութիւնները գերմանական վաւերագիրներու համեմատ: Վիեննա, 1921*

Տաշեան, Հ. Յակովբոս — *Հայ բնակչութիւնը Սեւ Ծովէն մինչեւ Կարին: Վիեննա, 1921*

Տէրենց, Երուանդ — *Եւ տեսաւ Տէր-Զօրի դժոխքը: Պէյրութ, 1966*

ANNEXES

Accord Germano-Turc du 2 août 1914

Article 1.
Les deux Puissances contractantes s'engagent à observer une stricte neutralité en face du conflit actuel entre l'Autriche-Hongrie et la Serbie.

Article 2.
Dans le cas où la Russie interviendrait par des mesures militaires actives et créerait par là pour l'Allemagne le casus foederis vis-à-vis de l'Autriche-Hongrie, ce casus foederis entrerait également en vigueur pour la Turquie.

Article 3.
En cas de guerre, l'Allemagne laissera sa mission militaire à la disposition de la Turquie.

Celle-ci, de son côté, assure à la dite mission militaire une influence sur la conduite générale de l'armée, conformément à ce qui a été convenu directement entre Son Excellence le Ministre de la Guerre et Son Excellence le Chef de la mission militaire.

Article 4.
L'Allemagne s'engage, au besoin par les armes (à défendre) le territoire ottoman au cas où il serait menacé.[1]

Article 5.
Cet accord qui a été conclu en vue de garantir les deux Empires des complications internationales qui pourraient résulter du conflit actuel, entre en vigueur dès sa signature par les plénipotentiaires susmentionnés et restera valable, avec obligations mutuelles analogues, jusqu'au 31 décembre 1918.

Article 6.
Au cas où il ne sera pas dénoncé par l'une des Hautes Parties contractantes six mois avant l'expiration du délai ci-haut fixé, ce traité continuera à être en vigueur pour une nouvelle période de cinq ans.

Article 7.
Le présent acte sera ratifié par Sa Majesté l'Empereur d'Allemagne, Roi de Prusse, et Sa Majesté l'Empereur des Ottomans, et les ratifications seront échangées dans le délai d'un mois à partir de la date de la signature.

---

[1] Le Général Moukhtar Pacha relève qu'ici, un groupe de chiffres manque dans le texte allemand, mais dans le texte turc, on lit le mot « *défendre* ».

Article 8.
Le présent accord restera secret et ne pourra être rendu public qu'à la suite d'un accord conclu entre les deux Hautes Parties contractantes.
En foi de quoi ...

Cette loi publiée dans le N° 2189 du 19 mai 1915 du Journal officiel Takvimi-i-Vekayi, avait été signée par le Sultan Rechad V, contresignée par le Premier Ministre le Prince Said Halim Pacha et Enver Pacha, Ministre de la Guerre et Commandant en Chef des Forces Armées ottomanes.

Résolution 2391 adoptée par l'Assemblée générale des Nations Unies concernant la Convention sur l'imprescriptibilité des crimes de guerre et des crimes contre l'humanité
(26 novembre 1968)

L'Assemblée générale,

Ayant examiné le projet de convention sur l'imprescriptibilité des crimes de guerre et des crimes contre l'humanité,

Adopte et ouvre à la signature, à la ratification et à l'adhésion la Convention sur l'imprescriptibilité des crimes de guerre et des crimes contre l'humanité, dont le texte est joint en annexe à la présente résolution.

CONVENTION SUR L'IMPRESCRIPTIBILITÉ DES CRIMES DE GUERRE ET DES CRIMES CONTRE L'HUMANITÉ. LES ÉTATS PARTIES À LA PRÉSENTE CONVENTION.

Rappelant les résolutions 3(I) et 170(II) de l'Assemblée générale de l'Organisation des Nations Unies, en date des 13 février 1946 et 31 octobre 1947, portant sur l'extradition et le châtiment des criminels de guerre, et la résolution 95(I) du 11 décembre 1946, confirmant les principes de droit international reconnus par le Statut du Tribunal militaire international de Nuremberg et par le jugement de ce Tribunal, ainsi que les résolutions 2184(XXI) du 12 décembre 1966 et 2202(XXI) du 16 décembre 1966, par lesquelles l'Assemblée générale a expressément condamné en tant que crimes contre l'humanité, d'une part, la violation des droits économiques et politiques des populations autochtones et, d'autre part, la politique d'apartheid.

Rappelant les résolutions 1074D(XXXIX) et 1158(XLI) du Conseil économique et social de l'Organisation des Nations Unies, en date des 28 juillet 1965 et 5 août 1966; concernant le châtiment des criminels de guerre et des individus coupables de crimes contre l'humanité,

Constatant que dans aucune des déclarations solennelles, actes et conventions visant la poursuite et la répression des crimes de guerre et des crimes contre l'humanité il n'a été prévu de limitation dans le temps,

Considérant que les crimes de guerre et les crimes contre l'humanité comptant au nombre des crimes de droit international les plus graves,

Convaincus que la répression effective des crimes de guerre et des crimes contre l'humanité est un élément important de la prévention de ces crimes, de la protection des droits de l'homme et des libertés fondamentales, propre à encourager la confiance, à stimuler la coopération entre les peuples et à favoriser la paix et la sécurité internationales,

Constatant que l'application aux crimes de guerre et aux crimes contre l'humanité des règles de droit interne relatives à la prescription des crimes ordinaires inquiète profondément l'opinion publique mondiale car elle empêche que les personnes responsables de ces crimes soient poursuivies et châtiées,

Reconnaissant qu'il est nécessaire et opportun d'affirmer en droit international au moyen de la présente Convention, le principe de l'imprescriptibilité des crimes de guerre et des crimes contre l'humanité et d'en assurer l'application universelle,

Sont convenus de ce qui suit:

ARTICLE PREMIER

Les crimes suivants sont imprescriptibles, quelle que soit la date à laquelle ils ont été commis:

a) Les crimes de guerre, tels qu'ils sont définis dans le Statut du Tribunal militaire international de Nuremberg du 8 août 1945 et confirmés par les résolutions 3(I) et 95(I) de l'Assemblée générale de l'Organisation des Nations Unies, en date des 13 février 1946 et 11 décembre 1946, notamment les « *infractions graves* » énumérées dans les Conventions de Genève du 12 août 1949 pour la protection des victimes de la guerre;

b) Les crimes contre l'humanité, qu'ils soient commis en temps de guerre ou en temps de paix, tels qu'ils sont définis dans le Statut du Tribunal militaire international de Nuremberg du 8 août 1945 et confirmés par les résolutions 3(I) et 95(I) de l'Assemblée générale de l'Organisation des Nations Unies, en date des 13 février 1946 et 11 décembre 1946, l'éviction par une attaque armée ou l'occupation et les actes inhumains découlant de la politique d'apartheid, ainsi que le crime de génocide, tel qu'il est défini dans la Convention de 1948 pour la prévention et la répression du crime de génocide, même si ces actes ne constituent pas une violation du droit interne du pays où ils ont été commis.

ARTICLE II

Si l'un quelconque des crimes mentionnés à l'article premier est commis, les dispositions de la présente Convention s'appliqueront aux représentants de l'autorité de l'État et aux particuliers qui y participeraient en tant qu'auteurs ou en tant que complices, ou qui se rendraient coupables d'incitation directe à la perpétration de l'un quelconque de ces crimes, ou qui participeraient à une entente en vue de le commetre, quel que soit son degré d'exécution, ainsi qu'aux représentants de l'autorité de l'État qui toléreraient sa perpétration.

ARTICLE III

Les États Parties à la présente Convention s'engagent à adopter toutes les mesures internes, d'ordre législatif ou autre, qui seraient nécessaires en vue de permettre l'extradition, conformément au droit international, des personnes visées par l'article II de la présente Convention.

ARTICLE IV

Les États Parties à la présente Convention s'engagent à prendre, conformément à leurs procédures constitutionnelles, toutes mesures législatives ou autres qui seraient nécessaires pour assurer l'imprescriptibilité des crimes visés aux articles premier et II de la présente Convention, tant en ce qui concerne les poursuites qu'en ce qui concerne la peine; là où une prescription existerait en la matière, en vertu de la loi ou autrement, elle sera abolie.

ARTICLE VIII

1. La présente Convention entrera en vigueur le quatre-vingt-dixième jour qui suivra la date du dépôt auprès du Secrétaire général de l'Organisation des Nations Unies du dixième instrument de ratification ou d'adhésion.
2. Pour chacun des États qui ratifieront la présente Convention ou y adhéreront après le dépôt du dixième instrument de ratification ou d'adhésion, ladite Convention entrera en vigueur le quatre-vingt-dixième jour après la date du dépôt par cet État de son instrument de ratification ou d'adhésion.

ARTICLE IX

1. Après l'expiration d'une période de dix ans à partir de la date à laquelle la présente Convention entrera en vigueur, une demande de révision de la Convention peut être formulée, en tout temps, par toute Partie contractante, par voie de notification écrite adressée au Secrétaire général de l'Organisation des Nations Unies.

2. L'Assemblée générale de l'Organisation des Nations Unies statuera sur les mesures à prendre, le cas échéant, au sujet de cette demande.

ARTICLE X

1. La présente Convention sera déposée auprès du Secrétaire général de l'Organisation des Naitons Unies.

2. Le Secrétaire général de l'Organisation des Nations Unies fera tenir une copie certifiée conforme à la présente Convention à tous les États visés à l'article V.

3. Le Secrétaire général de l'Organisation des Nations Unies informera tous les États visés à l'article V:

   a) Des signatures apposées à la présente Convention et des instruments de ratification et d'adhésion déposés conformément aux articles V, VI et VII;

   b) De la date à laquelle la présente Convention entrera en vigueur conformément à l'article VIII;

   c) Des communications reçues conformément à l'article IX.

Liste des églises arméniennes
avant le génocide de 1915

Istanbul	43
Ismidt	40
Armache	3
Edirné	5
Rodosto	8
Salonique	1
Brousse	8
Biledjik	12
Panderma	8
Kutahié	10
Ismir	23
Castamouni	8
Ankara	20
Kaysseri	30
Konia	16
Sivas	56
Tokat	19
Amassia	20
Chabin-Karahissar	35
Samsoun	39
Trébizonde	35
Erzeroum	89
Erzindjian	44
Baibourt	31
Hassankalé	19
Terdjan	33
Kémakh	21
Keghy	51
Bayazid	33
Van	130
Lim et ktoutz (Timar)	32
Bachekalé	23

cf. Ormanian, Malachia

L'Eglise arménienne, son histoire, sa doctrine, son régime, sa discipline, sa liturgie, sa littérature, son présent. 2e édition, Antélias, 1954, p. 181-187.

Tableau de statistique des écoles arméniennes dans l'Arménie turque en 1901-1902, établi par le Patriarcat

Régions	Écoles	Élèves Garçons	Élèves Filles	Prof.
Arménie turque				
Seerd	3	163	84	11
Amassia-Marzevan	9	1524	814	54
Chabin-Karahissar	27	2040	105	42
Erzeroum	27	1956	1178	85
Kighi	27	1336	367	43
Baïbourt	9	645	199	32
Diarbékir	4	690	324	27
Harpout	27	2058	496	58
Eguine	4	541	215	22
Tchimichgazak	12	456	272	15
Arapkir	18	713	223	25
Tcharsandjak	12	617	189	18
Etesia	8	1091	571	26
Gurine	12	736	78	20
Darande	2	260	70	5
Divrig	10	757	100	20
Sivas	46	4072	549	73
Bitlis	12	571	63	20
Ersindjan	22	1389	475	63
Gamakh	13	646	28	16
Bayazid	6	338	54	13
Mouche	23	1034	284	35
Van	21	1323	554	59
Lim et Guedoutz	3	203	56	6
Aktamar	32	1106	132	36
Terdjan	12	485	10	12
Sper Kiskim	3	80	—	3
Passin	7	315	—	7
Khnouss	8	352	15	12
Dicranaguerd	2	180	—	5
Palou	8	505	50	15
Malatia	9	872	230	19
	438	29054	7785	897

Régions	Écoles	Élèves Garçons	Élèves Filles	Prof.
Cilicie				
Aïntab 9		898	708	58
Antioche 10		440	47	10
Alep 2		438	249	18
Hadjen 4		508	69	12
Zeitoun 10		605	85	15
Sis et environs 7		476	165	19
Adana 25		1947	808	69
Marache 23		1361	378	44
	90	6673	2509	245

Régions	Écoles	Élèves Garçons	Élèves Filles	Prof.
Les autres parties de l'Empire				
Andrinople 6		314	251	22
Rodosto 9		1017	856	48
Ismid 38		5404	3103	212
Biledjik 10		1120	143	21
Kutahia 5		825	349	23
Smyrne 27		1640	1295	109
Angora 7		895	395	29
Césarée 42		3795	1140	125
Samsoun 27		1361	344	59
Trébizonde .47		2184	718	85
Baghdad 2		68	46	11
Yozghad 12		1197	557	43
Brousse 16		1345	733	54
Balikesser-Panderma 8		700	634	35
Tokat 11		1408	558	50
Kastamouni .3		110	50	2
Koniah 3		213	137	12
Armache 2		190	110	6
	275	23786	11419	946
Total général 803		59513	21713	2088

Note relative à la confiscation des écoles arméniennes

traduction littérale
La Sublime Porte
Ministère de l'Intérieur
Direction de l'établissement des tribus
et des réfugiés
N583

À la présidence de la Commission des biens abandonnés de Kayséri

Au nombre des biens laissés par les Arméniens déportés, les bâtiments scolaires et les objets, doivent être confiés aux Conseils d'Administration scolaires, au profit des élèves musulmans, comme nous vous avions informé par notre note administrative du 24 août 1331 sub. N° 529. Nous avons été informés par correspondance que les Commissions des biens abandonnés de certaines localités ne remettent ni écoles, ni objets.

Le Ministère de l'Éducation vous prie d'arranger le nécessaire à ce sujet. Donc, selon notre précédente note, nous vous recommandons instamment de confier aux Conseils d'Administration de l'Éducation les bâtiments et les objets nécessaires aux écoles.

Le 2 septembre 331   Pour
Le Ministère de l'Intérieur
Sceau   Mouhammed Soubhi

Talimatnamé

Réglementation de la confiscation et de la redistribution des biens dits «*abandonnés*» des Arméniens.

ARTICLE 1

Les Commissions des biens abandonnés formées en vertu des articles qui suivent agiront selon ces instructions relatives aux propriétés et aux biens immobiliers abandonnés par les Arméniens déportés.

ARTICLE 2

Après qu'un village ou une ville aura été déporté, les maisons et tous les biens immeubles appartenant à la population déportée, y compris les effets qu'ils contiennent, seront fermés et immédiatement mis sous scellés par les employés autorisés par les Commissions Administratives puis ils seront pris sous protection.

ARTICLE 3

La qualité, la quantité et les prix estimatifs des effets pris sous protection ainsi que les noms de leurs propriétaires seront inscrits en détail dans un registre; ensuite les effets seront transportés à l'église, à l'école, au khan (magasin de commerce) et aux entrepôts, et seront conservés séparément de telle sorte que le propriétaire de chaque effet ne soit pas confondu. Un rapport sera rédigé au sujet des propriétaires ainsi que des marchandises pour vérifier leur quantité, leur origine et leur destination. L'original de ce rapport doit être remis aux autorités locales et la copie certifiée exacte, aux Commissions Administratives des biens abandonnés (Emvali metruke idare Commisioni.)

ARTICLE 4

Au cas où le propriétaire restera inconnu, les marchandises confisquées seront inscrites et conservées au nom du village où elles se trouvent.

ARTICLE 5

Les biens mobiles, qui, avec le temps, se détériorent, ou les animaux domestiques seront vendus aux enchères publiques par l'entremise des sous-commissions désignées par la commission et les recettes en seront remises, en dépôt, à la caisse du ministère des Finances, au nom des propriétaires, s'ils sont connus, ou au nom du village et de la ville où ces ventes se font si les propriétaires sont inconnus.

La qualité, la quantité, la valeur, le nom du propriétaire, celui du client, le prix d'achat, seront inscrits en détails dans un registre et seront approuvés par la commission qui aura dirigé les enchères.

Un procès-verbal sera préparé dont l'original sera remis au gouvernement local et la copie, à la commission administrative des biens abandonnés.

ARTICLE 6

Les objets trouvés dans les églises, les images et les livres sacrés seront inscrits au registre. Un procès-verbal sera dressé et conservé sur place. Puis, quand la population déportée sera installée dans un endroit quelconque, les objets ayant appartenu à chaque village lui seront restitués.

ARTICLE 7

La qualité et la quantité de chaque propriété et de chaque bien abandonné seront enregistrées dans un registre, avec leur valeur au nom des propriétaires et une liste sera dressée des biens immobiliers abandonnés de chaque village et ville et remise aux commissions administratives.

ARTICLE 8

Au cas où dans les immeubles et sur les terrains se trouveraient des récoltes et des denrées susceptibles de périr, elles seront vendues aux enchères publiques par l'entremise des personnes autorisées et les recettes réalisées, seront déposées en dépôt à la caisse du Ministère des Finances, au nom des propriétaires, et un procès-verbal sera dressé. L'original en sera remis aux autorités locales et une copie, à la Commission Administrative.

ARTICLE 9

Au cas où il ne se présenterait pas d'acquéreur pour les produits agricoles et pour les productions viticoles, un accord sera conclu sur la base duquel les marchandises seront vendues aux requérants par voie d'adjudication.

Les recettes ainsi réalisées par vente ou location seront remises provisoirement à la Caisse du Ministère des Finances au nom des propriétaires.

ARTICLE 10

Aucune opération ne se fera par procuration si les propriétaires arméniens déportés ont donné cette procuration de vendre ces biens après la date de leur déportation.

ARTICLE 11

Des Mouhadjirs (réfugiés) turcs seront installés dans les maisons et sur les terres des Arméniens déportés.

Selon leurs aptitudes agricoles il leur sera délivré un récépissé.

ARTICLE 12

L'inscription des Mouhadjirs casés sera détaillée et régulière. Les noms, l'âge, la date d'arrivée de ceux qui reçoivent des maisons d'habitation seront consignés dans un registre. Un récépissé leur sera délivré indiquant la quantité et la superficie des propriétés et des terres qui leur auront été confiées.

ARTICLE 13

Les Mouhadjirs seront solidairement responsables de la protection des maisons et des arbres dans les villages; le montant des dommages occasionnés sera encaissé de la population entière du village et ceux qui auront occasionné ces dommages en seront éloignés et seront privés des avantages accordés aux mouhadjirs.

ARTICLE 14

Après avoir distribué les maisons aux mouhadjirs, des tribus nomades seront logées dans les habitations excédentaires et des formalités seront faites pour elles comme pour les mouhadjirs.

ARTICLE 15

Au moment de loger des mouhadjirs dans les maisons des Arméniens déportés des villes et des villages, priorité sera donnée aux habitants des villes et des districts; eu égard pour leurs conditions économiques et pour leurs aptitudes constructives, il leur sera octroyé des terres en quantité suffisante.

ARTICLE 16

Boutiques, maisons commerciales, (khans, bains publics, dépôts et immeubles de ce genre) qui ne conviennent pas à l'installation des mouhadjirs ainsi que des immeubles excédentaires et d'autres immeubles restés hors d'usage et d'habitation des mouhadjirs, seront mis en vente aux enchères, en vertu de l'article 18 par la Commission Administrative, ou, sous son contrôle, par l'entremise d'un organe formé des fonctionnaires et des représentants du Ministère des Finances.

ARTICLE 17

Les mouhadjirs réinstallés dans les villes et les districts seront inscrits dans un registre pour une statistique officielle. Dans ces registres seront consignés leurs noms, la qualité des terres qui leur ont été données, leur superficie et leur valeur.

ARTICLE 18

Au cas où l'on rencontrerait des spécialistes capables de conserver et de valoriser les vignes, les jardins, les oliveraies ou de pareilles terres immobilières, à proximité des villes et des districts, leur distribuer sous caution, selon leurs besoins, et leur capacité, autant de biens immeubles et de terres qu'il faut et délivrer aux intéressés des documents.

Tous les biens immeubles de ce genre qui ne seront pas remis aux mouhadjirs seront vendus aux enchères publiques, en vertu de l'article 16.

ARTICLE 19

Hormis les mouhadjirs qui se trouvent dans les districts ou qui sont venus prémunis d'un accord, d'une autorisation délivrée par les autorités locales, ou par le Ministère de l'Intérieur, il est nécessaire d'exiger des papiers officiels de ceux qui désirent habiter comme mouhadjirs les villes et les villages arméniens.

ARTICLES 20

Ceux qui désirent acheter des maisons ou des terres doivent en prendre soin, et s'ils faillissent à leurs engagements ou occasionnent des dégâts, ils doivent offrir une garantie de réparer les dégâts; il est possible de donner ces terres et ces maisons en location pour une durée ne dépassant pas deux ans.

ARTICLE 21

Il faut dresser des listes de tous les biens immeubles et des terres acquis soit par achat, soit par location, soit par adjudication, de leur qualité, de leur superficie, de leur lieu, de leurs prix d'achat ou de location avec des renseignements détaillés des clients et des locataires.

ARTICLE 22

Les recettes réalisées par la vente ou la location des propriétés seront remises en dépôt à la caisse du Ministère des Finances, au nom des propriétaires. Par la suite, elles seront remises aux propriétaires selon des directives ultérieures.

ARTICLE 23

La remise et les arrangements administratifs de tous les biens des Arméniens déportés des villes et des villages se feront selon ces directives. Ces formalités sont du ressort direct de la Commission Administrative des biens abandonnés.

ARTICLE 24

Ces Commissions Administratives, pour tout ce qui touche les arrangements administratifs des biens abandonnés en réfèrent seulement et directement au Ministère de l'Intérieur et agissent selon les ordres qu'elles en reçoivent et qu'elles exécutent; elles en informent les autorités locales.

ARTICLE 25

Il sera formé autant de commissions qu'il est nécessaire pour exécuter les stipulations de ces ordres et après autorisation du Ministère de l'Intérieur, les fonctionnaires désignés opéreront selon ses directives.

Sous l'égide du Ministère de l'Intérieur, des réglements et des explications seront élaborés par les commissions administratives des biens abandonnés et des copies en seront envoyées au Ministère de l'Intérieur et aux autorités locales.

ARTICLE 26

Il est du ressort des fonctionnaires des commissions administratives des biens abandonnés de faire les diverses formalités pour loger des mouhadjirs dans les maisons des Arméniens déportés. Pour hâter ces formalités il faut désigner des inspecteurs afin qu'ils puissent entreprendre des enquêtes et qu'ils prennent, en consultation avec les autorités locales, des décisions exécutoires. Cela fait partie des attributions des Commissions Administratives des biens abandonnés.

ARTICLE 27

Les commissions sont tenues de présenter, au moins une fois par quinzaine, un rapport succint de leurs activités avec leurs observations, leurs conclusions, leurs décisions, au Ministère de l'Intérieur et au gouvernement.

ARTICLE 28

Les Commissions Administratives des biens abandonnés, pendant l'exercice de leurs fonctions, sont tenues de se soumettre à ces ordres et aux directives données.

ARTICLE 29

Les membres de la Commission Administrative des biens abandonnés sont solidairement responsables pendant la durée de leur activité pour les opérations financières, l'administration et la conservation des biens et des terres abandonnés.

ARTICLE 30

La Commission Administrative des biens abandonnés se compose d'un président spécialement désigné et de deux membres dont l'un est désigné parmi les fonctionnaires civils de la ville et l'autre, parmi les fonctionnaires des Finances.

ARTICLE 31

Le Président de la Commission Administrative des biens abandonnés ou une personne désignée par lui tient la correspondance au nom du Président.

ARTICLE 32

Le Président de la Commission Administrative des biens abandonnés peut, quand il le juge nécessaire, charger l'un des membres de la commission, selon ces directives, de mener une enquête ou d'exercer un contrôle ou bien il peut lui octroyer un pouvoir exécutif.

ARTICLE 33

Le Président de la Commission Administrative des biens abandonnés touche par jour, une livre et demie et les membres, une livre, prélevées sur les sommes affectées aux mouhadjirs; ils toucheront des déplacements, si, chargés de mission, ils se rendent dans d'autres localités.

ARTICLE 34

Dans les districts où il n'est pas désigné de commission, l'autorité centrale de la localité a le devoir de désigner quelqu'un selon ces instructions.

Le 16 mai 1331 (1915)

Valable pour exécution, le 26 mai 1331 (1915)

Nous avons traduit ce document sur la version arménienne que M. Haygazn Ghazarian avait faite de l'original turc. Nous reproduisons cette réglementation in extenso à cause de son importance, malgré les répétitions inutiles et certaines clauses ambiguës qu'elle contient et que nous avons gardées intactes pour rester fidèle au contexte. Le texte turc a paru dans le numéro du 13 septembre 1915 du journal officiel Takvim-i-Vekai. cf. Le Turc génocide de Haygazn Ghazarian, Beyrouth, 1968, p. 29 (en arménien).

TABLEAU APPROXIMATIF
des réparations et indemnités
pour
les dommages subis par la Nation Arménienne

I
ARMÉNIE DE TURQUIE

Pour bien comprendre les chiffres ci-dessous il faut dire tout d'abord:

Qu'au cours de cette guerre mondiale, nulle part on n'a mis plus d'acharnement à incendier, à dévaster, à piller, et nulle part on n'a suivi un système officiel d'anéantissement comme on l'a fait en Arménie;

Que nulle part on n'a officiellement donné à une partie de la population faculté et liberté complète de massacrer et de piller, comme le Gouvernement turc l'a permis aux Turcs et aux Kurdes de le faire dans les régions arméniennes;

Et que, enfin dans les pays dévastés, il n'en est pas un où l'oeuvre de reconstruction et de réparation présente d'aussi multiples difficultés qu'en Arménie, en raison de sa situation géographique, du manque de moyens de communications et de la ruine totale du pays.

NOMBRE DES FAMILLES ÉPROUVÉES

Au début de la guerre, le nombre des Arméniens dans l'Empire ottoman était de 2.026.000. (Voir annexes 1 et 2 du mémorandum). En déduisant de ce chiffre ceux qui, dans la suite, n'ont pas été déportés et qui sont restés à Constantinople, à Smyrne et dans quelques autres localités, environ 226.000, le reste, soit 1.800.000 Arméniens, ont été massacrés ou déportés, ou se sont réfugiés au Caucase, en laissant tous leurs biens, meubles et immeubles. Ces 1.800.000 personnes forment, d'après les règles de statistique, 360.000 familles, dont ¼, soit 90.000, dans les villes, et les ¾, soit 270.000, dans les villages. Le Dr Lepsius, un auteur allemand, évalue ce chiffre, après enquête sur les lieux, à 1.640.350 et le American Committee for Armenian and Syrian Relief l'évalue, dans son 5e Bulletin, à 1.736.000 personnes.

	Prix moyen antérieur par famille Francs	Prix moyen actuel par famille Francs
A. Pertes subies par les populations des campagnes:		
1. Biens immeubles		
Maisons, écuries, granges, moulins, huileries, forêts, jardins, plantations de mûriers, etc.		
Par famille	475	2.850
2. Biens meubles		
Mobiliers, habillements, bijoux, etc.		
Par famille	600	3.000
3. Instruments agricoles		
Charrues, chariots, charrettes, etc.		
Par famille	300	1.500
4. Pertes de récoltes d'une année		
D'après le Bulletin officiel de l'année 1911 de la Chambre des Députés Ottomane, la dîme payée par les 6 provinces arméniennes a été de 992.583 liv.t., pour une population de 3.550.000 âmes, formant 707.000 familles. Les ¾, soit 530.250 familles habitent les campagnes et la dîme de 972.206 liv.t. doit être répartie sur elles, ce qui donne 186 piastres environ par famille. La dîme payée étant de 12.1/2% de la récolte, la valeur de la récolte doit être calculée en multipliant le chiffre ci-dessus de 186 piastres par 8, ce qui donne 1.488 piastres ou 338 francs.		
Par famille	338	338
5. Bestiaux		
En Arménie, une paire de boeufs de labour produit une récolte de céréales d'une valeur de 10 liv.t., soit 230 fr. Donc, pour obtenir une récolte (comme ci-dessus) de 338 francs, il faut que la famille ait possédé 1		

paire ½ de boeufs ou buffles. La paire de
boeufs coûte environ 250 fr. En conséquence, il faudra compter par famille:

a) Bétail de labour 1 paire ½ à 250 fr. soit   375   3.000

b) En général, chaque famille possède en
outre des vaches, veaux, chevaux, etc.,
d'une valeur égale à la moitié de celle
de ses boeufs, soit   187,5   1.500

c) Moutons, chèvres
Les moutons et chèvres sont soumis en
Turquie à une taxe de 4p. tête. Or
d'après le même Bulletin officiel, le
Gouvernement ayant encaissé en 1911
des 530.250 familles précitées une
somme de 294.339 liv.t., il s'ensuit que
chaque famille a dû payer 55 piastres.
Elle avait donc 14 moutons, d'une
valeur de 20 fr. chaque, soit   280   1.680

6. Provisions

Vivres pour 6 mois, pour le paysan et pour
son bétail, que chaque famille avait en
réserve et dont elle aura besoin pour
recommencer son travail   287,5   2.875

7. Capital

Capital en circulation   300   300

     T o t a l   **17.043**

Ce qui fait, pour 270.000 familles,
4.601.610.000 francs

**B. Dommages des populations des villes
et leurs besoins de reconstructions (commerçants, industriels et artisans)**

8. Biens immeubles

Maisons, magasins, khans, fabriques,
ateliers, boutiques, moulins,
jardins, forêts   1.900   15.200

9. Biens meubles

Mobiliers, habillements, bijoux   1.800   9.000

10. Provisions

Vivres pour 6 mois que chaque famille

avait en réserve et dont elle aura besoin
pour la reconstitution   575   5.750

11. Capital
Numéraire, valeurs, marchandises et fonds
de roulement des commerçants et des
industriels et artisans
Par famille   6.000   6.000

    T o t a l   **35.950**

Soit, pour les 90.000 familles un total de 3.235.500 francs.

DOMMAGES GÉNÉRAUX

C. Pertes humaines

12. Indemnités aux ayants-droit survivants
(et à leur défaut à la nation)
de 1.000.000 de personnes massacrées,
à raison de francs 5.000 .... 5.000.000.000

13. Indemnités pour les mutilés, blessés et infirmes
incurables, nombre 50.000, à raison de francs 5.000
par personne 250.000.000

14. Indemnités aux survivants des déportés, nombre
346.350, à raison de francs 1.000 par personne 346.350.000

15. Indemnités par suite de privation de travail aux
survivants de déportations, aux réfugiés à l'étranger,
privation du libre exercice de tout droit de propriété
et de toute profession et toute occasion de travailler,
nombre 800.000, soit, 160.000 familles, à raison de
francs 4.000 par famille 640.000.000

16. Indemnités pour les réquisitions, les souscrip-
tions forcées, pots-de-vin, etc., aux personnes
non déportées 200.000.000

17. Dépenses faites pour les réfugiés à l'étranger.
Entretiens d'hôpitaux, d'orphelinats et des asiles
sanitaires, etc. 200.000.000

18. Indemnités pour la destruction totale ou partielle
des établissements nationaux et pour les religieux:
83 sièges épiscopaux,
1.860 églises et chapelles,
229 couvents,
26 lycées et séminaires,

1.439 écoles,
42 orphelinats,
y compris leurs biens mobiliers, antiquités religieuses
et manuscrits 75.000.000
19. Canaux d'irrigation, fontaines, puits et
autres travaux 50.000.000
   T o t a l **6.761.350.000**

RÉCAPITULATION

Total du Chapitre A 4.601.610.000
Total du Chapitre B.......................... 3.235.500.000
Total du Chapitre C.......................... 6.761.350.000
Total général de l'Arménie de Turquie **14.598.460.000**

II
RÉPUBLIQUE DE L'ARMÉNIE
ET PROVINCES DU CAUCASE HABITÉES
PAR LES ARMÉNIENS

Le décompte que nous avons l'honneur de présenter ci-joint,
concerne les Arméniens de la République de l'Arménie et des autres
provinces du Caucase, lesquelles ont supporté les lourdes conséquences de la guerre.

C'est en se basant sur ces données que la République de l'Arménie
déploie actuellement tous ses efforts en vue de créer, dans chaque foyer
des agriculteurs, artisans, commerçants et autres travailleurs exerçant
des professions différentes, une vie économique régulière. Elle s'efforce de même reconstituer et de remettre en état les églises, écoles et
autres institutions gouvernementales, sans lesquelles un peuple tant
soit peu civilisé ne saurait exister.

Les sommes indiquées ne sont naturellement pas la représentation
exacte des dommages énormes supportés par la Nation. Les calculs ne
sont qu'approximatifs et pourront, par la suite, si cela est nécessaire,
être établis de façon détaillée et exacte quand il nous sera possible de
puiser les renseignements aux sources officielles des administrations
gouvernementales et privées.

Il convient, en outre, de rappeler que les Arméniens du Caucase, au commencement de l'année 1918, au moment de l'invasion des Turcs et des Allemands, quand les Russes, ne voulant plus se battre, abandonnaient le front, eurent à supporter les sévices de plus de trois millions de Musulmans qui se joignirent, dans leur triste besogne, aux troupes envahissantes turques. Leur acharnement fut d'autant plus grand qu'ils avaient en face d'eux un peuple qui, malgré son petit nombre, était demeuré le dernier à se battre pour la cause des Alliés, leurs ennemis.

A. Localités absolument dévastées et détruites et dont la population a été chassée

121.800 familles,
dont I 97.440 s'occupaient d'agriculture
et II 24.360 de commerce, d'industrie
       et de professions diverses
   121.800

I Ces 97.440 familles ont besoin, chacune, en moyenne, et en se basant sur les prix actuels, pour la création d'un nouveau foyer, de:

1. Biens immeubles
Habitations, écuries, granges, moulins, jardins, forêts
et plantations, d'arbres divers .... Fr. 3.000
2. Biens meubles
Mobilier, habillement, etc. 1.600
3. Instruments agricoles
Charrue, faux, serpes, charrettes, etc. 1.200
4. Bestiaux
Bêtes de somme, vache, cheval, mulet, moutons
et chèvres 4.500
5. Capital de roulement
Provisions de bouche, graine, semences, foin,
paille pour bestiaux, engrais etc. 3.250
 T o t a l **13.550**
Soit, au total, pour 97.440 familles,
la somme de .... Fr. **1.320.312.000**

II Les 24.360 autres familles qui s'occupaient de commerce, d'industrie et de diverses professions, ont besoin, chacune, en se basant sur les prix actuels:

1. Biens immeubles
Maisons, ateliers, usines, magasins,
diverses entreprises commerciales,
jardins etc. .... Fr. 10.000
2. Biens meubles
Mobilier, habillement, instruments de travail, etc. 5.000
3. Capital
Provisions pour la nourriture, matériaux,
capital de roulement.................................. 6.000
Total **21.000**
Soit, au total, pour 24.360 familles,
une somme de **511.560.000**
T O T A L .... **Fr. 1.831.872.000**

**B. Localités non abandonnées par la population mais ayant
souffert des événements de guerre, réquisitions, et des effets de la
diminution de la population ouvrière**

154.000 familles,
dont I   123.200 s'occupaient d'agriculture
et II   30.800 de commerce, d'industrie
                       et de professions diverses
              154.000

I Ces 123.200 familles ont besoin, chacune, en moyenne, pour la
reconfection de leurs foyers, de:
1. Pour l'achat de bêtes de somme et autres
animaux domestiques............................. Fr. 3.000
2. Instruments agricoles 800
3. Réparation des constructions et augmentation
du capital de roulement.............................. 4.200
Total **8.000**
Soit, au total, pour les 123.200 familles,
la somme de ....Fr. **985.600.000**

II Les 30.800 autres familles ont besoin, chacune, en moyenne:
1. Pour la réparation des immeubles, ateliers,
usines, entrepôt et diverses entreprises industrielles,
chaque famille .... Fr. 4.000

2. Pour la réorganisation des entreprises
commerciales et industrielles.......................... 6.000

    T o t a l **10.000**

Soit, au total, pour 30.800 familles,
la somme de **308.000.000**

T O T A L............................... **Fr. 1.293.600.000**

C. Pertes générales

1. Soldats et officiers tombés sur les champs de
bataille: environ 35.000 hommes

Indemnités et pensions aux familles,
orphelins, ascendants et descendants,
à raison de Fr. 5.000 ....Fr. 175.000.000

2. Officiers, soldats et civils mutilés, blessés et infirmes: environ
90.000 personnes

Indemnités et pensions, à raison de Fr. 5.000 .... 450.000.000

3. Personnes massacrées et ayant péri par suite de
la famine et des conséquences de la déportation:
environ 100.000 personnes

Indemnités et pensions, à raison de Fr. 1.000 .... 500.000.000

4. Indemnités pour violences et mesures attentatoires
à l'honneur: environ 12.000 personnes

À raison de Fr. 1.000 .... 12.000.000

5. Indemnités par suite de la privation de travail,
aux déportés, réfugiés; privation du libre exercice de
tout droit de propriété et de toute profession, et de
toute occasion de travailler, pour 35.000 familles.

À raison de Fr. 4.000 .... 140.000.000

6. Dépenses faites pour les Réfugiés arméniens du
Caucase et de la Perse. Entretien d'hôpitaux, points
de ravitaillement, orphelinats, asiles sanitaires,
secours médicaux 100.000.000

7. Reconstruction et réparation des écoles, églises et
autres édifices publics 10.000.000

8. Remise en état des voies de communication et
de la ligne de chemin de fer traversant le territoire
de la République................................. 20.000.000

    T o t a l .... **Fr. 1.407.000.000**

Récapitulation

Total du Chapitre A .... Fr. 1.831.872.000
Total du Chapitre B........................ Fr. 1.293.600.000
Total du Chapitre C........................ Fr. 1.407.000.000
**Total général de la République
arménienne du Caucase** .... **Fr. 4.532.472.000**

Récapitulation générale

Total général
de l'Arménie de Turquie .... Fr. 14.598.460.000
Total général de la République
arménienne du Caucase .... Fr. 4.532.472.000
Total général de l'ensemble .... **Fr. 19.130.932.000**

À l'appui des chiffres de ces tableaux, nous croyons utile de rappeler que les Arméniens, par leur amour du travail, leur esprit d'économie, leurs aptitudes notoires pour le commerce et l'industrie avaient une situation de beaucoup supérieure à celle de tous leurs voisins.

Les statistiques que nous avons présentées dans notre Mémoire à la Conférence de la Paix établissent que l'immense majorité du commerce et de l'industrie était entre les mains des Arméniens en Asie Mineure et au Caucase.

Ce sont ces foyers d'activité construits par des siècles de labeur obstiné qui sont réduits en ruines et que les Arméniens ont à réédifier.

A. Aharonian Président de la Délégation de la République Arménienne à la Conférence de la Paix	**Boghos Nubar** Président de la Délégation Nationale Arménienne

LISTE DES BIENS
APPARTENANT AU CATHOLICOSSAT ARMÉNIEN
DE CILICIE

A. Caza de KOZAN: SIS

		Surface en m²	Valeur en L.Tq. or
1	Siège du Catholicossat de Cilicie, couvent entouré d'une enceinte de 4.000m., construction en pierre; 50 chambres et salles, église, autels et chapelles, dont les murs décorés de carreaux en faïence de Kutahia antiques; une grande bibliothèque contenant plus de 400 manuscrits anciens illustrés de miniatures et plus de 4.000 volumes; un musée contenant une belle collection d'objets d'art antique; 15.000 carreaux en faïence de Kutahia antiques en dépôt	1.250.000	100.000
2	Terrain d'un autre ancien couvent contenant les ruines de l'église historique Ste. Sophie de Sis et plusieurs bâtiments et habitations	14.500	2.000
3	Boutiques et casinos au quartier Khristian	200	1.000
4	Deux boutiques et maison au quartier Khristian bazar	100	500
5	Un moulin à eau au quartier Tchaï Kénar	500	800
6	Un jardin, quartier Kassaba Jivari	10.000	800
7	Un terrain, quartier Keupru-Bachi	30.000	300
8	Jardin et maison, Kassaba Jivari	5.000	800
9	Terrain et jardin, Kassaba Jivari	20.000	500
10	Terrain, Kara-Tchalilik	50.000	300
11	Terrain, Beuru-Délik	100.000	500
12	Terrain, Kassaba Jivari	30.000	300
13	Terrain, maison et ruines d'un bain à Kassaba Jivari	30.000	500
14	Terrain, Herguélé-Baji	30.000	250

15	Terrain, Eminlik	10.000	100
16	Terrain, Hayatlik	10.000	120
17	Terrain, Savdji-Hajili	10.000	100
18	Antique couvent avec dépendances, autels, écoles, cimetière de la Congrégation	50.000	6.000
19	Terrain, quartier Mahmoudlou, Guetchid Aghzi	10.000	100
20	Terrain, Mahmoudlou, Kizil Yazi	16.000	150
21	Terrain et maison, quartier Arslan Pacha	400	400
22	Grande ferme, bâtiments, dépôts, écuries, machines agricoles, terrain de culture, 80 boeufs, 50 vaches, 30 mufles, troupeau... plus de 10.000 deunums	10.000.000	50.000
23	Moulin à eau au village de Telan	10.000	2.000

B. Caza de MARACHE

1	Vignes au village de Terleyen	2.000	120
2	Vigne avec jardin au village de Terleyen	4.000	160
3	Vigne et terrain au village de Terleyen	4.000	150
4	Vigne avec jardin au village de Terleyen	4.000	180
5	Jardin et terrain à Kerchan	3.000	150
6	Maison et terrain à Ayaklidja-Olouk	100	100
7	Vigne et terrain à Ayaklidja-Olouk	3.000	160
8	Vigne et terrain à Sari-Kaya	2.000	100
9	Tach-Khan, quartier Bezirgan tcharchesi	2.000	1.500
10	Boutique au quartier Kazandji tcharchesi	30	200
11	Boutique au quartier Kazandji tcharchesi	50	250
12	Boutique au quartier Boghaz Kessen	20	120
13	Boutique au quartier Belediye tcharchesi	40	225

14	Boutique à Kazandjilar tcharchesi	20	150
15	Trois boutiques à Keuchker tcharchesi	120	600

C. Caza de JIHAN

1	Maison au quartier Konak Oghlou	300	500
2	Terrain au quartier Konak Oghlou	200	250

D. Caza d'ADANA

1	Grand immeuble servant de local à l'Administration des Postes et Télégraphes d'Adana, au quartier Tcherak	500	12.000

LISTE DES BIENS
APPARTENANT AUX COMMUNAUTÉS ARMÉNIENNES
EN CILICIE

A. Communauté Arménienne de SIS

1	Église Notre-Dame	1.250	1.500
2	Église Saint Sarkis	750	950
3	Chapelle St Minas	500	750
4	Chapelle St Paul	750	1.000
5	Chapelle Haïr Apraham	250	400
6	Chapelle St Luc	600	800
7	Chapelle St Jean et 6 boutiques	1.260	1.500
8	École et terrain au quartier Hadji Ouchaghi	1.100	1.250
9	Terrain, ancien cimetière au quartier Herguélé	5.000	150
10	Terrain de la Chapelle Notre-Dame à Tcharchan-Tépé	5.000	250
11	Terrain au village Kezel Yazi	15.000	150
12	Maison à Mahmoudlou	125	150
13	Boutique à Mahmoudlou	40	80
14	Un mahséré (presse à sésame) au quartier Mahmoudlou	250	300

15	Maison à Mahmoudlou	80	100
16	Maison à Aslan Pacha	110	120
17	Boutique, rue Sérail	80	250
18	Jardin à Sut Kioski	3.000	75
19	Terrain au village de Kerez	30.000	250
20	Boutique au quartier Aslan Pacha, 7 pièces	300	850
21	Cimetière et chapelle à Déré Kénari	5.000	350

B. Communautés Arméniennes de TARSOUS, KOZOLOUK et environs

1	Église Sourp Asdvadzadzine et bâtiments	6.000	60.000
2	École près de l'église	2.500	2.500
3	École des filles	1.500	1.200
4	Bâtiment servant d'ouvroir	2.000	3.500
5	Maison près de l'église	100	150
6	Four près de l'église	250	150
7	Boutique	60	80
8	Magasins, 10 pièces et dépendances	1.200	5.000
9	Maison	174	250
10	Cimetière et jardin à Deunuk Dache	24.000	20.000
11	Boutiques, 2 pièces au quartier Kutchuk Minaré	300	800
12	Ancien cimetière à Gueuzluk Tépé	3.000	350
13	Église Namroun au quartier Tchadir-Guétchid	600	250
14	École, Namroun, quartier Torosdjouk	500	150
15	Cimetière à Kala Dibi	2.000	100
16	Église à Kozolouk	800	250
17	École à Kozolouk	1.000	275
18	Couvent à Yavandja	4.500	750
19	Église à Gulek	1.500	350

C. Communautés Arméniennes de MERSINE et ZILIFKÉ

1	Église St Grégoire l'Illuminateur	4.000	3.500
2	Deux écoles près de l'église	600	1.200
3	Nouvelle grande école	3.000	3.500
4	École et deux maisons	1.750	2.000
5	Maison et boutiques, 4 pièces	1.200	2.400
6	Maison, four et magasins, 5 pièces	900	5.000
7	Maison, près de l'église	450	500
8	Maison, près de l'église	560	600
9	Maison et casino, 3 pièces	800	2.000
10	Terrain à proximité de l'église	600	350
11	Maison	150	250
12	Cimetière et bâtiment Mersine	5.000	2.500
13	Église Sourp Asdvadzadzine de Zilifké	2.500	1.200
14	École de Zilifké	1.600	350
15	Terrain à Zilifké	2.500	300
16	Maison	450	375
17	Maison	250	250
18	Maison	200	150
19	Église et école au village de Maghara	1.500	775

D. Communauté Arménienne de MALATIA

1	Église et archevêché	2.500	10.000
2	Boutiques, 56 pièces à Kazandjilar	1.260	6.400
3	Maison à Sel Keupru	175	250
4	Maison au quartier Tchekemler	150	240
5	Terrain, banlieue de la ville	30.000	900
6	École Sahakian	1.200	2.500
7	Église Ste Trinité, quartier Tarkhan et terrains entourés d'une enceinte de 3000m	750.500	15.000
8	École arménienne	3.500	2.500
9	Maison, 3 pièces	1.500	750

10	Église Sourp Harouthioun et École Nercessian	3.600	12.000
11	Boutiques, 5 pièces au quartier Kondouradji	250	500
12	Maison	150	220
13	Couvent St Sauveur, école et 30 chambres au village Ordouz	32.000	3.500
14	Cinq vignes et 2 terrains près du couvent Saint Sauveur	100.000	1.200
15	Couvent St Etienne et bâtiments	82.000	1.000
16	Église, école et 5 parcelles de terrain au village de Kékim-Khan	120.500	2.250
17	Église, école et 2 parcelles de terrain au village d'Ansour	60.000	1.450
18	Église, école et 3 terrains au village de Mouchouks	20.200	1.000
19	Grand cimetière et bâtiment ainsi que douze immeubles et terrains	250.000	5.000

E. Communauté Arménienne d'ADANA

a) Églises

1	Église Sourp Asdvadzadzine au quartier Kheder Elias et		
2	Une école située dans l'enceinte de la dite église: Titre: Firman du Rabi-el-Ewwel 1231	6.000	25.000
3	Église Sourp Sdépanos et école au quartier Boudjak incendiées par les Turcs en 1909 -Firman perdu	5.000	18.000
4	Église de Khristian-Keuy: Titre: Firman du Rabi-el-Akher 1264	1.000	1.000
5	Église du village Indjirlik: Titre: Firman perdu	800	800
6	Église du village de Cheikh Mourad: Titre: Firman perdu	1.000	1.000
7	Église du village Abdo-Oghlou: Titre: Firman perdu. Cette église a été incendiée par les Turcs durant l'occupation française.	200	200

8 Église du village de Missis, incendiée
par les Turcs, durant l'occupation
française. Titre: Firman perdu   400   400

b) Bâtiments et autres

9 Maison, quartier Eski-Hamam. Titre:
Deux séneds tapou (titre de propriété
foncière) du 30 Chawwal 1314 (cf.
Tapous Nos 73 et 74 de mai 1312 et les
Nos 7 et 8 de Kianoun-Sani 1313).
Titulaire: Mariam Binti Hovakim,
c'est-à-dire l'Église Ste Asdvadzadzine
Notre-Dame   400   1.200

10 Boutique, quartier Nadjaran. Titre:
Tapou 17 Zilkadé 1316 (cf. Séned 199,
Choubat 1312). Titulaire: Mariam Binti
Hovakim   40   120

11 Maison, quartier Nadjaran. Titres:
Tapous No 200, 17 Zilkadé 1316 et 12
Choubat 1313. Titulaire: Mariam Binti
Hovakim   200   600

12 Terrain au quartier Deuchémé Sok-
aghi. Titre: Tapou 5 Djem. Al-Ewwel
1315 (cf. Tp. 49, Techréni Sani 1315).
Titulaire: Mariam Binti Hovakim   1.160   3.500

13 Maison et boutique, 2 pièces au quartier Mermerli. Titre: Tapou 22 Haziran
1321 (cf. 119 Haziran 1321). Titulaire:
Mariam Binti Hovakim   250   800

14 Maison au quartier Mermerli Tapou
No 120, Haziran 22, 1321. Titulaire:
Mariam Binti Hovakim   150   500

15 Maison au quartier Hadji-Hamed
Tapou No 34 du 22 Kianoun Sani, 1314.
Titulaire:
Mariam Binti Hovakim   200   400

16 Maison au quartier Idjadié. Tapou No
148, 16 Techrin Ewwel 1320. Titulaire:
Mariam Binti Hovakim   160   500

17	Maison au quartier Boudjak. Tapou No 6, août 1305. Titulaire: Mariam Binti Hovakim	300	750
18	Maisons, 3 pièces, au quartier Boudjak. Tapou 30 Techrin Sani 1315 No 108, Techrin Sani 1315. Titulaire: Mariam Binti Hovakim	600	1.500
19	Maison au quartier Boudjak. Tapou: No 211, 30 Techrin Sani 1315. Titulaire: Mariam Binti Hovakim	250	600
20	Maison au quartier Boudjak. Tapous 220 et 222, 30 Techrin Sani 1315. Titulaire: Mariam Binti Hovakim	200	600
21	Maison au quartier Kheder-Elias. Tapou 19 Jemz-Ul-Akher 1307 (230 Kianoun Ewwel 1300). Titulaire: Mariam Binti Hovakim	250	750
22	Deux maisons au quartier Kheder Elias. Tapou: 15 Zlh. 1301 (No 63, Kianoun Ewwel 1300). Titulaire: Mariam Binti Hovakim	400	1.000
23	Boutique et Terrain au quartier Hamam-Kourbi. Tapou: 1, Jm. ul Ewwel 1308 (Nos 31 et 32, Mr. 1303). Titulaire: Mariam Binti Hovakim	450	1.100
24	Boutique au quartier Hamam-Kourbi. Tapou: 30 Haziran 1307 (No 29, Haz. 1303). Titulaire: Mariam Binti Hovakim	60	300
25	Boutique au quartier Hamam-Kourbi. Tapou: 11 mars, 1317. Titulaire: Mariam Binti Hovakim	50	250
26	Maison au quartier Tarsous-Kapou. Tapou: 15 mars 1302 (cf. No 80 mars 1302). Titulaire: Mariam Binti Hovakim	250	750
27	Maison au quartier Tarsous-Kapou. Tapou: 15 mars 1302 (cf. No 81 mars 1302). Titulaire: Stéphannos Église St Etienne	300	800

28	Un casino avec jardin au quartier Tarse Kapou. Tapou: 28 Kianoun Ewwel 1321 (cf. No 331, Kianoun Ewwel 1321). Titulaire: Mariam Binti Hovakim	650	2.500
29	Maison au quartier Tcherak. Tapou: 30 Kianoun Ewwel 1315. Titulaire: Mariam Binti Hovakim	200	600
30	Boutique au quartier Tcherak. Tapou: 30, Kianoun Ewwel 1315. Titulaire: Mariam Binti Hovakim	80	400
31	Boutique avec terrain au quartier Tcherak. Tapou: No 23, 13 Zil. 1313. Titulaire: Mariam Binti Hovakim	150	450
32	Maison au quartier Tarse-Kapou. Tapou: 3 Ilams. 29 Chebat 1311, 7 Rabi ul Ewwel 1312 et 4 Chebat 1316. Titulaire: Mutewelli des Wakfs arméniens d'Adana	200	550
33	Maison au quartier Tachjikan. Tapou: Hojet-Chérié, 7 Chewwal 1288. Titulaire: Mutewelli des Wakfs arméniens d'Adana	250	750
34	Maison au quartier Sari-Yacoub. Tapou Hojet-Chérié, 15 Chewwal, 1282. Titulaire: Krikor Bezdikian Mutewelli des Wakfs arméniens d'Adana	260	800
35	Maison au quartier Sari-Yacoub. Tapou: Feraghnamé 15 Rejeb 1279. Titulaire: Mekhsi Avédik Tchorbadji Mutewelli des Wakfs arméniens	300	850
36	Terrain au quartier Idjadié. Tapou: Ilam, 14 Techrin Ewwel 1319. Titulaire: Mutewelli des Wakfs arméniens d'Adana	1.134	2.500
37	Maison et magasin, 2 pièces, au quartier Dourm-Faki. Tapou: Kararnamé de Charié, 12 Rabi-ul Ewwel 1280.		

	Titulaire: Bezdik Zadé Krikor, Mutewelli des Wakfs arméniens	450	1.200
38	Maison au quartier Kharab-Baghtché. Tapou: perdu. Titulaire: Mutewelli des Wakfs arméniens	250	650
39	Maison avec deux magasins, 3 pièces, au quartier Hamamli. Tapou: Hojet, 5 Jem-ul-Ewwel 1302 et 14 El. 1885. Titulaire: Mutewelli des Wakfs arméniens	750	1.500
40	Maison au quartier Dourmouch Faki. Tapou: perdu. Titulaire: Mutewelli des Wakfs arméniens	150	350
41	Maison et magasin Makid Ana au quartier Eski-Tcharchi, 2 pièces. Tapou: Hojet 17 Rabi-ul Ewwel 1316. Titulaire: Communauté arménienne d'Adana	300	550
42	Maison au quartier Téké Zimmi. Tapou et titulaire perdus	150	350
43	Maison au quartier Kheder-Elias. Tapou: Reg. No 9/107, T. Zimien. Titulaire: prêtre Ohannès Yirikian, Mutewelli des Wakfs arméniens	300	800
44	Maison au quartier Kheder-Elias. Tapou et titulaire perdus	450	900
45	Boutique au quartier Hamam Kourbi. Tapou: Reg. No 1498 Palandjilar et No 1598 K. Alti en date de 1296. Titulaire: Mariam Binti Hovakim	80	400
46	Terrain au quartier Hamam Kourbi. Tapou: No 177, 30 Nissan 1331. Titulaire: Communauté arménienne d'Adana	40	150
47	Terrain au quartier Hamam Kourbi. Tapou: No 178, 30 Nissan 1331. Titulaire: Communauté arménienne d'Adana	80	200

48 Maison au quartier Eski-Hamam. Tapou No 1,25 Ramazan 1331/15 août 1329. Titulaire: Communauté arménienne d'Adana	150	300
49 Terrain au quartier Eski Hamam. Tapou: No 2,25 Ramazan 1331, 15 août 1329. Titulaire: Communauté arménienne d'Adana	150	250
50 Terrain au quartier Hamam Kourbi. Tapou: No 3.25 Ramazan 1331/15 août 1329. Titulaire: Communauté arménienne d'Adana	40	125
51 Terrain au quartier Hamam-Kourbi. Tapou: No 4.25 Ramazan 1331/15 août 1329. Titulaire: Communauté arménienne d'Adana	54	150
52 Terrain au quartier Hamam-Kourbi. Tapou: No 5.25 Ramazan 1331/15 août, 1329. Titulaire: Communauté arménienne d'Adana	30	100
53 Maison au quartier Kheder-Elias. Tapou: No 2 en date du 2 août 1335. Titulaire: Église arménienne Mariam Ana	450	700
54 Maison au quartier Abidin Pacha Jaddesi. Tapou: No 83, 17 Nissan 1336. Titulaire: Église arménienne Mariam Ana	160	600
55 Terrain au quartier Idjadié. Tapou: No 323, 21 Kianoun Sani 1329. Titulaire: Communauté arménienne d'Adana	850	1.650
56 Boutique, rue Hukumet Djaddesi. Tapou: No 336, 22 Kianoun Sani 1329. Titulaire: Communauté arménienne d'Adana	80	200
57 Terrain au quartier Idjadié. Tapou: No 409, 28 Kianoun Sani 1329. Titulaire: Communauté arménienne d'Adana	850	1.500

58	Maison, legs de Mme Eghsa Tatirossian au quartier Hadji Hamid. Tapou: Hedjet Charié, 20 Séfer 1330 (cf. No 106 et 419, 1327). Titulaire: Evêque Arménien Mutewelli des Wakfs arméniens	650	1.250
59	Maison, legs Hatoun et Eva, filles de Yacoub, au quartier Soudjou-Zadé. Tapou: Hodjet chérié, 3 Séfer 1281. Titulaire: Mutewelli des Wakfs arméniens d'Adana	250	700
60	Terrain, R. Abd-El-Razak au quartier Tekkéi-Zimmien. Tapou: No 46, Choubat 1308. Titulaire: Mariam Binti Hovakim	150	250
61	Maison legs Krikor Bezdikian, 8 Techrine Sani 1879, au quartier Kheder Elias. Tapou: No 782 dates 1296 et 1322. Titulaire: Communauté arménienne d'Adana	750	2.250
62	Boutique et terrain au quartier Tarsous-Kapou. Tapou: No 31 et 32, mars 1305. Titulaire: Mariam Binti Hovakim	80	240
63	Maison, legs de Aghdadji Sdépan, fils de Daoud, quartier Hilal. Tapou: acte de donation, et testament en date du 15 septembre 1885/18 Zilh. 1302. Titulaire: Églises Notre-Dame et Saint Etienne	300	800
64	Boutique au quartier Soudji-Zadé, Siptilli. Tapou: Acte notarié signé par le vendeur Sarkis Bédoyan, 1er Nissan 1305. Titulaire: Évêque Meguerditch en sa qualité de Mutewelli des Wakfs arméniens d'Adana	100	250

c) Vignes et Champs

65	Vigne au village de Yelanli. Tapou: 30 Kianoun Ewwel 1317 (cf. No 170, 1317). Titulaire: Mariam Binti Hovakim	13.000	1.500
66	Vigne, legs Aghdaji Sdépan, fils de Davoud, au village de Kara-Embia. Tapou: Acte de donation et testament en date du 15 sept. 1885/18 Zilh. 1302, 15 El. 1301. Titulaire: Églises Notre-Dame et Saint Etienne	22.000	250
67	Une autre vigne, donation du même, au village Chirmanli. Tapou et testament les mêmes qu'au précédent	32.000	360
68	Cimetière au quartier Chabanié appartenant à la Communauté arménienne d'Adana	50.000	20.000

d) Grands Immeubles de Yéni-Tcharchi

69	Hôtel « *Taurus* » et 18 magasins au rez-de-chaussée, quartier Mestan-Hamam	1.550	6.800
70	Magasins, 11 pièces, derrière l'hôtel sus-mentionné, quartier Tcherak, Mestan-Hamam	850	3.500
71	École Apkarian et 32 magasins au rez-de-chaussée et grande cour	25.000	32.500
72	Autres magasins, 10 pièces dans le même quartier Mestan-Hamam	1.250	12.500
73	Un bâtiment dit « *Bourse d'Adana* » et 6 magasins ainsi qu'un étage supérieur occupé jadis par la Chambre de commerce d'Adana et par le Conseil National Arménien, quartier Tarsous-Kapou	8.000	50.000

Notes explicatives

Une grande partie des biens appartenant à la Communauté Arménienne fut autrefois enregistrée au nom de « *Mariam Binti-Hovakim* » (Marie Fille de Joachim), personne fictive désignant la Vierge Marie; et une autre partie fut enregistrée au nom de Stépanos, également personne fictive désignant St. Etienne. La communauté a procédé, lors de la promulgation de la Loi sur les personnes morales (Loi du 22 Rébi-Ul-Ewwal 1331/16 Choubat 1328) aux formalités nécessaires pour la rectification d'inscription relative à ces biens afin de les faire enregistrer directement à son nom.

(Archives du Catholicossat Arménien d'Antélias -Liban-, cf. Notre mémoire sur la confiscation des biens arméniens présenté en 1968 à la Faculté de Droit de Montpellier en vue d'un Doctorat en sociologie juridique, pages 120-135)

Tauris, le 8 mars 1919

Le Consul de France à Tauris
à S.E. Monsieur le Ministre des Affaires Etrangères à Paris

Les télégrammes de l'Agence Reuter ont annoncé, il y a une quinzaine de jours, la formation à Constantinople d'une cour martiale alliée, chargée de juger et de punir les généraux, gouverneurs ou fonctionnaires ottomans, inculpés et convaincus d'avoir été les auteurs ou les instigateurs de massacres d'Arméniens ou de chrétiens, au cours de cette guerre.

Je crois donc de mon devoir de signaler à Votre Excellence le nom du général ALI IHSAN PACHA, qui se targue d'assez de crimes pour être recherché et traduit devant ce tribunal d'exception.

Avant l'occupation de l'Azerbaïdjan par les Ottomans, Ali Ihsan Pacha commandait le corps d'armée stationné à Van.

Lorsque les forces turques envahirent le Nord de la Perse, Ali Ihsan Pacha fut nommé commandant en chef des troupes ottomanes en Azerbaïdjan.

Ainsi que le sait Votre Excellence, l'arrivée des effectifs ennemis fut, dans la région de Salmas, le signal de massacres considérables de chrétiens. Ali Ihsan Pacha n'avait-il pas pris pour prétexte premier de son intervention la vengeance des Musulmans tués à Ourmiah durant les batailles de février 1918?

Ali Ihsan Pacha fit son entrée à Tauris, à la fin du mois de juin dernier. Il profita du moment où une délégation, chargée de lui présenter les compliments de la colonie arménienne de Tauris, s'acquitta de sa mission, pour lui adresser publiquement un discours conçu à peu près en ces termes: « *Je vous remercie de m'apporter l'assurance que les Arméniens de Tauris accueilleront avec bienveillance les soldats turcs. Sachez que, lors de la venue de mes troupes à Khoy, j'ai fait massacrer, sans distinction de sexe et d'âge, tous les Arméniens de la contrée. Gare à vos coréligionnaires de Tauris, si un seul bouge: ils connaîtraient tous alors le poids de ma vengeance.* » Le chef de la délégation, M. Tigrane Coroyants, qui m'a rapporté ce fait, ajoute qu'ayant demandé au Pacha les raisons qui l'avaient poussé à immoler des innocents, il lui fut répliqué: « *Le général arménien Andranik avait passé la frontière du Caucase avec ses troupes, tué plusieurs de mes sentinelles et de mes hommes; je les ai vengés sur vos coréligionnaires. J'ai, en outre, donné ordre au Khan de Makou de passer au fil de l'épée tous les chrétiens sans exception résidant sur son territoire, le prévenant que si un seul échappait, je retournerais mes canons contre Makou.* »

Quelques jours plus tard, recevant chez lui l'évêque arménien Mgr. Nercès, le Pacha lui disait: «*J'ai fait massacrer un demi million de vos coréligionnaires; je puis vous offrir une tasse de thé.*» Et il continua: «*Vous m'avez récemment fait offrir un bouquet par une fillette arménienne; je n'aime point tuer les enfants; mais si à Tauris un seul Arménien a le malheur de s'en prendre à mes troupes, toutes ces fillettes seront la rançon sanglante du moindre incident. Tenez-le vous pour dit.*»

C'est ce même Ali Ihsan Pacha qui, à peine installé à Tauris où il ne résida heureusement qu'une vingtaine de jours, obligea la colonie arménienne à lui livrer 20 otages notables, alors qu'il n'y avait aucune raison de soupçonner la conduite des Arméniens indigènes. Le seul motif de cette mesure draconienne était la terreur qui hantait ce chef ottoman que les Arméniens voulussent se débarrasser de lui personnellement pour venger les massacres de leurs frères.

C'est à Ali Ihsan Pacha qu'il semble falloir attribuer le massacre à Diliman de M. L'Hôtellier, lazariste français, Supérieur de la mission catholique de Khosrova, et de son confrère indigène, M. Mir Aziz, d'après les renseignements qui me sont parvenus. M. L'Hôtellier, au moment où Ali Ihsan Pacha entrait à Diliman, se serait porté à sa rencontre avec une délégation chrétienne pour affirmer au général ennemi que la population non musulmane ne demandait qu'à vivre en bonne intelligence avec les Ottomans et que lui, Lazariste, chef spirituel de cette communauté, avait toujours multiplié ses efforts pour marcher d'accord avec les Musulmans du pays. Deux ou trois jours après, Ali Ihsan Pacha faisait conduire M. L'Hôtellier et M. Mir Aziz et d'autres notables arméniens et catholiques hors de la ville où ils furent non seulement fusillés, mais mutilés par les Turcs.

En évaluant à 500.000 le nombre de ses victimes, le général turc exagère cyniquement ses forfaits. Il n'en reste pas moins avéré qu'après le passage des troupes turques à Khoy et Salmas, ces deux villages, qui comptaient ensemble une population chrétienne de plus de 5.000 âmes, n'en possèdent plus aujourd'hui en tout que 650 (500 à Khoy et 150 à Salmas) et, dans ce dernier bourg, il n'y a plus un seul homme: les 150 chrétiens qui ont survécu sont des femmes ou des enfants. On peut donc estimer que, dans ces deux seules localités, les réguliers turcs, sous le commandement d'Ali Ihsan Pacha, ont massacré environ 3.000 à 3.500 personnes, le reste ayant fui ou étant mort de privations ou d'épidémies.

Ali Ihsan Pacha a dû probablement exercer ses talents d'égorgeur dans d'autres centres arméniens, en Turquie, alors qu'il résidait à Van.

Mais seule une enquête pourra déterminer sa culpabilité sur ce dernier point. Il me paraît cependant que ses meurtres incontestables de chrétiens, avoués par lui-même, dans le Nord de la Perse, doivent suffire pour l'inculper et le faire comparaître devant la cour martiale, qui lui infligera le châtiment qu'il mérite.

Archives des Affaires Etrangères Série E Levant 1918-1940 Arménie 4 (1919) fol. 41-42.

Fac-similé d'un titre de propriété foncière au nom de Mariam, veuve de Kévork, au quartier Mermerli, à Adana.

Fac-similé d'un titre de propriété foncière au nom de Khatoun, fille de Sarkis, au quartier Idjadié, à Adana.

Loi sur les biens, dettes et créances laissés par les personnes transportées dans d'autres localités

Article 1er

La liquidation des biens, créances et dettes laissés par les personnes physiques et morales transportées dans d'autres localités en vertu de la loi provisoire du 14 mai 1331, est opérée par les tribunaux sur le procès-verbal qui sera dressé séparément pour chaque personne par les Commissions instituées à cet effet.

Article remplaçant l'article 2

Les propriétés immobilières appartenant aux personnes désignées à l'article premier, lors de leur transport, sont transférées au nom du Trésor du Vacouf, si elles sont de nature vacouf à double loyer, bâties ou de rapport, et au nom du Trésor des Finances si elles sont de toute autre nature. Toutes ces deux espèces de propriétés immobilières seront estimées, et leur valeur, déduction faite des frais de liquidation, sera inscrite par les trésors susvisés à titre de consignation, au crédit de leur propriétaire. Tout procès relatif à ces propriétés sera intenté par ou contre les dits trésors, et tous actes, autres que les titres possessoires, serviront également comme preuves pour la possession des propriétés susdites, à condition qu'ils ne soient point fictifs.

Seront annulées par les tribunaux les ventes conclues par les personnes sus-indiquées un an avant leur départ, au cas où ces ventes seraient reconnues fictives ou entachées de lésion excessive.

Les propriétés immobilières abandonnées qui seraient occupées arbitrairement et sans aucun contrat basé sur un titre ou acte valable, seront évacuées dans les huit jours par les soins du plus haut fonctionnaire administratif, à la suite de la décision rendue par la Commission.

Article 3

Les fonds et les autres biens mobiliers abandonnés des personnes susvisées, aussi bien que leurs consignations et leurs créances sont recueillis, revendiqués, encaissés et réclamés en justice par le Président de Commission énoncé à l'article premier ou par son remplaçant, lequel procède à la vente par voie d'enchères des biens ne faisant pas l'objet d'une contestation et en consigne le produit aux Caisses du Fisc au nom des propriétaires.

Article remplaçant l'article 4

Toute personne revendiquant un bien abandonné ou prétendant être créancier d'une des personnes ci-dessus indiquées doit, s'il réside en Turquie, s'adresser en personne ou par fondé de pouvoir à la Commission instituée en vertu de l'article premier, dans un délai de quatre mois du jour de la mise en vigueur de la présente loi, et au cas où ces Commissions ne seraient pas encore constituées, dans le même délai de 4 mois du jour de leur constitution dans chaque section, et dans le délai de six mois, s'il réside à l'étranger, de faire enregistrer et admettre sa créance et de désigner dans la ville où siège la Commission un domicile, pour toutes significations.

Les dispositions du droit commun seront appliquées aux procès intentés après l'expiration des délais ci-dessus. Il est toutefois défendu aux juges de rendre dans les susdits procès des jugements de défaut subordonnés au refus de prestation de serment du défendeur lors de l'opposition.

Seront considérés comme nuls et non avenus les jugements de défaut obtenus avant l'application de la présente loi, uniquement sur la base du refus de prestation de serment du défendeur en cas d'opposition et les intéressés seront libres de poursuivre leur action en conformité de la présente loi.

Les Commissions susdites fonctionnent dans chaque localité au maximum pendant un an à dater du jour de leur constitution. Les procès non terminés dans cet intervalle seront déférés, suivant leur nature, aux Tribunaux et Départements compétents pour y être terminés.

Article 5

Les Commissions recherchent et examinent les preuves relatives aux créances et aux dettes de toute nature, admettant et enregistrant celles de ces dernières qui leur paraissent certaines et, après annotation, renvoient les demandeurs en revendication des propriétés immobilières abandonnées par devant les tribunaux compétents. Elles préparent pour chaque personne un procès-verbal séparé énonçant le bilan de ces biens et de ces comptes, procèdent à leur signification aux intéressés en les faisant afficher dans les localités requises et remettent les originaux avec les actes y afférents au Procureur Général qui les consigne accompagnés d'une demande d'enregistrement au Tribunal Civil de Première Instance dont ressort le domicile légal du débiteur avant son transport.

Les créanciers peuvent former opposition à ces procès-verbaux devant les Tribunaux compétents, dans l'espace de quinze jours à compter de la date de leur publication.

À l'expiration du délai ci-dessus le Tribunal procède, en présence du Procureur Général, à toute vérification nécessaire, et, en cas d'opposition, cite à bref délai l'opposant et le président de la Commission ou son remplaçant, entend leurs objections et leur défense, effectue les modifications qu'il juge nécessaires dans chaque procès-verbal qu'il retourne ensuite sous forme de jugement aux Commissions à fin d'exécution en conformité de l'article suivant.

Les décisions contenues dans ces jugements ne sont pas susceptibles d'opposition, d'appel, de tierce opposition ou de pourvoi en cassation.

Article 6

Au cas où l'actif existant ne suffirait pas à solder les dettes privilégiées et les dettes non privilégiées des débiteurs, établies par les jugements devenus définitifs, ces dettes seront payées au marc, le franc par les Commissions de liquidation et, à l'expiration de leurs fonctions, par les bureaux d'exécutions, à condition de régler les dettes privilégiées avant les autres dettes.

Article remplaçant l'article 7

Sont nulles et de nul effet les saisies conservatoires pratiquées sur les biens abandonnés des personnes susmentionnées par les Tribunaux et Départements officiels, et les saisissants ou les personnes ayant des procès en cours devant les tribunaux devront se soumettre aux dispositions de la présente loi.

Les saisies-exécutions sont également poursuivies et terminées conformément aux dispositions de la loi.

Les procès en cours au profit des personnes transportées seront poursuivis ou terminés par les soins des trésors sus-indiqués, en conformité de la loi.

Article remplaçant l'article 8

Des instructions conformes aux modifications apportées par la présente loi, détermineront le mode de constitution des Commissions et la procédure relative à l'application et à l'exécution de la présente loi.

L'article 9 est abrogé.

Article additionnel

Les dispositions de la loi provisoire du 13 septembre 1331 seront également appliquées avec les modifications précédentes aux propriétés mobilières et immobilières, aux dettes et aux créances des personnes absentes ou ayant quitté le pays de quelque manière que ce soit, de celles qui se sont enfuies à l'étranger, dans les pays occupés ou à Constantinople et ses dépendances.

La loi sur les biens abandonnés du 22 chaban 1340 et du 2 avril 1338 est abrogée.

La présente loi entre en vigueur du jour de sa promulgation. Les Commissaires au Chéri, à l'Evcaf, à la Justice, à l'Intérieur et aux Finances sont chargés de l'exécution de la présente loi.

Les modifications ci-dessus ont été apportées par la loi publiée le 15 avril 1339 (1923).

Déclaration d'Ismet Pacha du 17 juillet 1923

« *Ismet Pacha déclare que le gouvernement turc désire appliquer aussitôt que possible les dispositions de la Déclaration relative à l'amnistie avec sincérité et ponctualité. Il les appliquera dans un esprit aussi large que les autres Puissances signataires de la Déclaration. Il était tout naturel que les autorités turques poursuivissent les délinquants jusqu'au moment où la paix serait signée; quoiqu'il en soit, le gouvernement turc, incontestablement, n'a cessé et ne cessera, au cours de ces poursuites que le souci de sa sécurité lui impose, de faire preuve de la plus grande générosité possible.*

« *La Délégation turque a exposé au cours des réunions précédentes sa manière de voir au sujet des émigrés arméniens. Elle estime qu'il n'y aurait pas intérêt à y revenir.*

« *Le Gouvernement de la Grande Assemblée Nationale de Turquie, sincèrement désireux de voir la concorde et la bonne entente régner entre tous les éléments de la nation, tient à ce qu'ils jouissent sur un pied de parfaite égalité de tous les droits et libertés que les lois reconnaissent aux citoyens turcs.*

« *En vue de contribuer à la pacification générale dans le pays, la Délégation Turque avait d'abord accepté d'accorder une amnistie complète aux habitants de la Turquie. Bien que, par l'expression 'habitants', on entendait les personnes habitant actuellement les territoires turcs, elle a accepté ultérieurement, pour entrer dans les vues des Délégations alliées, que les personnes ayant précédemment habité la Turquie puissent également bénéficier de cette amnistie.*

« *En acceptant de renoncer à toute poursuite, même contre les gens qui ont pris les armes contre leur patrie, le Gouvernement turc considère avoir fait preuve, aux dépens de l'ordre public, d'un esprit de tolérance et de conciliation qui n'est nullement pratiqué par d'autres États. Si d'autres États sont en droit pour divers motifs, et particulièrement pour des raisons de sécurité générale, de ne pas renoncer à la poursuite de leurs ressortissants se trouvant dans la même situation, il ne serait pas équitable d'exiger de la Turquie, outre l'irresponsabilité pénale qu'elle accepte, d'ouvrir encore son pays aux fauteurs de trouble. Ce serait exposer à nouveau le pays à tous ces événements sanglants qui, depuis le Traité de Berlin, ont rendu impossible le rétablissement d'une tranquillité constante en Turquie.*

« *Fermement décidé à faire bénéficier le peuple turc des bienfaits d'ordre et de tranquillité dont jouit tout pays indépendant, le Gouvernement turc se trouve dans l'impérieuse obligation de défendre l'accès de son territoire à tout élément de désordre et de révolution. L'exercice de ce devoir souverain n'empêchera pas la Turquie de veiller, dans la mesure du possible, à ce que des gens paisibles et de bons citoyens n'aient pas à souffrir des mesures en question.*

« *La Délégation Turque croit, en outre, devoir attirer, l'attention de la Conférence sur un point capital qui semble la principale cause de la controverse actuelle. À son avis, il faudrait éviter d'établir une corrélation quelconque entre deux ordres de questions essentiellement différentes: l'amnistie et le retour des émigrés en Turquie.*

« *Les conséquences de l'amnistie à l'égard des personnes habitant actuellement la Turquie sont nettement définies. Il est évident en outre qu'il n'y aura pas de poursuite contre les personnes ayant, autrefois, habité la Turquie, à raison des actes énumérés dans la Déclaration sur l'amnistie. Le retour en Turquie des personnes rentrant dans cette dernière catégorie est soumis à l'autorisation du Gouvernement turc, cette autorisation ne pouvant être accordée qu'à des personnes n'ayant pas de mauvais antécédents.*

« *Quant au retour des centaines de milliers de personnes émigrées à différentes époques, c'est une question entièrement indépendante de l'amnistie et qui ne rentre pas dans le cadre des problèmes qui pourraient être résolus par la Conférence de la Paix.*

« *Étant donné les changements profonds qui ont affecté notamment la situation politique et économique de l'Orient, la Turquie ne pourrait prendre aucun engagement à cet égard et elle déclare clairement qu'à son avis cette question est entièrement étrangère à la Déclaration d'amnistie.* »

(Procès-Verbal N° 13 de la séance du mardi 17 juillet 1923)

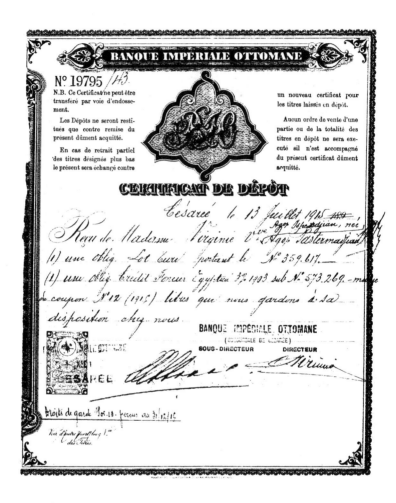

Fac-similé d'un certificat de dépôt établi par la succursale de Césarée (Kayseri) de la Banque Impériale Ottomane. On en trouve par milliers chez des Arméniens qui croient encore à la Justice.

BANQUE IMPÉRIALE OTTOMANE

№ 1581/31

Certificat de Dépôt

N. B. — *Ce certificat ne peut être transféré par voie d'endossement.*

Le dépôt ne sera restitué que contre remise du présent dûment acquitté,

Pour la garde des objets qui sont déposés chez elle la Banque n'est tenue, en aucun cas, des accidents de force majeure.

La Banque sera entièrement dégagée par la restitution de l'objet déposé, avec les cachets intacts, sans qu'elle puisse, en aucun cas, être recherchée quant au contenu.

Reçu de Mme *Armenag Torom Lastemadjian*

l...objet... désigné... ci-bas que nous gardons à dépôt, à sa disposition.

Nature du dépôt (*) *Une boîte de fer blanc couverte d'une toile*

Valeur déclarée *Ltq. 190. Cent...*

Nombre de cachets *Un*

Spécimen du cachet apposé
sur l'objet déposé

Césarée, le *13 juillet* 1945

POUR LE DIRECTEUR
LE CHEF DU SERVICE DES TITRES

BANQUE IMPÉRIALE OTTOMANE
(SUCCURSALE DE CÉSARÉE)
SOUS-DIRECTEUR

BANQUE IMPÉRIALE OTTOMANE
DIRECTEUR GÉNÉRAL
DIRECTEUR

(*) Indiquer seulement la nature du contenant : caisse, malle, boîte, écrin, pli, paquet, etc. etc.

Droits de garde Ptr. 10 perçus au 31/12/15

Fac-similé d'un autre certificat de dépôt établi par la succursale de Césarée (Kayseri) de la Banque Impériale Ottomane.

ÖSTERREICHISCHES STAATSARCHIV
HAUS-, HOF-UND STAATSARCHIV

Bei Antwort bitte die Zahl anführen

Zl.5468/0-H/87

A-1010 Wien, Minoritenplatz 1

Tel. (0 22 2) 66 15/0
Sachbearbeiter
Dr.Brettner-Messler Horst
Klappe 2502 Durchwahl

Wien, 25.März 1987

Herr
Dr.Kévork K.Baghdjian

Montréal, Que.H3W 3A7

Sehr geehrter Herr Dr. Baghdjian!

Die Direktion des Haus-,Hof-und Staatsarchivs übersendet
Ihnen hiemit die Xerokopien des gewünschten Berichtes
aus Brussa (1915 VIII 23). Die Signatur lautet Haus-,
Hof-und Staatsarchiv Wien, Politisches Archiv (=PA). XII,
Karton 209.

Anlage

Es wird ersucht, die Porto
spesen aus Übersendung von
4 Internationalen Antwort
schein (...) zu begleichen.
* Kopien

Mit freundlichen Grüßen

[signature]

(Dr.Christiane Thomas
Direktor
des Haus-,Hof- und Staatsarchivs i.V.)

Beilage zum Bericht de dato Konstantinopel 31.August
1915, Nr. 7/ ℬ.
  P.

Abschrift des von der k.und k.Konsularagentie in
Brussa an die k.und k.Botschaft gerichteten Berichtes Nr.464/P, vom 23.August 1915.

In der gestern nachmittags abgeschobenen
dritten Gruppe befanden sich zumeist nur reiche arme-
nische Familien, von welchen alle Grundbesitzer, am
Vorabend ihrer Abreise um 9 ½ Uhr durch den Diener
des Clubs Union & Progrès aufgefordert wurden, sich
behufs Uebertragung ihrer Immobilien in die Defterhané zu begeben. Diesem Befehle leisteten die Armenier
sofort Folge und übertrugen zwangsweise ihre Immobilien auf Türken, deren Namen sie erst in der Defterhané erfahren hatten.

Die Zwangsverkäufe wurden auf folgender Weise
durchgeführt:

Die Armenier sind rechtzeitig aufgefordert
worden, sobald sie vor den Defterhané erscheinen wür-
den, zu erklären, dass sie ihr Haus oder Grundstück
eigenwillig verkaufen und dass das ihnen angebotene
Geld dem Gegenwerte des verkauften Gegenstandes ent-
spricht.

Im Zimmer, wo die Beamten und einige Zeugen

./.

sich befanden, lag auf einem Tische ein Sack mit Geld, welcher dem Verkäufer nach Beendigung der Formalitäten eingehändigt wurde. Der Käufer musste das Geld zählen, erklären, dass es richtig sei und über bereits früher erhaltenen Auftrag das Geld wieder in den Sack legen.

Kaum aus dem Zimmer gelangt, wurde dem Verkäufer das Geld von Türken, die am Eingange warteten, abgenommen und derselbe Geld enthaltende Sack musste für weitere darauf folgende Zwangsverkäufe dienen.

Die Verkäufe sind auf eine so listige Art und Weise durchgeführt worden, dass sich die Armenier nicht nur ihrer Immobilien, sondern auch des ihnen bezahlten minimalen Gegenwertes noch im Gebäude der Defterhané beraubt sahen.

Am erwähnten Abende wurden unter anderen die zwei schönsten Häuser Brussa's übertragen, u.zw. das eine auf den Namen des Clubs Union et Progrès und das andere auf den des Präsidenten des Komités Ibrahim Bey.

Obwohl der hiesige Gouverneur den Eindruck eines guten und gerechten Menschen macht und wie ich erfahren habe, sein Möglichstes behufs Vermeidung solcher Greueltaten getan hat, besitzt derselbe nicht diejenige Macht, um sich den Mitgliedern des Komités Union et Progrès entgegensetzen zu können. Ich weiss mit Bestimmtheit, dass auch gestern während der ganzen Nacht derartige Verkäufe vorgenommen wurden.

./.

Gesprächsweise hat mir der Gouverneur vertrau-
lich mitgeteilt, dass er einen Modus suche, um diese
gesetzwidrigen Verkäufe zu verhindern, eventuell auch
zu annullieren. Gleichzeitig hat er mir erklärt, dass
er für die Sicherheit der armenischen Reisenden die
nötigen Massregeln getroffen hat.

                ****

Nouveau réglement sur les biens abandonnés promulgué par le Gouvernement d'Angora en août 1926

Article 1

Conformément aux clauses du Traité de Lausanne concernant les minorités, il n'y a plus lieu de pratiquer sur les biens abandonnés aucune main-mise à partir du 6 août 340 (1924), date à laquelle le dit traité est entré en vigueur.

Article 2

Si la main-mise a été opérée, c'est-'à-dire si l'existence d'un bien abandonné a été protée officiellement à la connaissance du gouvernement avant le 6 août 1924, les formalités en question seront complétées.

Article 3

Si la main-mise a été opérée, c'est-à-dire si l'existence d'un bien abandonné a été portée officiellement à la connaissance du gouvernement après le 6 août 1924, il sera procédé comme ci-après:

a) si le procpriétaire de ces immeubles se trouve là où est situé son bien, ce bien lui sera restitué; s'il n'y est pas et est représenté par un mandataire, le bien en question sera remis à ce mandataire. S'il n'a même pas un mandataire, l'État, l'administrera pour compte du propriétaire d'après le droit commun.

b) Si de tels immeubles abandonnés ont été réservés ou alloués aux émigrés, le prix de ces biens à la date à laquelle il en a été disposé, évalué par le Conseil Administratif en tenant compte du prix pratiqué au lieu où le bien est situé, pour les ventes au comptant des immeubles, sera versé au propriétaire.

c) Si ces immeubles ont été vendus, le propriétaire ne peut toucher le prix de vente que dans les conditions où cette vente a été effectuée. Si le propriétaire n'y consent pas, il a la faculté de s'adresser aux tribunaux, pour obtenir un jugement en conformité du droit commun.

Article 4

Il a été considéré comme inadmissible que les lois sur la liquidation des biens abandonnés soient appliquées aux biens des personnes qui possèdent des immeubles ou des terres ailleurs que dans la localité où elles se trouvent et dont elles ne se sont pas enfuies, ni ont disparu et ne s'en sont même pas absentées. Si par conséquent il y a eu déjà des cas pareils à la suite d'une telle interprétation erronée de la loi, si par exemple une main-mise a été opérée sur les biens sis hors de Constantinople et appartenant à une personne née, domiciliée et inscrite au Registre d'État Civil à Constantinople et qui ne s'est pas absentée, il est nécessaire et indispensable de procéder à la rectification de l'erreur commise et à la restitution des biens en question.

SOCIÉTÉ DES NATIONS.   LEAGUE OF NATIONS.

	REGISTRY.		
MINORITY QUESTIONS	Classement N°. **41.**	Document N°. **46089**	Dossier N°. **37912.**

Expéditeur.	Sujet.
Le Comité central des Réfugés arméniens	Les Arméniens en Turquie
	Envoie une liste des propriétés arméniennes qui ont été mises en vente aux enchères publiques dans différentes villes de la Turquie. Prie instamment le Conseil de
Date. 5 sept. 1925.	S.d.N. de prendre en considération la cause des Arméniens en Turquie

JE DE CET EMPLACEMENT EST RÉSERVÉ AU REGISTRY.	REMETTRE CE DOCUMENT A— (En premier lieu).	DATE	REMETTRE CE DOCUMENT A— (En second lieu).	DATE
onses, & c. (Out Letter Book):— M. Pachalian 9.9.25	Minorities Section	7.9.25		
	Mr. Walters	25.9.25		
	M. Azcárate	29.9.25		
	M. Aghnides	14 x 25		
	Political Section	16. X.		
	the following requested	9.1.26		
	Mr.	1 MAI		
ent } N°. **45912**			Copies envoyées pour information préalable à :—	
A. β Index B. 65.				
s dossiers:—				
C.				
ser.				
ent } N°. **46149**				

COMITÉ CENTRAL
DES
RÉFUGIÉS ARMÉNIENS

SECRÉTARIAT GÉNÉRAL :
56, RUE DU FAUBOURG SAINT-HONORÉ
(ÉLYSÉE BUILDING)

TÉL. ÉLYSÉE 67-93
ÉLYSÉE A 67-93
ÉLYSÉE 91-99
ÉLYSÉE A 91-99

PARIS, ~~LE~~ 192
Genève, le 5 Sept. 1925.
Hôtel Suisse

ACTION COPY
RECEIVED IN REGISTRY
5 SEP 1925

Monsieur le Secrétaire général,

41/45767/37912. Comme suite à votre lettre du 22 Août dernier accompagnant notre mémoire au sujet du traitement infligé par le Gouvernement d'Angora aux Arméniens de Turquie se trouvant à l'étranger, nous avons l'honneur de vous envoyer ci-inclus la liste, parue jusqu'à ce jour dans les journaux turcs, de toutes les propriétés appartenant à ces Arméniens qui ont été mises en vente aux enchères publiques dans différentes villes de la Turquie.

Le silence gardé jusqu'à présent par la Société des Nations dans une affaire qui, conformément au Traité de Lausanne relève de sa juridiction, sert d'encouragement au Gouvernement d'Angora à persévérer dans sa politique de spoliation envers nous et à l'achever par des mesures définitives. Nous vous prions donc instamment encore une fois de porter la question devant le Conseil de la S.d.N. qui est en session en ce moment à Genève.

Veuillez agréer, Monsieur le Secrétaire général, l'assurance de notre haute considération.

Le Secrétaire général
L. Pachalian

Sir Eric Drummond
Secrétaire général de la S.d.N.
Genève

Listes, publiées par les journaux turcs, des propriétés arméniennes, dites «*abandonnées*», qui sont mises en vente aux enchères publiques

1. À Smyrne

Nom des propriétaires	Nature	Prix (L.Tq.)
Hanassian Manouk	maison	2500
Démirdjian Krikor	boutique	400
Marinossian Avédis	maison	1800
Helvadjian Krikor	maison	850
Dulguerian Mardiros	maison	350
Artinian Hadji Zacaria	maison	200
Madame Nourik Jean	maison	1000
Loussia M. Mikayelian	maison	1400
Mardiros de Césarée	maison	1900
Marie fille de Hagop	maison	950
Israelian Sarkis	maison	1400
Hadji Ohannès	maison	1850
Vartanian Ilia	maison	600
Sarafian Maria	maison	900
Papazian Garabed	maison	3000
Hadji Vartanian Ohannès	maison	1500
Varvara fille de Krikor	maison	1300
Zareh et Vartouhi	maison	700
Arabadjian Hovhannès	5 boutiques	2500
Mariam Hadji G. Spartalian	maison et meubles	10800
Nalbandian Serpuhi	maison	4500
Rosina Garabed Andonian	maison	4000
Hadji Kasbarian Virkiné	boutique	1800
Hadji Kasbarian Virkiné	boutique	1725
Hadji Kasbarian Virkiné	boutique	2500
Hadji Kasbarian Virkiné	boutique	2000
Hadji Kasbarian Virkiné	boutique	1100
Hadji Kasbarian Virkiné	boutique	4000
Papazian Mariam	maison	3500
Alixanian Hadji Agop	boutique	2800
Djermakian Rosina	boutique	2600
Djermakian Rosina	boutique	2200
Mme V. Bagdassarian	boutique	350
Mme. V. Bagdassarian	boutique	250
Indjéyan Setrak	boutique	900
Mme Marie M. Euzbekian	maison	1200
Mme Gula Miguirditch	maison	9500
Lazaroff Takouhi, I. Barayan	maison	1900
Krikor et Melco fils de Eghsapet	maison	400

Krikorian Israël	maison	210
Sultana Artine	maison	320
Helvadji Krikor	maison	1500
Movsessian Saghatiel	maison	1000
Mme Aghavni Bedross	maison	1350
Bekirian Bedross	hôtel	7500
Kaloustian Marina	maison	7000
Varvara Hagop	maison	9000
Aghazarian Krikor	maison	6300
Artinian Agop	maison	10000
Mariam fille de Agop	maisons	1350
Mariam, Serpouhi, Meguerditch et Artin	maison	850
Gulli fille de Agop	maison	400
Anitza fille de Atam	maison	1500
Cherbetdjian Vartan	maison	300
Manoukian Garabed	maison	80
Minassian Arménak	maison	2000
Prêtre Khatchadour	maison	650
Aghassian Eva	maison	3500
Inconnu (Arménien)	maison	400
Spartalian Tacvor	maison	100000
Bakirdjian	maison	25000
Sour Tacvorian	maison	16000
Lucie fille de Bedross	maison	13600
Elmassian Arménak	maison	12500
Garabedian Agop	maison	3200
Meguerditchian Takouhi	maison	575
Baghdassarian Vartan	maison	525
Papazian Meguerditch Mariam	maison	2750
Zénopian Zarouhi	maison	170
Bedross Barayon (?)	maison	2600
Virkiné Sarkis Simonian	maison	4338
Baghdassarian Vartan	maison	350
Indjé Setrak	maison	900
Euzbekian Manouk	maison	400
Meguerditchian Guliané	maison	500
Lazaroff Takouhi	maison	1900
Total à Smyrne		**334643**

2. À Rodosto

Nom des propriétaires	Nature	Prix (L.Tq.)
Stépanian Hovsep	maison	1600
Marinos Hadji Sahak	maison	1200
Hadji Vartéressian Artine	four	400

Épicier Stépan	boutique	150
Épicier Stépan	maison	800
Madame Toross	maison	300
Papazian Ohannès	boutique	1100
Mme Hadji Simon	boutique	400
Ouzoun Oghlou Artine Aghavni	maison	1000
Zarouhi Lévon Djamdji Garabed	maison	1100
Mme Tourfanda Artine Kalfa	maison	250
Gulina Artine Mehtérian	maison	1400
Eranik Hadji Agopian	boutique	4000
Hadji Apraham, confiseur	boutique	250
Ohannès et Assadour	boutique	1200
Hadji Garabedian Artine	boutique	300
Kirahian Simon	pharmacie	800
Ipranossian Ohannès	boutique	250
Mariam fille de G. Agoukian	boutique	1300
total à Rodosto		**17800**

3. À Saroukhan

Nom des propriétaires	Nature	Prix (L.Tq.)
Simonian Simon (de Smyrne)	maison	22500
Coiffeur Artine	maison	5685
Keuléyan Artine	maison	5876
Papazian Agop (de Magnésie)	2 vignes	1800
Mikaël Terzi Kizi (?)	vigne	1422
Balaban Agop	vigne	340
Hadji Patrik	vigne	1610
Oudji Onnik	vigne	700
Missak	vigne	515
Tahmiz Agop	vigne	1350
Avédis	vigne	2700
Oundji Artine	vigne	470
Sahatdji Erméni	vigne	600
Tailleur Aslan	2 vignes	5880
Hadji Agop, menuisier	vigne	300
Hadji Agop, vigneron	vigne	655
Karakache, forgeron	vigne	1320
Kara Kéhia	vigne	700
Forgeron Krikor	vigne	400
Total à Saroukhan		**54823**

4. À Trébizonde

Nom des propriétaires	Nature	Prix (L.Tq.)
Tcholakian Bedros	maison	100
Magarian Tathéos	terrain	800

Minayan Meguer	terrain	250
Sarkis et Krikor	terrain	1020
Sarkis et Krikor	maison	2240
Tcholakian Simon	champ	801
Héritiers de Tcholak Simon	divers	4800
Kaïkdji Aghassi Krikor	maison	350
Kalpakdjian Agop	maison	350
Torbasian Toross	maison	350
Tomakian Kévork	maison	350
Tchoudarian Artine	maison	75
Baroutdjian Puzant	maison	300
Mariam Artine	maison	300
Kotchian Krikor	maison	300
Chivéli (?) Boghos et Bedros	3 maisons	450
Soudji Minass	maison	150
Louikian (?) Pérouz et Ohannès	maison	150
Emimian Khatchik (d'Eguine)	maison	150
Karpouzian Ekna	maison	200
Charpentier Arakel	2 maisons	300
Hamassian Zorka (?)	maison	100
Nigoghossian Gulizar	maison	100
Mikaël Mouloff (?)	maison	200
Akchamian Mourad	maison	800
Total à Trébizonde		**14936**

5. À Keskine

Nom des propriétaires	Nature	Prix (L.Tq.)
Hadji Agopian Avédis	maison	500
Onlakian Sarkis et Roupen	maison	400
Minassian Agop	maison	100
Abadjian Hadji	maison	600
Térézian Ohannès	maison	200
Stépanian Stépan	maison	50
Tchilinguirian Kapriel, Tailleur	maison	150
Bahadourian Agop	maison	200
Sahag Oghlou Toross	maison	700
Haladjian Nichan	8 boutiques	2050
Total à Keskine		**4950**

6. À Angora

Nom des propriétaires	Nature	Prix (L.Tq.)
Hadji Martayan Kévork	maison	500
Balli Bedrossian Onnik	maison	100
Mazloumian Onnik	maison	300

Papazian Hovsèp	vigne	40
Tchopinian Bedros	champ	60
Maksoudian Pétro	champ	40
Seferchah Vitchen	vigne	150
Marika, fille de Kéghanouche	vigne	35
Biniatian Kévork	champ	30
Posbeyikian Bedros	champ	30
Odabachian Kassime	champ	30
Catholique Krikor	champ	25
Mannik Ouzoumanian	maison	250
Hadji Martayan Onnik	vigne	50
Mme Ouzoumanian Ohannès	vigne	20
Hadji Martayan Onnik	vigne	150
Geundji Artine (de Césarée)	vigne	300
Chamil Oghlou Derdérian	vigne	150
Klavian Kévork	vigne	300
Nektar, fille de Benlian Raphaël	vigne	150
Margos S. Afkéian	maison et vigne	600
Erméni Vahan	maison et vigne	400
Ouzounian Krikor	maison et vigne	800
Ferahian Vitchen	terrain	300
Héritiers de Hadji Hovsep	terrain	200
Gulina, fille Kévork	terrain	300
Tchalikian Kévork	terrain	900
Deuvlétian Ohannès	terrain	3900
Total à Angora		**10100**

7. À Marache

Nom des propriétaires	Nature	Prix (L.Tq.)
Bilézikdjian Garabed	boutique	2000
Hovhannessian Assadour	boutique	800
Keuléyan Sarkis	boutique	700
Kurdian Stépan	boutique	900
Margos	boutique	590
Batbatian Garabed et Léon	maison	590
Chékerlian	maison	700
Aïvaz Meguerditch et Krikor	vigne	100
Kherlakian Artine	vigne	35
Avédissian Sarkis	vigne	35
Badig Hovhannès	maison	5500
Kalaïdjian Hovhannès	maison	400
Chavdarian	maison	170
Hassibian Aram	maison	150
Total à Marache		**12670**

Prix total des propriétés appartenant aux Arméniens mises en vente jusqu'à fin août 1925

À Smyrne	334,643
À Rodosto	17,800
À Saroukhan	54,823
À Trébizonde	14,936
À Keskine	4,950
À Angora	10,100
À Marache	12,670
Total	449,922 L.Tq. soit: 4,499,220fr.

N.B. - Pour accélérer la vente de ces propriétés appartenant aux Arméniens, le Gouvernement turc accorde des facilités de paiement, par échéances de 4 à 8 années.

En outre, le Gouvernement turc a décidé le 4 avril dernier de donner aux organisations politiques panturques (foyers turcs) des propriétés appartenant aux Arméniens: maisons, églises, hôtels, etc. À la suite de cette décision, les propriétés suivantes ont été affectées à ce but:

À Smyrne: La maison de Bakirdjian

À Castemouni: Les boutiques de Artine Verséyan

À Tcharchamba: L'Hôtel de Guédukian

À Nevchehir: L'Église arménienne et la maison de Stépan

À Eskichehir: La maison de Boghos Kalpakian

À Kirchehir: La maison de Mme Meurubé Karnik

À Kharpoot: L'Hôtel et le Café de Tcholak Mardiross

À Adalia: L'Église arménienne, le Cinéma et la Brasserie Lezki, appartenant à des Arméniens

À Tchoroum: La maison de Simon

À Selefke: La maison de Hagopos

À Mersine: La maison de Mme Victoria Hovhannès

ONTARIO — FEDERAL CAMPAIGN HEADQUARTERS

ONTARIO — BUREAU DE LA CAMPAGNE FÉDÉRALE

On behalf of the Progressive Conservative Party, the Honourable Sinclair Stevens, P.C., M.P. (York Peel) has called for the designation of April 24 in every year, commencing in 1985, as a day of remembrance throughout Canada for the Armenian community, as it has been by the Armenian people for many years in memory of fellow Armenians who suffered such crimes.

As well, Mr. Stevens has noted that a Progressive Conservative Government would make appropriate representations to the General Assembly of the United Nations to recognize and condemn the Armenian genocide and to express abhorrence of such actions as being in violation of the basic standards of human rights and decency now embodied in the United Nations Declaration of Human Rights.

July 23, 1984

PROGRESSIVE CONSERVATIVE PARTY OF CANADA
PARTI PROGRESSISTE-CONSERVATEUR DU CANADA
4th FLOOR, 15 WELLINGTON ST. W., TORONTO M5J 1G7/15 RUE WELLINGTON OUEST, 4 ÉTAGE, TORONTO M5J 1G7
TEL (416) 862-1999

309

Convention
Signée à Ankara, le 27 octobre 1932
portant règlement de la question des biens des ressortissants turcs
en Syrie et au Liban et des biens des ressortissants syriens et
libanais en Turquie

Le Président de la République Française et le Président de la République Turque, désireux de procéder à un règlement équitable et pratique de l'ensemble de la question des biens turcs en Syrie et des biens syriens en Turquie, ont décidé de conclure une convention à cet effet et ont nommé pour leurs plénipotentiaires respectifs:
Le Président de la République Française:
— Son Excellence Monsieur Louis Charles Pineton de Chambrun, ambassadeur extraordinaire et plénipotentiaire de la République Française à Ankara, commandeur de la Légion d'Honneur.
Le Président de la République Turque:
— Son Excellence le Docteur Tewfik Rüştü Bey, ministre des Affaires Etrangères, député d'Izmir.

Lesquels, après s'être communiqué leurs pleins pouvoirs trouvés en bonne et due forme, sont convenus des dispositions ci-après:
CHAPITRE PREMIER
Biens turcs en Syrie et au Liban
ARTICLE PREMIER - Les mesures restrictives actuellement appliquées en Syrie et au Liban sur les immeubles appartenant aux ressortissants turcs et aux optants turcs visés par l'article 31 du Traité de Lausanne, seront levées à partir de la mise en vigueur de la présente convention, dans les délais prévus à l'article 8, premier paragraphe, ci-dessous.
ARTICLE 2 - Les optants turcs propriétaires en commun de villages situés en Syrie et au Liban qui, conformément à l'article 33 du traité de Lausanne, ont transféré leur domicile hors des frontières de la Syrie et du Liban, conserveront la libre disposition de leurs droits et pourront les exercer eux-mêmes ou par mandataires.
ARTICLE 3 - Les ressortissants et les optants turcs qui, pour cause de force majeure, n'ont pu assurer la mise en valeur de leurs propriétés et de leurs immeubles situés en Syrie et au Liban, ou faire usage de leurs droits réels, seront remis en possession des immeubles ou droits qui, pour cette cause, auraient été considérés comme vacants ou tombés en déshérence.

CHAPITRE II
Biens syriens en Turquie
ARTICLE 4 - Les mesures actuellement appliquées en Turquie aux fins de restreindre le droit de libre disposition sur les immeubles appartenant aux personnes ayant opté, conformément aux stipulations de la convention d'Ankara du 30 mai 1926, pour la nationalité en vigueur dans les territoires détachés de l'Empire Ottoman placés sous l'autorité de la République Française, seront levées à partir de la mise en vigueur de la présente convention et dans les délais prévus à l'article 8 premier paragraphe, ci-dessous.

Les personnes visées au paragraphe précédent du présent article seront, à partir de la même date, remises en possession de leurs propriétés et de leurs biens immobiliers sis en Turquie, sur lesquels main-mise a été effectuée postérieurement à la date d'option, ainsi que du montant des loyers perçus par un service public depuis la date de la main-mise.

ARTICLE 5 - Les mesures actuellement appliquées en Turquie aux fins de restreindre le droit de libre disposition, sur les immeubles appartenant aux ressortissants turcs de toute origine, établis au 30 octobre 1914 sur les territoires détachés de l'Empire Ottoman placés sous l'autorité de la République Française, ayant acquis la nationalité en vigueur sur ces territoires en vertu de l'article 30 du traité de Lausanne, et aux ressortissants turcs qui, à la date de la mise en vigueur du traité de Lausanne, résidaient depuis une année au moins en Syrie et au Liban, et qui en étaient natifs et dont le père y était né, ayant acquis la nationalité en vigueur sur les territoires détachés de l'Empire Ottoman placés sous l'autorité de la République Française en vertu de l'article 30 du traité de Lausanne, ainsi qu'aux optants visés aux articles 32 et 34 dudit traité, seront levées à partir de la mise en vigueur de la présente convention et dans les délais prévus à l'article 8, premier paragraphe, ci-dessous.

Les personnes visées au paragraphe précédent du présent article seront à partir de la même date, remises en possession de leurs propriétés et de leurs biens immobiliers sis en Turquie, sur lesquels main-mise a été effectuée postérieurement à la date de la mise en vigueur du traité de Lausanne, ainsi que du montant des loyers perçus par un service public depuis la date de la main-mise.

ARTICLE 6 - Si les immeubles devant être restitués conformément aux dispositions précédentes ont été liquidés postérieurement aux dates fixées par les articles 4 et 5, ou si leur restitution est impossible par suite d'expropriation, d'incorporation au domaine public, national ou municipal, ou de transformation affectant leur valeur, les ayants-droit recevront le montant de la valeur vénale de l'immeuble.

Le montant de la valeur vénale de l'immeuble sera fixé par le gouvernement intéressé en tenant compte de l'état de l'immeuble au jour de la main-mise.

En cas de contestation sur le montant de la somme offerte, l'estimation de la valeur vénale de l'immeuble sera confiée à deux experts désignés respectivement par le gouvernement et la partie intéressée auxquels sera adjoint, si l'entente n'a pu être réalisée, un expert juré agréé par les Tribunaux qui sera désigné d'un commun accord par les deux premiers ou, en cas de désaccord de ceux-ci, par le Tribunal du ressort.

La décision des experts sera prise dans ce cas à la majorité des voix. Les parties pourront, si elles s'y opposent, interjeter appel de ladite décision par devant le Tribunal du ressort.

Dans ce cas, le montant de l'indemnité résultant de l'expertise contradictoire sera consigné à la Banque d'État jusqu'au règlement final de l'instance.

ARTICLE 7 - Les personnes visées aux articles 4 et 5 dont les immeubles ont été saisis, transférés ou liquidés, en exécution de lois internes, antérieurement aux dates fixées par les articles 4 et 5, seront remises en possession des immeubles non affectés à des services publics et actuellement disponibles entre les mains du trésor; en cas d'aliénation ou d'affectation à un service public, elles recevront le montant de la somme figurant en leur nom en contre-valeur de ces immeubles dans les écritures du trésor.

ARTICLE 8 - Les restitutions ainsi que la fixation du montant de la contre-valeur des immeubles non restituables, seront faites respectivement dans un délai d'une année, à compter de la date de la mise en vigueur de la présente convention par les gouvernements intéressés. Le paiement des-dites contre-valeurs, ainsi que des sommes dues en exécution des articles 6 et 7 de la présente convention, sera effectué dans un délai de dix-huit mois à compter de la même date.

Ces sommes seront payables soit au comptant, soit par paiements fractionnés et échelonnés, dans le délai prévu ci-dessus. Toutefois, si les sommes figurant au compte de l'intéressé et dues en exécution de l'article 7 ci-dessus, représentent le prix de la vente à terme de l'immeuble, l'intéressé percevra au comptant le montant des annuités échues et le solde aux termes stipulés à l'acte de vente, à moins toutefois qu'il accepte de subir sur les annuités non échues une réduction égale à 6 pour cent de leur montant.

L'Ambassade de France à Ankara communiquera au ministre des Affaires Etrangères de Turquie la liste et les dossiers des réclamants syriens ou libanais; le gouvernement turc se réserve, si besoin est, de communiquer à l'Ambassade de France la liste des dossiers de ses réclamants.

Toutes facilités seront accordées aux réclamants en vue de poursuivre leurs demandes et de produire par devant les gouvernements intéressés les titres, actes, documents ou moyens propres à légitimer leurs prétentions.

Chacun des gouvernements intéressés adressera au gouvernement de l'autre État les décisions intervenues. En cas de rejet de la demande, la décision contenant les motifs du rejet sera accompagnée du dossier de l'affaire.

Chacun des gouvernements intéressés notifiera les décisions à ses propres réclamants. Ceux-ci devront, à peine de forclusion, dans un délai de deux mois qui suivra la notification, augmenté des délais de distance, faire connaître à leurs gouvernements qu'ils acquiescent à la décision les concernant, ou au contraire, qu'ils s'y opposent.

ARTICLE 9 - Tout litige ou contestation découlant de l'application du présent accord sera jugé définitivement et sans recours, à l'expiration d'un délai de dix-huit mois à compter de la mise en vigueur de la présente convention, par la Commission et selon la procédure prévue au deuxième paragraphe de l'article 14 de la convention d'amitié et de bon voisinage signée à Ankara le 30 mai 1926. La Commission sera saisie par chacun des gouvernements intéressés des affaires litigieuses ainsi que des appels interjetés par leurs réclamants.

Le président de la commission notifiera sans délai les décisions prises à chacun des gouvernements des États intéressés, qui devront les mettre à exécution dans un délai d'un mois à partir de la date de la notification.

ARTICLE 10 - Les gouvernements des États intéressés donneront aux administrations relevant de leur autorité, les instructions nécessaires pour qu'en général toutes facilités soient accordées, sur leurs territoires respectifs, aux ressortissants de l'autre État pour qu'ils puissent administrer et gérer les biens faisant l'objet de la présente Convention, par eux-mêmes ou par leurs représentants.

Des autorisations de séjour leur seront accordées à cet effet par le gouvernement de l'État sur le territoire duquel les biens sont situés à moins que l'ordre public ne s'y oppose. Dans ce cas, le mandataire agréé par le gouvernement pourra obtenir l'autorisation nécessaire.

ARTICLE 11 - Il est bien entendu que les personnes énumérées aux articles 1, 2, 3, 4 et 5 jouiront, dans les conditions prévues par ces articles, de la libre disposition de leurs biens et qu'elles bénéficieront, en matière de restitution mobilière, des voies de recours prévues par les lois du pays.

Les actions visées au paragraphe précédent, ainsi que celles se rapportant en général à l'objet de la présente convention, devront, à peine de forclusion, être introduites auprès des tribunaux compétents dans un délai de deux années à compter de la mise en vigueur de la présente convention.

Les ressortissants turcs intéressés seront assimilés en Syrie et au Liban aux ressortissants français en ce qui concerne la compétence juridictionnelle relativement à ces actions.

ARTICLE 12 - Un délai de deux années à partir de la mise en vigueur de la présente convention est accordé aux optants turcs en Syrie et au Liban, et aux optants syriens en Turquie, pour transférer leur domicile sur le territoire de l'État pour la nationalité duquel ils ont opté.

ARTICLE 13 - Les dispositions de la présente convention ne s'appliquent pas aux biens des personnes dont la convention d'échange des populations grecques et turques du 30 janvier 1923, annexée au traité de Lausanne, a réglé le sort.

ARTICLE 14 - La présente convention sera ratifiée aussitôt que faire se pourra. Les instruments de ratification seront échangés à Ankara.

ARTICLE 15 - Chacune des hautes parties contractantes notifiera sans délai à l'autre partie la date de la ratification de la présente convention, qui entrera en vigueur[1] dès le moment de la dernière ratification.

En foi de quoi les plénipotentiaires susmentionnés ont signé la présente convention et l'ont revêtue de leurs sceaux.

Fait en double exemplaire à Ankara, le 27 octobre 1932.

CHARLES DE CHAMBRUN   **Dr RÜŞTÜ**

---

[1] Cette Convention est entrée en vigueur le 11 janvier 1933. Les délais qu'elle prévoit ont été prolongés pour les périodes successives de 6 mois aux dates des 11 janvier 1934, 11 juillet 1934, 11 janvier 1935.

ANNEXES
À la Convention sur les biens turcs et syriens signée à Ankara le 27 octobre 1932

I

Protocole de signature de la Convention sur les biens turcs et syriens signée à Ankara le 27 octobre 1932

En ce qui concerne le premier alinéa de l'article 11 de la présente convention sur les biens turcs et syriens, le ministre des Affaires Etrangères de Turquie tient à noter que ce texte n'a été accepté par lui qu'à condition que l'application en soit conforme aux lois et aux règles en vigueur dans son pays. Il se fait un devoir de signaler, à ce sujet, que les tribunaux turcs, se fondant sur une jurisprudence constante, consacrée d'ailleurs par un arrêt de la Cour de Cassation, jugent irrecevables les actions en restitution mobilière intentées relativement aux biens abandonnés par leurs propriétaires à une époque où ceux-ci étaient encore ressortissants turcs.

Il déclare, en outre, se référant au troisième alinéa du même article, que son gouvernement n'entend nullement renoncer par là aux droits et privilèges qu'il revendique, en matière juridictionnelle, en faveur des ressortissants turcs en Syrie et au Liban, en se fondant sur le dernier alinéa de l'article 4 de la convention d'amitié et de bon voisinage signée à Ankara le 30 mai 1926.

Dr RÜŞTÜ

II

Lettre de Son Excellence le Ministre des Affaires étrangères de Turquie à Son Excellence l'Ambassadeur de France
Ankara, le 27 octobre 1932

Monsieur l'Ambassadeur,

J'ai l'honneur de faire connaître à votre Excellence que le gouvernement turc est d'accord pour qu'aucun arriéré d'impôt ne soit réclamé aux propriétaires qui rentreront en possession de leurs biens par application de la Convention signée à la date de ce jour. Il est disposé également, à titre exceptionnel, à ne percevoir qu'en fin d'exercice les impôts qui seront dus par les propriétaires pour l'année de leur rentrée en possession.

Veuillez agréer, Monsieur l'Ambassadeur, les assurances de ma très haute considération.

Dr RÜŞTÜ

III

Lettre de Son Excellence l'Ambassadeur de France à Son Excellence le Ministre des Affaires étrangères de Turquie

Ankara, le 27 octobre 1932

Monsieur le Ministre,

Par une lettre en date de ce jour, Votre Excellence a bien voulu me faire connaître que le gouvernement turc est d'accord pour qu'aucun arriété d'impôt ne soit réclamé aux propriétaires qui rentreront en possession de leurs biens en application de la Convention signée à la date de ce jour. Il est disposé également, à titre exceptionnel, à ne percevoir qu'en fin d'exercice les impôts qui seront dus par les propriétaires pour l'année de leur rentrée en possession.

J'ai l'honneur d'accuser réception de cette communication dont je suis heureux de prendre acte, au nom de mon gouvernement.

Veuillez agréer, Monsieur le Ministre, les assurances de ma très haute considération.

CHARLES DE CHAMBRUN

IV

Lettre de Son Excellence l'Ambassadeur de France à Son Excellence le Ministre des Affaires étrangères de Turquie

Ankara, le 27 octobre 1932

Monsieur le Ministre,

Pour répondre au désir exprimé par la délégation turque au cours de la négociation, j'ai l'honneur de faire savoir à Votre Excellence, de la part de mon gouvernement, que pendant les délais prévus à l'article 8, les ressortissants turcs héritiers ab intestat d'immeubles situés en Syrie et au Liban, pourront, par les formalités de l'enregistrement, faire reconnaître leur droit à la propriété de ces immeubles, sans qu'aucune difficulté ne leur soit opposée du fait des mesures de non disposition qui frappent actuellement les biens turcs en Syrie et au Liban, mais étant entendu que jusqu'à la main-levée des dites mesures l'exercice de leur droit de propriété y restera soumis.

Veuillez agréer, Monsieur le Ministre, les assurances de ma très haute considération.

CHARLES DE CHAMBRUN

V

Lettre de Son Excellence le Ministre des Affaires étrangères de Turquie à Son Excellence l'Ambassadeur de France.

Ankara, le 27 octobre 1932

Monsieur l'Ambassadeur,

J'ai l'honneur d'accuser réception de la lettre que Votre Excellence a bien voulu me faire parvenir à la date de ce jour, relativement à l'enregistrement des successions ab intestat.

Au nom de mon gouvernement, je suis heureux de prendre acte des dispositions qu'elle contient.

Veuillez agréer, Monsieur l'Ambassadeur, les assurances de ma très haute considération.

Dr RÜŞTÜ

TABLE DES MATIÈRES

Du même auteur

LE PROBLÈME ARMÉNIEN
Du négativisme turc à l'activisme arménien
Où est la solution?

Montréal, 1985
ISBN 2-9800423-0-7

Achevé d'imprimer le 11 septembre 1987 sur les presses de Payette &
Simms Inc., imprimeurs-lithographes à Saint-Lambert, Québec.